언어의 우주에서
유쾌하게 항해하는 법

언어의
우주에서
유쾌하게
항해하는 법

어느 '어도락가'의
삶과 공부

신
견
식
지
음

SIDEWAYS

머리말

   나는 걸을 때 대체로 앞만 보고 간다. 여기저기를 잘 둘러보는 편이 아니다. 아내는 나와 달리 주위를 자주 둘러보고 어디에 무슨 가게가 있는지 꼬박꼬박 알아 둔다. 앞만 보고 간다는 것은 이미 아는 목적지가 있고 다시 돌아올 곳이 있다는 뜻이다.

   아주 드물게 무작정 정처 없이 걸을 때라면 앞만 봐서는 안 된다. 생활의 단면만을 따지면 오직 앞을 바라봐도 되겠지만, 인생을 통째로 살핀다면 내다보고 뒤돌아보고 들여다봐야 한다. 인생은 세월없는 나그넷길이니 목적지도 따로 없다.

   흔히들 언어는 혹은 외국어는 목적이 아니라 수단이라고 말한다. 일견 맞는 말이다. 언어는 소통의 매개체이기도 하니 매우 중요한 수단이고, 외국어는 더 넓은 세상을 보는 눈을 기르며 학업을 닦고 직업을 갖는 데 매우 중요한 수단이다. '언어'나 '외국어'의 자리에는 '돈'이나 '지식'처럼 딴 명사가 얼마든지 들어앉을 수 있다.

이런 언명들은 수단보다 중요한 목적이 있다는 전제를 품는다. 학업이나 직업 또는 행복이나 번영이나 성공이 삶의 목적이 될 수 있을까? 목적은 나아가는 방향과 이루려는 목표의 완결 상태를 함께 담는다. 그러나 살아가며 한결같은 평안과 행운을 꿈꾼다면 헛된 욕심일 것이고, 인생은 그런 단순한 목적만 바라보고 살 만큼 얄팍하지도 않다.

삶의 목적이 여럿일 수도 있으니 목적과 수단의 경중을 꼭 가릴 필요도 없고, 목표 달성으로 나아가는 길에 수단을 어떻게 써먹느냐가 더 큰 관건일지도 모른다. 나는 언어를 여러 방식으로 좋아한다. 그래서 언어나 외국어가 수단일 뿐이라는 말을 들을 때마다 살짝 야릇한 기분도 든다. 그 말이 틀렸다고 꼭 반박하겠다는 소리는 아니다. 언어가 수단인 사람도 당연히 많다. 하지만 언어가 목적인 사람도 있다.

우리는 어떤 언명을 듣거나 읽으면 거기에 조금이라도 의미를 부여하곤 한다. 대단한 사람의 말에는 남다른 의미가 더 붙는다. 우주에 무수한 별이 있듯 무수한 문장이 있다. 모든 소리와 모든 말이, 모든 언어와 모든 문장이 똑같은 지위나 의의를 갖는 건 아니지만, 크기와 밝기가 달라도 모두 우주 안의 빛나는 천체다.

번역을 하고 언어를 탐구하는 나에게 언어는 매우 커다란 수단이라서 목적을 잊게도 만든다. 번역이라는 과업을 하루바삐 완수해야 될 때도 언어들과 낱말들과 문장들이 꼬리를 무는 미로 속에서 헤매다 보면, 지구와는 시간이 다르게 흐르는 머나먼 천체로 여행을 떠난 기분도 든다. 나는 내 방에서 하루에도 몇 번씩 나만의 우주여행을 떠난다.

언어는 수단도 되고 목적도 되니 둘을 굳이 가릴 필요는 없을 것이다. 때로는 뚜벅뚜벅 걸어갈 때 짊어지는 등짐같이 무겁게도 느껴지지만, 때로는 북극 밤하늘에 펼쳐진 오로라처럼 신비로움도 안겨 준다. 환상적인 모습만 좇지는 않으나 그런 게 보이면 힘이 나는 것도 사실이다.

이따금 하늘을 바라보면서 드는 생각이 있다. 우주가 사라지기 전에 인간이라는 소우주와 언어라는 소우주가 먼저 사라질 것은 분명하다. 그렇다면 언어보다는 저 광활한 우주를 탐구하는 게 의미가 있지 않을까.

어렴풋한 갈망일 뿐이다. 혼자서 세상 모든 길을 갈 수 없다. 나만의 길을 내서 걸어가면 그만이다. 우주에 의미를 부여하는 것도 우리 인간이고, 크든 작든 우리 모두 저마다 삶의 여러 의미를 쌓아가는 존재다. 그 의미가 서로 어떻게 다른지 알아보는 눈을 기른다면 물론 금상첨화일 것이다.

나는 언어를 가지고 세상을 둘러보고, 옛날을 뒤돌아보고, 켜켜이 쌓인 글자와 소리들의 더께를 들어 언어가 자아내는 풍경 그리기를 즐긴다. 나 혼자만 봐도 상관은 없겠지만 기왕이면 여러 사람이 즐길 만하도록 '언어 풍경화'의 솜씨를 갈고닦는 것도 나의 목표에 들어간다.

이 언어 항해기는 내 인생길의 경유지에서 풀어놓는 작은 풍경화이자 이야기보따리다. 이 책이 삶이라는 기나긴 여정을 지나는 나그네들의 즐거운 쉼터가 되길 바란다. 정말로 운이 좋다면 혹시라도 누군가에게는 자그마한 길잡이가 될지도 모르겠다.

오랜 기다림 끝에 훌륭히 책을 만들어 준 도서출판 사이드웨이의 편집자 제위에게 감사의 뜻을 전한다. 언제나 내 곁을 지켜 주는 '나의 또 다른 우주' 아내 경진에게도 고마움을 표하고 싶다. 아들 윤호가 나중에 이 책을 재밌게 읽는다면 더할 나위 없이 좋겠다. 아들이 먼 훗날 기록하게 될 새로운 우주 항해기를 기다린다. 윤호의 항해기는 내 것보다 훨씬 더 풍성하리라.

2020. 4. 28.
대전에서, 신견식

차례

1

—

어도락가語道樂家의 길

1

—

어도락가 語道樂家로 살아간다는 것

나는 번역가다. 그리고 어도락가 語道樂家다. 나는 언어를 두루 맛보고 즐기는 어도락가라고 스스로를 일컫는다. 내가 만든 이 말로 사람들에게 나를 알리기도 한다.

번역가들은 대개 출발언어(외국어) 하나를 목표언어(모어) 하나로 옮기는 일을 한다. 출판번역 수요가 가장 많은 영어를 다루는 번역가가 여기에 속하며 이들이 가장 많다. 실무번역 및 영상번역 분야에 관해 간단히 말하자면, 영한 번역 작업 물량이 압도적으로 많기에 영어가 출발언어인 동시에 적당한 경력도 쌓은 번역가라면 일감 때문에라도 다른 언어까지 다루는 경우는 드물다. 일본어, 독일어, 프랑스어, 중국어 등 이른바 제2외국어를 다루는 번역가들은 자신 있는 분야의 일감이 있으면 영어 등 또 다른 외국어의 번역을 맡기도 한다.

나는 주로 유럽 언어를 한국어로 번역한다. 현재 유럽연합 공용어는 스물네 개인데, 그중 실무 언어working languages에 속하는 영어, 프랑스어, 독일어 등의 주요 언어를 비롯해 열아홉 개 언어를 번역했다. 유럽연합 공용어에 속하지 않는 유럽 언어도 있고 아시아 언어도 있기에 번역 경험만 따지면 스물다섯 개쯤 된다.

외국어를 유창하게 구사하는 것과 한국어로 번역이 가능하다는 것은 별개 문제다. 번역을 잘하려면 일단 두 가지 전제 조건이 있어야겠다. 외국어 텍스트 읽기를 좋아하고 그걸 다시 한국어로 풀어내는 것도 좋아해야 한다. 물론 좋아한다고 다 잘하는 것은 아니므로 노력이 필요하다는 것은 두말하면 잔소리다.

번역에도 재능이 필요할 수는 있으나 관심과 노력이 더욱 관건이다. 번역 경험이 있는 모든 언어의 온갖 텍스트를 내가 다 처리하지는 못한다는 것도 당연하다. 주로 다루는 실무번역이라면 익숙한 문체나 어휘가 있기 때문에 어느 언어라도 큰 부담은 없다.

여러 언어를 두루 맛보는 삶

나는 그간 중역으로 한국에 소개되던 스웨덴 작가인 헨닝 망켈의 책 『불안한 남자』를 처음으로 스웨덴어에서 번역하며 여러 언어를 하는 번역가로 언론에도 알려졌다. 저서로 처음 나온 『콩글리시 찬가』에는 '언어괴물'이라는 별명이 붙었고, 이후 출간된

역서 『언어 공부』에는 역자 프로필에 스스로를 '어도락가'로 소개하기도 했다.

언어는 하나를 통달하기도 어렵다. 그래서 남들에게 '언어천재'라고 농반진반으로 불릴 때마다 민망해서 그런 별명은 한사코 사양했다. 다행히 나는 누구나 아는 유명인은 아니기에 그리 불릴 일도 딱히 자주는 없다. 요즘은 식도락이 국민적 취미가 된 것 같은데 나는 희귀하고 맛있는 먹거리를 굳이 찾아다니면서까지 먹지는 않는다. 수많은 언어의 다양한 맛을 보기에도 바쁘다.

여러 언어의 이런저런 유사점과 차이점을 맛보다 보면 시간 가는 줄 모른다. 번역을 하면서 만나는 어휘와 표현이 다른 언어에서 어떻게 나타날까 늘 궁금하다. 처음 만나는 말들뿐만이 아니라 전에 만났던 말들도 다시 보면 또 새롭다. 아, 이런 말뜻도 있구나, 이 표현은 가만 보니 한국어와도 비슷하네, 하면서 새로운 맛을 느낀다. 그래서 나는 어도락가다.

앞서 말한 역서는 수많은 언어를 구사했고 십여 개 언어를 통번역도 했던 헝가리 통역사 롬브 커토Lomb Kató(롬브가 성, 커토가 이름)의 외국어 학습 에세이다. 겉표지 안쪽에 지은이는 16개 언어의 다중언어 구사자로 소개되고, 책의 옮긴이인 나는 15개 이상의 언어를 해독하는 어도락가로서 여러 언어의 맛을 보는 삶을 즐긴다고 나온다. 난 다중언어 구사자까진 아니지만 저자와 비슷하게 여러 언어를 즐기며 그걸 갖고 돈벌이도 한다.

이 책을 옮길 땐 영어 역시가 바딩이타시 좀 길티는 구식도 없지 않아 헝가리어 원서, 러시아어 번역도 꽤 참고했다. 일본어판은 러시아어 통역사이자 저술가로도 한국에 잘 알려진 요네하라 마리가 옮겼는데, 일본어 역서는 참고하면(이라고 하면서 일대일 대응 번역 식으로 베끼는 경우도 왕왕 있어서) 너무 티가 날뿐더러 어차피 그 저본이 러시아어라서 정 막힐 때만 드문드문 들여다봤다. 헝가리어 원서와 영어 역서가 내용도 살짝 다르므로 일종의 절충형이다. 이 책의 중국어, 리투아니아어, 라트비아어, 일본어 역서는 모두 러시아어판이 저본이다.

2017년에는 이란 현대시선 『미친 듯 푸른 하늘을 보았다』를 번역했다. 처음에 이 제안이 왔을 때 나는 비록 시인도 시문학 연구자도 페르시아 어문학 전공자도 아니지만, 영어 번역을 저본으로 하더라도 페르시아어 원문 및 터키어, 아제리어 원문과 대조하면서 그것도 시를 번역한다니 글자 그대로 '건설적'일 것이라는 도전 정신이 생겨 뛰어들기로 마음먹었다. 어려움이야 있었지만 시가 다들 재밌었고 그걸 풀어내는 일도 보람찼다. 꼭 내 번역이 훌륭해서라기보다는 맛깔나고 멋진 시가 많았고, 번역 검토를 맡아주며 함께 토론한 사람들도 긍정적인 반응을 보여 더욱 기뻤다.

어도락가로서 나는 여러 언어의 많은 양상을 맛보지만 특히 언어의 뿌리 및 여러 언어들의 관계를 탐닉한다. 번역을 하면서도 얽히고설킨 언어들의 뿌리를 캐다가 삼천포로 안 빠지고는 못 배긴다. 이 책은 그 삼천포의 기록이 될 것이다. 부디 여러분에게도 조금은 도움이 되는 삼천포이길 무진장 바랄 뿐이다.

헝가리어에 스며든 유라시아의 흔적

그럼 잠시 『언어 공부』를 쓴 롬브 커토의 모어 헝가리어 이야기를 해보자. 헝가리어는 인도유럽어에 둘러싸인 우랄어라서 주변의 게르만어(독일어), 슬라브어(체코어, 슬로바키아어, 크로아티아어 등), 로망스어(루마니어어), 투르크어(터키어) 등을 비롯한 여러 언어와 영향을 주고받았다.

그중에서도 터키어(투르크어)와 헝가리어의 만남은 크게 보아 둘로 나눌 수 있다. 7세기 이후 현재의 불가리아에 자리 잡은 불가르족을 비롯한 여러 투르크족과 마자르족(헝가리인)의 접촉 및 14세기 이후 오스만제국과 헝가리왕국의 접촉이다. 물론 이런 만남은 자주 전쟁을 동반했지만 그런 와중에도 언어와 문화는 교류되게 마련이다.

예컨대 헝가리어로 '사전'을 뜻하는 '소타르szótár'는 소szó(말)+타르tár(광·창고)의 합성어다. 소szó는 투르크어, 타르tár는 슬라브어 차용어다. 그런데 '타르'는 다시 투르크어를 어원으로 한다. 이런 식으로 이어지다 보면 헝가리어 단어 하나에서도 수많은 유라시아 언어를 만날 수 있다.

헝가리어와 페르시아어도 마찬가지다. 둘은 역사·지리적으로 언뜻 별 관계가 없어 보이지만 간접적인 관계가 꽤 깊다. 마자르족이 지금의 헝가리에 자리 잡기 전에 볼가강 유역과 우랄산맥 사이에서 살 때부터 이란계 민족들과 교류가 있었고, 고대 이란계 {

목민족인 알란족Alani의 일파가 헝가리에도 자리를 잡아 15세기까지도 그 언어가 쓰였기 때문이다.

헝가리어와 페르시아어의 관계를 살피다 보면 자연스럽게 페르시아어와 아랍어, 다시 아랍어와 스페인어의 역동적인 상호작용까지 생각이 미치게 된다. '보물'을 뜻하는 헝가리어 '킨치kincs'는 이란어계 차용어라서 뜻이 같은 페르시아어 '간지گنج'와 뿌리도 같다. 이 페르시아어 낱말은 아랍어 '칸즈كنز'가 됐고 여기서 나온 스페인어가 '알칸시아alcancía(저금통)'이다. 스페인은 711년부터 1492년까지 국토 상당 부분을 무슬림이 다스렸기에 스페인어는 유럽 언어 가운데 아랍어 차용어가 가장 많다.

8세기부터 15세기까지 700년 넘게 무슬림이 다스렸던 스페인은 당연히 그 세월의 흔적이 많다. '알코올'과 '오렌지' 같은 어휘도 한국어는 영어를 받아들인 것이지만 다시 거슬러 올라가면 영어 이전에 아랍어→스페인어→프랑스어의 경로를 밟았다. 이렇듯 유럽 언어에 퍼진 아랍어 기원의 말들은 상당수가 스페인어를 거쳤다.

스페인어 우스테드usted와 아랍어 우스타드 'ustāḏ

아랍어와 역사에 관한 책 『아랍어: 역사적 역할Arabic Language: Its Role in History』에는 스페인어 2인칭 대명사 '투tú'의 존칭형 '우스테드usted'가 아랍어 '우스타드أستاذ, ʿustād(선생, 교수)'에서 왔다는 대목이 나온다. 난 스페인어의 '우스테드'가 '부에스트라 메르세드 vuestra merced(그대의 은총·자비)'의 축약형임을 알고 있기에 살짝 웃음이 나왔다. 자주 쓰는 경칭이나 호칭은 잘 줄어들곤 하니까. 영어 '서sir'의 어원인 프랑스어 '시르sire'도 뿌리는 라틴어 '세니오르senior'다. 우리가 잘 알고 있듯 한국어에서도 '선생님'이 '샘/쌤'으로 줄어드는 비슷한 현상이 있다.

『아랍어: 역사적 역할』은 안와르 셰흐네Anwar Chejne라는 학자의 글을 담고 있으므로 위의 '우스테드'에 관한 대목도 농담은 아닐 텐데, 아마도 실수나 오류 같다. 이 내용을 읽고선 프랑스어 '셰프chef'가 중국어 '스푸師傅, shīfù'에서 왔다는 황당한 어원을 내놓은 어떤 중국어학자도 떠올랐다. 하지만 '셰프'는 머리를 뜻하는 라틴어 '카푸트caput'가 뿌리이지 중국어 '스푸'와는 전혀 관계없다. 프랑스어와 중국어의 사이와는 달리 스페인어와 아랍어는 분명 상호 긴밀한 영향을 주고받은 역사적 관계가 있다.

그렇다면 한번 들여다보자. 아랍어 '우스타드'의 어원을 거슬러 올라가면, 페르시아어 '오스타드أستاد, ostâd(기술자·선생)'임이 확인된다. 사산제국이 7세기에 무슬림에게 정복당한 뒤로 아랍어가 페르시아어에 미친 영향이 컸지만 사실 먼저 발전한 페르시아 문명은 전부터 이미 아랍어에 영향을 미쳤다. 페르시아의 이슬람화 이후에도 행정, 학문 등 여러 분야에서 아랍어에 들어온 페르시아어가 적지 않다. 이 낱말은 이슬림 문화권에서 경칭으로도 쓰다 보니 스페인어 '우스테드'와도 언뜻 연관이 있어 보인다.

그렇지만 '우스테드'와 '우스타드'의 관계는 그리 쉽게 넘겨짚을 일이 아니다. 스페인어의 아랍어 차용은 이슬람교도가 들어온 8세기부터 시작해 10세기에 정점을 찍고 점차 잦아들었다. 한데 '우스테드'의 원어인 '부에스트라 메르세드'는 15세기에 생겼으니, 아랍어-스페인어 공존 기간과 약간 겹치긴 해도 '우스테드'의 꼴은 17세기가 돼야 나오는 게 맞는 것이다. 따라서 아랍어 '우스타드 'ustād'와 스페인어 '우스테드 usted'는 무관할 가능성이 높다.

비록 위의 두 단어는 아마도 관련성이 없겠지만, 현재의 지식이 99.99퍼센트 옳다 하더라도 다른 가능성을 아예 배제해 버린다면 위험할뿐더러 재미도 없다. 지식이 상상력을 가둘 수도 있다. 다만 검증받은 지식의 바탕이 없는 상상력은 공중누각이라는 것도 염두에 둬야 한다.

내가 '햇님달님' 이야기를 읽는 법

어쨌든 페르시아어는 역사적으로 수많은 제국의 언어였기에 이처럼 남아시아, 중앙아시아, 중동에 두루 문화어로서 큰 영향력을 끼쳤다. 즉, 여러 언어에 차용어를 건네주어서 딴 언어와 연결 고리가 많다. 흥미로운 점이 또 하나 있다. 페르시아어가 속한 이란어파는 인도유럽어 원형에서 상대적으로 다른 어파보다 크게 바뀌다 보니 같은 뿌리였다는 걸 겉으로 알아보기 어려운 낱말이 많다.

이를테면 영어 '하트 heart', 프랑스어 '쾨르 cœur', 폴란드어 '세르체 serce', 페르시아어 '델دل'은 모두 '심장'을 뜻한다. 이 단어들의 뿌리가 같다는 게 짐작되는가. 해를 일컫는 페르시아어 '호르خور'와 영어 '선 sun'의 어원이 같고, 이란어파에 속하는 아프가니스탄 파슈토어 '호르خور(누이)'는 영어 '시스터 sister'와 어원이 같다. 겉으로는 전혀 닮은 구석이 없어 보이지만 수천 년간의 언어 변화가 얼마나 컸는지는 알 수 있다.

바로 이런 의외성에 나의 입맛이 돈다. 마치 식도락가가 멋진 음식에 군침이 돌 듯. 그러니까 현재 어형만 갖고 어설프게 언어 비교를 하려는 사람들은 페르시아어 공부를 하길 권한다. 물론 나 스스로도 언제나 되새기는 말이다.

독자 여러분은 햇님달님(표준어 '해님달님') 이야기를 기억할 것이다. 이 전래동화에서 오빠는 달이 되고, 밤이 무서운 누이는 해가 된다. 그러니까 해와 누이는 우리의 옛이야기에서 자연스레 이어지고 있었다. 그런데 앞서 말했듯이 페르시아어 '해'와 파슈토어 '누이'는 어원상 무관해도 '호르خور'라는 철자와 발음이 같다. 페르시아어와 파슈토어는 우리의 햇님달님 이야기를 예견했던 것일까?

아니, 두 언어만 그런 게 아니다. 게르만어에서도 '해'(독일어 '조네 Sonne', 아이슬란드어 '순나 sunna')는 녀성녕사이고, '날'(녹빌어 '몬트

Mond', 노르웨이어 '모네mâne')은 남성명사인 것도 의미심장하다. 나는 이런 단어들을 괜히 한번 엮고도 싶다.

이렇게 햇님달님 이야기를 읽으며 인도유럽어를 두루 생각해보는 것도 어도락가가 홀로 누릴 수 있는 '빅재미' 가운데 하나다. 진지하지도 않고, 누가 알아주지는 않는 유머의 차원이더라도, 어찌 됐든 내게는 재미있으면 그만이다.

외국어를 배우는 일의 본질

롬브 커토는 나랑 방향은 조금 다른 어도락가일 텐데 평생을 여러 언어와 함께 살아온 사람답게 외국어 학습을 바라보는 통찰력도 있다. 외국어 공부에 느끼는 부담이 한국인과 비슷할 헝가리 사람이라서 한국인에게도 도움이 될 수 있다고 본다.

괴테의 말대로, 외국어를 모르는 사람은 자기 언어도 모른다(Wer fremde Sprachen nicht kennt, weiß nichts von seiner eigenen). 그 말인즉슨 거울을 보기 전에는 자기 모습을 알 수 없다는 것과 통하지 않을까. 그렇다면 외국어를 하나만 알아도 그 외국어를 제대로 모르는 것과 같으리라. 롬브 커토의 이야기에는 세 개 이상의 언어를 서로 거울처럼 비춰보면서 그동안 못 봤던 자기 언어의 숨겨진 모습을 찾아내는 쏠쏠한 재미가 잘 담겨 있다.

요새 번역기나 통역기의 성능이 놀랄 만큼 좋아져서 이제 힘들게 외국어를 안 배워도 되는 시대가 온다는 얘기들을 한다. 번역이나 외국어 교육 분야는 분명히 지금과는 더 달라지긴 하겠지만, 결국 사람이 언어의 역사와 다채로운 면모를 알아야 뭐가 맞는지 판별할 수 있다는 점은 변함없을 것이다. 오히려 지금까지와 달리 좀 더 자신의 필요나 취향에 더 맞게 공부할 기회로 여기면 좋지 않을까 싶다. 아무리 시대가 바뀌어도 무언가를 익혀서 제 것으로 만들고 남한테도 나눠 주는 배움의 본질이 바뀌지는 않을 테니.

에베레스트산을 정복하거나 알프스나 로키산맥을 오르는 것도 강렬한 기쁨이겠지만 그런 건 평생 한 번 올까 말까 한 일이다. 거기에 목표를 두는 게 의미가 없다는 소리는 아니나 그것보다는 날마다 동네 개천가나 뒷산을 산책하면서 오히려 얻는 것도 많으리라 본다. 나는 동네 개천가 산책을 즐기는데 어떤 이들은 이어폰을 끼고 음악을 듣거나 스마트폰을 보면서 걸어가기도 하지만 나는 그냥 걷는다. 노래를 흥얼거리거나 이런저런 생각을 한다. 그런 생각 중에는 내가 하는 번역 일이든 공부하는 외국어든 간에 언어와 관련된 것들이 많다.

독일어 라우펜laufen을 닮은, 애매한 삶의 즐거움

메이요 클리닉Mayo Clinic이라는 미국 유수의 종합병원에서 제시한 걷기와 달리기의 빠르기 기준을 보면 천천히 걷기(시속 3km),

빠르게 걷기(6km), 가볍게 달리기(8km), 빨리 달리기(15km)로 나뉜다. 나는 보통 시속 7~8km 사이로 빨리 걷거나 살짝 뛰며 둘을 섞고 컨디션이 좋으면 달리는 구간을 좀 더 늘려 속도를 조금 높인다. 그런데 걷기도 하고 달리기도 하는 나의 이런 활동과 비교적 잘 맞는 말이 딴 언어에 있다.

독일어 '라우펜laufen', 네덜란드어 '로펀lopen'은 '걷다'와 '달리다' 둘 다 뜻한다. 처음에는 이게 잘 이해가 되지 않았다. 그런데 따지고 보면, 예컨대 한국어 '입다·신다·쓰다'가 모두 영어 '웨어wear'이듯 언어마다 의미장이 다르다. 네덜란드어 '로펀', 독일어 '라우펜'은 영어 '리프leap(껑충 뛰다)'와 어원이 같다. 즉 '뛰다→달리다→걷다'로 변했는데 한국어 '뛰다'도 제자리에서 팔짝 뛰기 및 이동하며 달리기를 둘 다 뜻하므로 결국 비슷하다고 볼 수 있다. 영어 '스프링spring', 독일어 '슈프링겐springen'처럼 원래 '팔짝 뛰다'였던 스웨덴어 '스프링아springa'는 이제 '달리다'만 뜻한다.

영어 '런run'과 어원이 같은 독일어 및 네덜란드어 '레넨rennen'은 '달리다'만 뜻한다. '걷다'만 일컬으려면 독일어 '게엔gehen'과 네덜란드어 '한gaan'(영어 '고go'와 같은 어원), 독일어 '반델른wandeln'과 네덜란드어 '반덜런wandelen'(거닐다), 영어 '고 온 풋go on foot'과 같은 독일어 '추 푸스 게엔zu Fuß gehen', 네덜란드어 '터 풋 한te voet gaan'(발로 가다) 따위로 나타내면 된다. 영어는 동사 '워크walk(걷다)'가 따로 있기도 하다.

그런데 가만 보면 걷기와 달리기의 경계가 늘 명확진 않으므로 우리가 나아가는 일은 라우펜laufen이 어울릴 때도 많다. 크로스컨트리cross-country skiing는 독일어로 '랑라우프Langlauf'이다. ('랑라우프'의 직역은 '길게 걷기·달리기'이고, '길다'를 뜻하는 형용사 랑lang과 동사 라우펜laufen의 명사형인 라우프Lauf의 합성어다.) 스키를 타고 내리막에서 활강할 때는 무척 빠르지만 눈이 많이 쌓인 곳이나 오르막에서는 걷는 '랑라우프'는 우리네 삶과 퍽 비슷하지 않은가. 걷기도 되고 달리기도 되어 뜻이 모호한 독일어 '라우펜'이 적어도 나한테는 딱 맞는 말이다.

걷고 달리기만 해도 몸과 마음이 가뿐해지고 좋은데, 나야 어도락가니까 그러면서도 언어 생각을 많이 하는 것일 테다. 사람마다 음악을 듣든 풀꽃을 살펴보든 각자 또 다른 즐거움을 찾으면 된다. 나는 육상 선수가 되겠다는 무모한 욕심은 없다. 하루하루 즐길 뿐이다. 그러다 보면 꽤 잘 걷고 달리는 사람이 될지도 모른다.

언어도 마찬가지다. 하나의 또는 몇 개의 언어를 정복하거나 마스터한다는 원대한 목표도 좋다. 하지만 너무 커다란 열매를 찾으려고 즐거움을 계속 미루기보다는 하루하루 자신만의 언어를 마스터하는 데서 더 큰 보람이 오지 않을까? 외국어도 그렇게 하루하루 꾸준히 공부하여 삶의 작은 기쁨을 자주 누리는 사람이 많아졌으면 좋겠다.

2

방구석 언어견문록

한국에서 태어나고 자란 나는 신토불이 어도락가다. 어학연수도 안 갔다. 별달리 필요하다는 느낌이 안 들었다. 남들 다 간다고 따라갈 것까지야. 얼마간의 청개구리 기질도 들어갔다. 20대였던 1990년대에 인터넷이 생기지 않았다면 외국으로 나갔을지도 모르겠다.

대신 도서관과 인터넷 덕에 세계와 만났다. 추호의 아쉬움도 없다면 거짓이겠으나 제멋에 그랬으니 특별히 아쉬울 일도 없다. 도리어 은퇴 뒤에 어학연수를 간다면 새로운 재미를 느낄 것도 같다. 설마 그때가 돼서 느닷없이 노인 어학연수 붐이 일지는 않겠지? 내 청개구리 기질이 또 발휘되면 곤란할 텐데.

언어들을 탐구하는 나는 한때 언어적 이질성이 높은 나라를 막연히 동경한 적은 있다. 공용어가 많은 스위스(독일어, 프랑스어,

이탈리아어, 레토로망스어), 룩셈부르크(룩셈부르크어, 독일어, 프랑스어), 벨기에(네덜란드어, 프랑스어, 독일어) 같은 나라에서 태어났으면 어땠을까 종종 몽상에 빠지기도 했다. 그런 헛꿈을 꾸느니 몸소 외국으로 나가 꿈을 이뤘으면 되지 않았을까도 싶지만.

포부를 정해 놓고 달려가는 성격과 나는 다소 거리가 멀다. 저돌적이지도 않다. 외국에서 살거나 외국어를 완벽하게 혹은 유창하게 구사한다는 목표도 없었다. 손에 닿는 온갖 말들을 옷감으로 삼아 내 몸에 맞게 만지고 다듬고 자르고 붙이며 내가 입을 말의 옷을 지을 수 있다면 그것만으로 흐뭇하다.

나만의 스타일을 추구하면서 말을 부리고 입으므로 그것이 누구에게나 맞을 수는 없다. 혹여나 남들도 입을 만한 말의 옷들을 지을 솜씨가 생긴다면 그것대로 반가운 일이지만, 아직은 나의 차림새가 누군가에게 살짝 도움이라도 된다면 좋을 뿐이다.

언어의 삼천포에서 건져낸 재미

언어와 맺는 관계를 옷차림새에 빗대는 게 어떤 면에서는 공교롭게도 잘 어울린다. 외국어를 멋지게 구사하는 이로 흔히들 떠올리는 이미지는 말쑥한 정장을 차려입고 똑떨어지게 말하는 사회자 또는 동시통역사의 모습이 아닐까 싶다. 그에 반해 나는 집에서 편한 옷차림으로 일하고 공부한다. 밀과 씨름하는 데는 그게 제격이다. 샅바 대신 종이와 마우스를 쥐는 말씨름이다.

실은 방송인이나 통역사의 언어도 옷차림처럼 늘 깔끔한 게 아니다. 실시간으로 언어가 오가는 환경에서 당연히 그럴 수도 없다. 국외자는 아주 작은 단면만 짐작할 뿐이다.

유럽연합EU 의회 인터넷 사이트에는 회의록과 더불어 이따금 통역 동영상도 함께 나온다. 이를 보다 보면 스물네 개 공용어의 번역문 및 통역 간 차이점을 비교하는 재미가 있다. 나도 맨 처음 통역을 들었을 때는 별로 매끄럽지가 않아서 다소 의아했다. 실력이 최고로 좋은 통역사들이 모인 곳 아닌가?

근데 나 역시 그게 생업이 아니므로 생각이 짧았던 것이다. 수차례 다듬어 결과물을 내놓는 글과 달리 입에서 바로바로 튀어나오는 말은 고칠 겨를이 없다. 하물며 통역을 하는데 항상 매끄럽다면 그건 거짓말이든지 미리 써 놓은 대본을 읽는 것일 뿐이다.

통역은 통통 튀는 순발력이 중요하다. 반면 번역은 구김살 없이 번번한 글이 나오도록 '다리고', 진한 글이 나올 때까지 '달이고', 마감까지 꾸준하게 '달리는' 지구력이 필요하다. 번역이든 통역이든 정답이 하나만 있지는 않으나 즉석에서 정답을 내놓는 게 미덕인 통역보다는 답을 찾아다니다가 오히려 질문을 한 아름씩 들여놓기도 하는 번역이 내 체질에 맞는다. 내가 번역할 때 시간이 괜히 더 오래 걸리는 것도 원문의 단어나 숙어, 표현을 한국어로 옮기기 전에 여러 언어를 함께 찾다가 삼천포, 사천포, 오천포로 막 빠지기 때문이다.

'개피곤'과 '개이득' 사이에서

그렇게 언어의 바다에서 헤엄치다 보면, 우연히 철자나 발음 뿐 아니라 뜻까지 비슷한 낱말들을 꽤 많이 발견하게 된다. 대개 짧은 유아어나 가장 기초적인 어휘일수록 특히 그렇다.

수십 년 전 위대한 언어학자이자 문예학자 로만 야콥슨이 설파했듯 모든 언어의 기원이 단일한 게 아니라 언어의 생성 과정이 보편적인 유사성을 띤다. 언어가 보편성을 지닌다고 해서 꼭 같은 기원에서 나온 것은 아니다. 그래도 무리하게 어원을 갖다 붙이지만 않는다면 이런 공통점을 찾아나서는 길은 소풍을 떠나듯 들뜨기 마련이다.

'엄마, 아빠'는 이런 유의 대표적인 단어다. '맘마', '밥'도 여러 언어에서 발음과 뜻이 비슷하다. 라틴어 맘마mamma는 젖, 영어 팹pap은 아기가 먹는 빵죽이다. 여러 언어에서 '개, 소, 말, 고양이' 따위 동물은 단일 기원에서 출발해 넓은 지역으로 퍼진 유랑어Wanderwort일 수도 있다. '두루미, 늑대, 스라소니'도 유라시아 전역에서 많이 비슷하다. '뻐꾸기'는 확실히 의성어겠고, '고니'나 '거위'는 원래 의성어였다가 개별 언어 자체로 변화를 겪었거나 유랑어일지도 모른다.

인류에게 친숙한 동물인 '개'도 수많은 어족에 걸쳐 비슷한 모습을 보인다. 우연의 일치일 수도 있고 같은 어원일 수도 있다. 그런데 '개같이'처럼 주로 부정적인 강조니 '개새끼' 같은 욕도 많은 언어에서 비슷하게 나타난다. 개가 딴 동물보다 더 미워서라기보다는 가장 흔한 가축이라 인간보다 낮은 등급을 나타낼 때 쉽게 쓸 만하기 때문이다.

2000년대부터 한국어 속어에서 '개'는 '개멋져'나 '개똑똑'처럼 긍정적인 강조뿐 아니라 웬만한 어휘에 다 붙으며 쓰임새가 넓어졌다. '개피곤'은 영어(dog-tired), 독일어(hundemüde: 개Hund+피곤müde)와 얼개가 똑같은데, 한국어와 달리 속어의 느낌은 덜하다. '개피곤'하게 일하다가도 이런 비슷한 표현들을 발견하면 언제나 '개이득'이다.

30년만 늦게 태어났어도 내 이름 '견식' 앞에 '개'가 붙어 '개견식'이 되면 아주 개쩔었을 것도 같은데 아쉽기는 개뿔, 성까지 붙여 '개신견식'이 됐다면 개난감이다. 스페인어 '께qué'는 의문대명사 '무엇', 형용사 '무슨'의 뜻인데 감탄 부사로서 형용사('께 보니따¡qué bonita!', 개이뻐!)와 명사('께 소르쁘레사¡qué sorpresa!', 개놀람!)에도 붙는다. 영어는 'how pretty', 'what a surprise'처럼 품사에 따라 'how'와 'what'으로 다르지만 스페인어 '께qué'와 한국어 '개'는 소리도 비슷하고 형용사와 명사 다 받는 것도 같다. 게다가 칠레에서 "멋져/대단해"를 뜻하는 '께 쪼로¡qué choro!'는 한국어 "개쩔어"와 놀랄 만큼 비슷하다. 이런 '개쩌는' 재미에 빠지면 하루가 훌쩍 지나간다.

이렇게 온갖 의미와 소리가 부딪치는 향연 같은 현장에서 때로는 즐기고, 말의 집을 짓는 공사장 같은 현장에서 때로는 일한다. 외국어를 잘하기보다는 외국어와 자라는 것을 겨냥한다. 외국어를 잘하겠다면 하나만 사귀는 게 낫겠으나 외국어와 자라겠다면 여럿과 어울려도 된다.

완벽한 언어를 구사한다는 환상

요즘은 조금 잦아들었지만, 한때 툭하면 영어 공용화 얘기가 떠들썩했다. 어찌 보면 한국인이 받는 영어 스트레스가 정점에 달했을 때 벌이던 푸닥거리 같다. 그때마다 일부 지식인의 부박한 사회언어학적 인식이 자못 안타까웠다. 민족주의나 국수주의를 거부하는 논거도 이해는 되나 언어제국주의는 어쩔 텐가?

영어 공용화 논지는 구멍이 참 많다. 한국이라는 단일 언어 사회에서 살다 보니 다언어 사회에서 실제로 언어가 어떻게 쓰이는지 깊이 탐구하지 못하고 피상적인 인상만을 투영한다. 그러니까 영어만 들이면 다들 자연스럽게 쓰리라는 단순한 발상이 나온 것이다. 하지만 영토적 다언어 사용은 개인적 다언어 사용으로 곧장 이어지지 않는 별개의 사항이다. 벨기에나 스위스처럼 공용어가 여럿인 나라라도 국민 모두가 다언어 화자는 아니다. 구사 수준도 천차만별이고, 한 언어만 쓰는 이도 많다.

완벽한 이중 언어 화자는 없다고들 한다. 가만 보면 이 말은 동어반복이다. 하나의 언어를 완벽하게 구사하는 사람도 없기 때문이다. 그런데 언어를 완벽하게 장악하면, 사전에 나오는 모든 어휘를 알고 맞춤법도 하나도 안 틀리고 발음도 아나운서처럼 매끄러운 것일까? 말도 안 되는 소리다. 근거 없는 자신감이 특별히 하늘을 찌르는 용자勇者 말고는 태어날 때부터 말해 온 모어라도 완벽히 구사한다고 떠벌릴 수 없다.

파고들자면 하나의 개별언어라는 것도 규정하기 매우 어렵다. 한국어가 다르고 영어가 다르고 중국어가 다르니 뭐가 어렵냐는 의문도 들 텐데, 마침 중국어는 언어 변이성을 논하기에 적절하다. 한문과 중국어는, 북경어와 광동어는 같은 언어인가? 또 일흔 살 먹은 노인과 네 살배기는 같은 언어를 말할까?

사전이나 문법 책에 담긴 고정된 언어는 이상적인 가상의 구성체일 뿐이다. 실제의 언어는 늘 움직인다. 냇바닥에 자국을 내면서 흐르는 물처럼 뭔가 보이는 듯해도 움켜잡을 수 없거나, 바람을 타고 눈에 안 띄게 퍼지는 냄새 같다. 언어를 외계인이 뿌린 바이러스라 보는 공상과학 소설적인 시각도 있다. 인간이 지구에게 바이러스 같은 존재라는 비유도 있으니 마침 언어로써 다른 동물과 구별되는 인간은 언어와 꿍짝이 잘 맞는다.

나의 영원한 동반자, 사전

언어는 고정되지 않은 채 매 순간 유영하지만, 사전은 고정된 언어를 담기 때문에 나온 순간 옛것이 된다. 어쩔 수 없이 흠결을 가진 사전은 완전무결하지 않은 인간이 완벽하지 않은 언어를 탐구하기에 그만큼 쓸모가 있다.

무엇보다도 사전은 나와 뗄 수 없는 동반자다. 내 방에 유럽과 아시아의 주요 언어 사전은 거의 다 있다. 종이책으로는 200권 안짝 되려나. 영어-스페인어 사전, 독일어-체코어 사전처럼 언어의 여러 방향을 포괄하고, 또 동의어, 속어, 전문용어 사전도 있다. 다소 특이한 언어로는 프랑스 알자스의 독일어 방언과 이디시어(유대인이 쓰는 독일어 변종) 사전, 서아프리카 카보베르데 크레올어와 남미 프랑스령 기아나의 크레올어 사전을 갖고 있다.

이런 사전들 다 하도 들춰봐서 상당수가 누더기에 가까워졌다. 그래서 정말 누더기가 될까 걱정도 되지만 그냥 나의 역사로 인정하는 편이다. 나는 아직 종이 사전을 일부러라도 쓴다. 사전도 변천 과정이 있기에 과거의 사전이 지금의 사전과 다르기도 하고, 사전 종잇장의 구체적인 위치에 자리 잡은 낱말을 보면서 간접적으로 물성과 실체성도 느낀다. 사전에 인쇄된 낱말을 만진다고 구체적인 감촉이 있는 것은 물론 아니지만 적어도 모니터 위에 깜박이는 낱말들과는 느낌이 다르다.

물론 나는 온라인 사전도 애용한다. 자주 가는 온라인 사전 사이트를 따져 보면 언어당 서너 개에다가 각종 다언어 사전, 어원사전, 전문용어 사전 등이 있으니 못해도 100개는 된다. 온라인 사전도 엄청난 장점이 있다. 하이퍼텍스트로서 연결성이 매우 뛰어나다는 것이다. 위키낱말사전wiktionary을 비롯한 여러 온라인 다언어 사전은 수많은 언어를 넘나들기에 안성맞춤이다. 이렇게 단어와 개념의 꼬리에 꼬리를 무는 재미는 위키백과wikipedia도 마찬가지인데 역시 한 언어로만 읽기보다는 여러 언어로 비교해 보면 재미가 증폭된다.

한때 꿈꿨던 다언어 사회에 사는 것은 아니지만, 나는 이렇게 내 방식대로 언어 접촉의 현장에 늘 살고 있는 셈이다. 이런저런 크레올어 사전이나 연구서를 모은 것도 언어 접촉의 최전선에서 벌어지는 일들을 탐구하고 싶어서다. 주로 유럽 식민국의 언어와 아시아, 아프리카, 아메리카, 오세아니아 등의 피식민지 언어들이 만나서 생긴 피진어 또는 크레올어 현상을 살펴보면 오히려 언어 기원의 작은 실마리를 얻을 때도 있다. 마치 일본 메이지 시대에 서양 품종의 개를 '카메야kameya'라 일컬었고, 이 단어의 어원은 영어 '컴 히어come here'인 것처럼. 이런 별스러운 사례 앞에서 지구상의 언어도 우연히 우주에서 내려온 게 아닐까 상상을 펼친다.

오늘도 언어의 작은 벽돌들을 쌓으며

물론 언어들을 가지고 태평스럽게 놀기만 하진 않는다. 전에는 종종 작품 하나를 두고 여러 언어의 번역을 함께 살펴봤다. 일종의 출판번역 준비 작업이었다. 출판번역을 시작한 뒤에는 주로 스웨덴 작품을 옮겼고, 객원 편집자로서 스티그 라르손의 '밀레니엄' 4부작 번역 재출간에 참여했다. 다비드 라게르크란츠의 후속작 '밀레니엄' 5부 번역의 감수를 맡기도 했다.

이 작업에선 기존 한국어판이 프랑스어 중역이라서 생긴 스웨덴어 원서와의 차이점을 다듬었으며, 수두룩하게 나오는 스웨덴어 및 각종 언어의 한글 표기를 싹 정리했다. 스웨덴어 원서와 무슨 차이가 있는지 프랑스어 역서도 확인했고, 내가 제대로 봤는지 다시 대조하고자 영어와 독일어 역서까지 참고했다. 독일어를 잘 아는 편집자를 비롯한 여러 편집자들이 수고를 많이 해서 작업이 그나마 좀 더 수월했다.

물론 모든 번역을 이렇게 작업할 수는 없고 이런다고 늘 완벽하지도 않다. 하지만 적어도 중역이라거나 수많은 언어가 언급되는 책의 번역이라면, 이런 과정을 하다못해 한 번이라도 거치는 것이 나을 것이다. 번역은 기본적으로 고독한 작업이지만, 혼자서 허방다리에 빠져 허우적대는 것보단 진이 빠질 때 서로를 꺼내주며 함께 가는 게 보람차기 때문이다.

나는 영화나 드라마 자막 번역은 안 하지만 영상번역과 관계된 일도 한다. 한국에서도 퍽 많은 시청자를 지닌 온라인 스트리밍 업체 영상물의 등장인물과 배우 이름, 각종 전문용어의 표기를 비롯한 메타데이터를 최종 감수하는 작업이다. 이러한 고유명사의 한글 표기 작업을 할 때는 각종 발음 사전을 참고한다. 독일어는 두덴Duden과 드 그로이터De Gruyter 출판사, 영어는 께임브리지Cambridge, 롱맨Longman, 라우틀리지Routledge, 웹스터Webster, 비비시BBC에서 나온 것을 주로 쓴다.

사전들 사이에 발음이 일치하지 않거나 발음이 여럿인 이름은 교차 대조 및 확인도 필수다. 표제어가 롱맨은 8만, 두덴은 13만 개쯤 되는데 각각 독일어 및 영어 일반 어휘도 포함한다. 여기에 안 나오는 인명도 무척 많아서 그럴 때는 유튜브도 찾아본다. 주요 슬라브어처럼 철자와 발음의 일관성이 높은 언어는 '한글라이즈Hangulize' 사이트를 이용해 표기하면 거의 맞는다. 다만 태국어는 어원대로 철자를 쓰고, 필리핀 이름은 타갈로그어, 스페인어, 영어 등이 복잡하게 섞여서 한눈에 발음을 딱 알아내기가 어렵기에 좀 더 세심한 공이 들어간다.

유튜브에 안 나오는 이름도 많다. 이럴 땐 음성합성text-to-speech 사이트인 '구글 번역Google Translate', '아카펠라Acapela', '리드스피커ReadSpeaker'를 자주 쓴다. 전 세계 사용자가 직접 참여하는 '포보Forvo'도 번역가를 비롯해 언어에 관심 많은 이들 사이에서 꽤 알려져 있으나, 모두에게 열린 온라인 참여형 사전이 다 그렇듯 교차 검증도 필요하다.

언어는 지금 이 순간에도 사회 현실과 맞물리며 꿈틀거린다. 전 세계의 각국에서 이민자가 늘어나는 현상은 성씨의 표기에서 소소한 애로 사항을 낳기도 했다. 언어당 적게는 수백, 많게는 수십만의 성씨가 다시 여러 언어에서 비슷하거나 꽤 다른 발음으로 확산되기 때문이다. 예컨대 'Bernstein'이라는 유대계 독일어 성씨는 국적 또는 출신에 따라 베른슈타인(독일어), 베른슈테인(러시아어·히브리어), 번스타인/번스틴(영어), 베른스타인/베른스테인(스페인어), 베른스타잉/베른스테잉(포르투갈어) 등으로 표기될 수 있다.

이런 작업은 어찌 보면 굉장히 시시콜콜하게 보일지도 모르겠다. 사소한 언어의 차이를 일일이 발라내고 다시 여러 한글 표기 선택지 가운데 하나를 고르는 작업이 별로 중요한 일은 아닌 듯도 싶다. 하지만 이런 작은 앎의 벽돌을 쌓지 않고서는 큰 지식의 성곽을 지을 수 없다. 오늘도 한 땀 한 땀 지식의 수를 놓으며, 내 삶의 자양분이 되는 언어의 재미와 의미로 나를 채우는 동시에 남들과도 어떻게 나눌 수 있을지 고민한다.

늘 그렇듯 편한 옷차림을 하고, 수백 권의 사전에 둘러싸인 채.

3

—

공부가 쉽다면 거짓말이겠지만

독일어는 울고 들어갔다 웃으면서 나오고, 영어는 웃고 들어갔다 울면서 나온다는 우스개가 있다. 이 농담의 영어 자리에는 프랑스어가 들어가기도 한다. 이제 한국에서 독일어나 프랑스어를 배우는 이가 적으니 저런 말을 바로 알아들을 사람도 점점 줄어들 듯싶다. 게다가 프랑스어는 발음이 복잡하고 어렵기로 정평이 나 있는 언어 아닌가? 그러니까 적당히 웃고 넘기면서 농담 반 진담 반으로 새기면 된다.

흔히들 울면서 들어간다는 독일어는 내가 딴 언어보다는 편하게 익힌 외국어라고 할 수 있다. 발음, 문법, 어휘가 당연히 영어랑 비슷하면서도 특정한 조건에서 동사가 맨 뒤에 오는 어순은 한국어를 닮은 이중성이 구미에 당겨 나는 '울고 들어가진' 않았다. 오히려 내게는 영어가 공부를 하면 할수록 더 어려워지는 것 같다.

독일어 발음이 딱딱한 고함 소리 같다는 고정관념 역시 코미디에서나 주로 나오는 과장이다.

영어든 독일어든 한국어든, 꼭 언어를 떠나서 어떤 배움이나 지식이든 간에 우리는 무언가를 더 잘 알아 갈수록 오히려 무엇을 모르는지도 더 명확해지곤 한다. 이를 '더닝 크루거 효과Dun-ning–Kruger effect'라고 부른다. 어느 분야의 책을 한 권만 읽으면 다 아는 것 같은데 열 권쯤 읽으면 막상 모르는 게 많음을 느끼고, 백 권쯤 읽어야 그나마 자기가 뭘 알고 모르는지를 알게 된다.

맨 처음 영어만 배운 학습자에게 독일어 형태론은 상대적으로 어려워 보인다. 일단 현대 영어는 형태론이 거의 없어 초기에 외울 게 적지만, 독일어는 명사와 형용사의 성性/격格 변화가 다소 복잡해 이를 달달 외우다 보면 성격이 더러워질 수도 있다. 독일어는 내게 어렵지 않았다. 그렇지만 러시아어를 익히는 일은 만만치 않을 때가 있었다. 독일어는 격이 네 개지만 러시아어는 여섯 개에 달해서 '러시아어는 울고 들어가 쭉 운다'는 우스개도 있다. 비유야 어떻든 어떤 외국어 배우기도 이처럼 울고 웃는 과정의 연속이리라.

세상에서 가장 어려운 언어는 없다

미국 국방부 언어 학교Defense Language Institute에서 정한 언어별 난이도는 총 다섯 등급으로 나뉜다. 이중 가장 쉬운 등급에 딩연히 서유럽 언어가 속하고, 가장 어려운 등급에는 한국어, 일본어, 중국어, 아랍어 등이 자리잡고 있다. 일각에서는 이 등급표를 바탕으로 한국어를 가장 배우기 어려운 언어라며 '국뽕'을 들이켜기도 하지만, 이 역시 영어 화자를 기준으로 한 서열일 뿐 세상에서 가장 어려운 언어란 없다. 학습이란 상대적이기 때문이다.

외국어 배우기의 난이도는 모어에 따라서 달라진다. 중국어보다 형태론이 복잡한 일본어가 대개의 한국인에게는 처음에 더 쉽다. 흔히들 세계에서 가장 어렵다는 오해를 받는 아랍어는 히브리어를 모어로 하는 사람에게 쉬운 경우가 많고, 아랍어만큼 어렵다는 핀란드어는 에스토니아어의 화자에게 쉬운 언어로 받아들여지는 것도 비슷한 사례다.

내게는 이 등급표에서 다소 갸우뚱해지는 분류가 있다. 가장 쉬운 '카테고리 1'에는 로망스어군(프랑스어·이탈리아어·포르투갈어·루마니아어·스페인어 등) 및 영어가 속하는 게르만어파(아프리칸스어·네덜란드어·덴마크어·노르웨이어·스웨덴어 등)가 포함된다. 그런데 '카테고리 2'에는 영어와 함께 서게르만어군에 속하는 독일어만 달랑 있다.

그러니까 계통상 영어와 더 가까운 독일어가 오히려 루마니아어보다 어렵다는 건데, 물론 꼭 계통에 따라 난이도가 갈리지는 않겠지만 나한테는 그다지 와 닿지가 않는다. 아마 영어권에서 지금보단 독일어를 많이 배우던 19세기 후반에서 20세기 초반, 학습자들이 문법적으로 다소 복잡한 독일어에 느낀 과장된 짜증의 흔적일 듯싶다.

마크 트웨인의 유머 에세이 『끔찍한 독일어The Awful German Language』가 대표적이다. 그는 "독일어를 배우기에 인생은 너무 짧다Life is too short to learn German"라고도 했다는데, 이 말을 남긴 사람이 오스카 와일드라는 설도 있고 또 다른 작가라는 설도 있다. 어쨌든 독일어랑 영 궁합이 맞지 않는 영어권 작가가 꽤 됐나 보다. 그렇지만 그들은 하필 다른 언어가 아닌 독일어를 골랐을 뿐, 어느 언어든 공부가 어렵긴 매한가지이니 열심히 하지 않은 이들의 익살스러운 투정이라고 본다.

마크 트웨인에게 독일어가 있었다면, 나에게는 일본어가 있다. '끔찍할' 것까지는 없지만 썩 궁합이 맞지는 않는다. 보통 한국인에게 일본어는 비교적 입문이 쉬운 외국어라는 점을 감안하면 의아하긴 하다. 한자도 알고 어휘나 문법도 기초는 알기에 내 관심 분야의 글은 그럭저럭 읽을 만하지만 내 일본어 지식은 불완전한 편에 가깝다. 제대로 쓸 일은 없고 대충 알고 넘어가도 될 만하니까 다른 언어에 비해 대충 아는 상태에 머무르고 만다. 스웨덴어-노르웨이어 혹은 스페인어-포르투갈어처럼 비슷한 언어를 쓰는 사람들 다수가 상대방의 언어를 대충만 알고 제대로는 모르는 것과도 얼추 비슷하다.

일본어와의 궁합 이야기를 조금만 더 해 볼까. 일본어를 번역하는 지인에 따르면 일본어 번역가들은 일본인의 습성을 닮는다고 한다. 마치 '언어가 생각에 영향을 끼친다'는 언어학사 벤서민

공부가 쉽다면 거짓말이겠지만

41

워프의 '사피어·워프 가설'처럼.

이를테면 일본어 번역가들은 여행이나 출장을 다녀오면 꼭 현지의 먹거리나 특산품을 선물로 사와 주변에 나누는데, 이는 '오미야게ぉ土産'라 불리는 일본의 대표적인 문화다. 나야 선물을 주고받는 것 역시 딱히 즐기지는 않으니 역시 일본어와 궁합이 안 맞는다고나 할까.

그에 따르면 영어 번역가와 일본어 번역가는 성격도 무척 다르다고 하니, 둘 이상의 언어를 사용하는 사람에게 모어나 제1언어가 아닌 외국어나 제2언어가 미치는 영향도 있을 것 같다. 어떤 언어를 다루어서 그 영향을 받는 것인지, 어떤 성격이라서 그런 언어를 다루는 것인지 순서를 정하기는 어렵지만 말이다.

내가 언어를 공부했던 이야기

나는 문법 책을 처음부터 끝까지 달달 외우기보다는 기초를 닦고서 바로 텍스트로 들어가 어휘 및 문장과 함께 익히는 편이다. 문법은 어차피 언어를 계속 공부하면서 그때그때 참고해야 되며, 어휘도 그렇듯이 따로 떨어져서 외우면 효과가 덜하기 때문이다. 영어 문법은 외우고 자시고 할 것도 없으니 그냥 쭉 공부했다.

독일어(고등학교)와 스페인어(대학교)는 학교에서 배웠으니 그나마 '제대로' 공부한 셈이다. 다른 게르만어 및 로망스어는 이 바탕

위에 세웠다. 나는 외대 스페인어과를 다니면서 포르투갈어과, 이탈리아어과, 프랑스어과, 독일어과, 네덜란드어과, 러시아어과, 인도네시아어과 수업을 각각 한 번 이상은 들었다. 스페인어과도 그렇고 대개 외국어학과 학생들은 경영학과를 비롯해 취업에 도움이 되는 학과의 수업을 많이 들었던 반면, 나는 취업에 전혀 관심이 없었다. 그냥 언어들과 언어학을 공부하는 게 재밌었다.

러시아어과 친구에게 두어 번 개인 교습도 받았지만 딴 친구까지 불러 셋이서 보드카의 형제 격인 소주나 친구 격인 맥주를 마시는 게 주목적이자 주째목적이었다. 이처럼 슬라브어는 되는대로 공부한 편이었는데 그러다 보니 감으로야 문제없어도 가끔 '빵꾸'가 나기도 한다. 엇? 가만 보니 이런 명사 변화가 있었군! 그리 심각할 것은 아니지만 제대로 공부하려면 끝이 없다는 방증이다. 특히 비슷한 언어들의 지식은 초창기에 들어갈 때는 도움이 돼도 파고들면 또 서로 다르니 언어 공부는 참으로 쉽지 않다.

그렇지만 어느 언어 앞에서 괜히 겁먹을 필요는 없다. 대학 때 스페인어과 부전공을 하던 터키어과 학생은 터키어도 관심이 있다는 내게 공부하기 어려울 거라고 단언했다. 아마 형태통사론 및 어휘에서 유럽어와 차이가 나서 그렇게 말했을 텐데, 실은 터키어와 한국어는 어순이 같고 발음도 별로 어렵지 않아 일본어처럼 일단 발을 들이기는 오히려 쉬웠다. 역시 다른 언어와 마찬가지로 깊이 들어가면 어려운 건 틀림없지만.

대학 졸업 후에는 본격적으로 라틴어를 공부했다. 시간이 꽤 들었던 만큼 보람이 있는 공부였다. 한국은 대학 졸업장의 내용을 한문으로 쓰지 않지만, 미국의 대학들은 왕왕 라틴어를 쓰기도 한다. 문서 번역 일을 많이 받던 때는 라틴어 졸업장 번역도 가끔 했다. 내 첫 저서를 낸 '뿌리와이파리' 출판사에서는 편집자, 저자, 번역자 들이 달마다 모임을 갖는데 여기서 2년간 라틴어를 가르치기도 했다. 대학 시절 과외를 해 본 적도 없었기에 누굴 가르친 적은 이때가 처음이었다.

한자야 10대 때부터 워낙 즐겁게 공부했고, 중국어는 좀 뒤늦게 30대 때부터 익혀두었다. 이제 70대인 어머니는 취미로 중국어 공부를 하신 다음부터 내게 이따금 중국어 표현을 얘기해 주신다. 그리고 아버지랑 어머니는 사전과 옥편을 찾으며 이런 말이 있니 없니 따지며 옥신각신하실 때도 있다. 나도 이런 면모를 어느 정도는 닮았다고 봐도 될 것이다. 공부도 좋지만 나 혼자 사전과 옥신각신하며 언어를 즐기는 게 우선이다.

"드라큘라와 어울리는 악마의 언어"

언어를 공부했던 이야기를 하자니 2013년 여름이 떠오른다. 당시 대전시민대학은 의욕적으로 매우 많은 외국어 강좌를 개설했다. 이 가운데 벵골어, 아제르바이잔어는 수강생이 없어 처음부터 폐강됐다. 난 아랍어, 폴란드어, 루마니아어, 페르시아어 등을 서로서로 번갈아 가며 2년쯤 들었다.

　나는 외국어 학원을 다닌 적이 없었다. 학교에서 배우거나 혼자 책, 사전, 문법 책, 비디오, 오디오 등을 활용해 익혀 왔다. 그러던 차에 시민대학이라는 좋은 기회가 생겨서 일부러 특별한 외국어만 찾아 들은 것이다. 폴란드어와 페르시아어는 나 혼자였고 루마니아어는 여섯 명까지도 왔으나 마지막에는 나만 남았다. 외국어 강좌들을 들으며 틈틈이 맛보며 즐겼는데, 아쉽게도 씹고 뜯고 삼키지는 못했다. 당시 배웠던 외국어들의 실력은 다 녹슬어서 결국 재정비를 해야 한다. 역시 공부는 끝이 없다.

　번역 일을 하면서 게르만어와 로망스어 대부분을 다루는 나는 루마니아어(로망스어)가 독일어(게르만어)보다 어렵다. 어렵긴 해도 묘한 매력이 있어 쉽게 놓고 싶지 않은 외국어이기도 하다. 문법적으로는 살짝 라틴어를 닮아있다. 딴 로망스어와 달리 남성, 여성 외에 중성이 있고 격 변화도 있어 복잡하다. 이런 이유로 대학 시절 루마니아어과에서 스페인어과로 전과한 친구는 루마니아어를 '드라큘라와 잘 어울리는 악마의 언어'라 불렀다. 그러면서 루마니아어-영어 사전을 이제 꼴도 보기 싫다며 나에게 그냥 줘버렸다.

　루마니아어는 로망스어에 속하면서도 상당히 독특한 특징을 지닌다. 발칸반도 고대 언어의 바탕 위에 슬라브어 요소도 많고, 여기에 중세 이후 터키어, 그리스어, 헝가리어 그리고 근대화 후 프랑스어, 이탈리아어, 독일어 등의 요소가 결합한 바람에 이만큼 웬만한 동서 유럽 언어가 골고루 섞인 언어가 드물다는 점에서 그렇다. 아이슬란드어처럼 외래어가 거의 없는 언어도 흥미를 자아내지만 그냥 재미로만 치자면 잡탕 같은 언어가 나에게는 더 낫다. 때때로 그 잡탕스러움이 누군가에겐 '드라큘라의 언어'처럼 느껴지더라도.

기꺼이 갇히고 마는 언어의 미로

아랍어는 2년이 넘어도 시민대학에서 늘 초급 강좌밖에 개설되지 않았다. 좀처럼 진도를 나갈 수 있는 수강생이 없었다는 뜻이리라. 사실 아랍어는 글자, 발음, 어휘, 문법 모두 한국인에게 무척이나 어렵다. 아랍어와 계통이 같은 히브리어를 쓰는 이스라엘 사람은 상대적으로 배우기 쉽겠지만(거듭 말하건대 언어 공부의 난이도는 모어에 따라 상대적이다!) 아무튼 일주일에 한 번 듣는 수업으로는 전 시간에 배운 아랍어 글자도 다 까먹기 십상이다.

그런데 이게 아랍어만의 현상이냐고 따지고 들면 또 이야기가 다르다. 영어 교재 역시 초급이 가장 잘 나가고 중급으로 넘어가면 팔리지 않는다고 한다. 시민대학 시간표를 살펴보면 영어 강좌 역시 초급이 가장 많았다. 다른 언어들도 중급은 없거나 적다. 아랍어만 초급에서 벗어나지 못한 건 아니었다는 얘기다. 그렇게 많은 한국인이 수십(?) 년을 영어 공부에 목매달고 영어 타령을 해대도 주로 초급 교재만 팔린다니. 물론 중급 이상이면 딱히 외국어

교재를 따로 안 사는 거라고 볼 수도 있겠지만, 어쨌든 언어를 제대로 익히기란 결코 만만한 일이 아니다.

번역가라고 해서 언어를 배우고 공부하는 일이 쉬운 건 아니다. 많은 번역가가 동의하듯 따로 공부하지 않는 한 번역만으로는 외국어 실력이 늘지 않는다. 언어 공부를 좋아하고 번역을 일로 하는 나도 마찬가지다. 대개는 원래 바탕에 있는 어학 실력을 소모할 뿐이다. 다만 한국어 표현력은 좀 나아질 수도 있다.

물론 번역을 공부하듯 한다면 사정이 다르겠지만, 대개는 그럴 여유가 없다. 그럼 한국어를 외국어로 번역하면 외국어 실력이 좀 더 좋아지는가? 사람마다 다르겠지만 내 실무번역 경험상 기술 문서의 똑같은 패턴만 되풀이하다 보니 지겨워서 늘지를 않는다. 게다가 번역은 스스로가 능동적으로 언어를 구사하는 게 아니라는 점도 한몫한다. 번역가가 반드시 작가가 되지는 않는 것과도 비슷하게 볼 수 있겠다.

나에게는 여전히 미지로 남은 언어들, 맛보고 씹고 뜯고 삼키고 싶은 언어들이 많다. 이를테면 동남아시아 언어도 두루 배우고는 싶지만 아직은 대학 때 익혀 둔 인도네시아어 선에서 더 나아가지 못했다. 아무래도 내 주요 관심은 인도유럽어족, 알타이어족, 우랄어족 등 유라시아 북부 언어이다 보니 그렇기도 하다.

음절문자(가타카나·히라가나) 및 자모문자(로마문자)의 특성을 동시에 지닌 남아시아와 동남아시아의 아부기다Abugida 문자들을 익힐 거글도 아직은 좀 모자란디. 팔리이니 신스그리트어 차 8·어가 많은 동남아시아 언어의 조어법도 관심은 많은데 시간도 머리 용량도 달린다.

언어는 하나만 파고들어도 공부할 것이 무궁무진하다. 애초에 하나라도 완벽하게 익히기 불가능하다는 것을 알기에 오히려 나는 여러 언어를 만지작거리는 것일지도 모르겠다. 공부가 어렵지 않다면 거짓말이겠지만, 어떤 언어든 저마다 이야깃거리가 있으니 그걸 찾아내는 재미도 참 쏠쏠하다. 여행을 떠나야 평소 숨어 있던 스스로의 본모습이 보이듯 외국어의 별미 사이에서 한국어의 진미도 더욱 입에 감긴다.

배우기가 조금 더 어렵든 쉽든 상관없다. 나에게 언어를 배우고 또 번역하는 일이란, 그게 어떤 언어든 대개는 웃으며 들어갔다가 거기 푹 빠져서 헤어나지 못하는 쪽이 아닐까 싶다. 나는 지금 다루는 모든 언어에 들어갔다가 아직 나오지 않았다. 아마 쭉 그 안에서 미로 찾기 놀이를 하고 있을 것이다.

4

네이티브가 뭐길래

학창 시절 여러 외국어 회화 수업에선 대개의 학생이 소극적이었다. 나로 말할 것 같으면? 꽤나 적극적으로 떠든 편이었다. 학교에서 배워 쓸 만한 게 있으면 그거나 잘 활용하자는 생각을 갖고 성실하게 수업에 임했다. 학교에서만 힘을 냈을 뿐 따로 외국어(회화) 학원에 다닌 적도 없다.

번역 일을 직업으로 갖게 됐으니, 나이가 든 이후에도 어학 공부는 꾸준히 한 셈이라고 할 수 있을 것이다. 그렇지만 역시 번역이라는 직업상, 외국어의 말하기와 듣기에 딱히 크게 공을 들이진 않았다. 번역하는 데 말하는 일과 듣는 일이 필요하진 않으니까. 그냥 필요할 때 하면 되는 건데, 내 직업과 성정상 굳이 외국어로 떠들 일이 별로 없었기 때문이기도 하다.

내긴내 지나가는 외국인한데 영어를 공부하려고 괜히 말을 기는 사람도 있을 것이다. 나는 이런 일을 별로 안 좋아한다. 외국어를 공부하려고 외국인을 써먹는다는 느낌이 들어서 그렇다. 뭔가 사생활 침해나 무례함에 가깝다는 생각도 들고. 물론 그런 방법이 반드시 잘못됐다거나 나쁘다는 건 아니다. 지나가다 말을 걸 수도 있는 일이고, 서로 잘 맞으면 효과를 볼 수도 있는데 난 별로 그러고 싶지 않았을 뿐이다.

모국어가 지닌 음조와 억양의 힘

다만 내가 언어학을 전공하고 음운론과 음성학도 관심이 있다 보니, 그런 측면에서 외국어의 말하기와 듣기를 따져 보기는 한다. 간혹 한국인들이 일본인들보단 영어를 잘한다며 누구는 농담으로, 또 누구는 진담으로 뻐기곤 한다. 사실 영어 어휘력이나 문법 실력이 비슷한 사람이 말한다는 전제 조건에서는, 발음이 한국식이나 일본식이라면 영어를 모어로 쓰는 화자가 듣기엔 둘 다 도긴개긴이다.

언어들은 음조에 따라 크게 음절 중심 및 강세 중심으로 나눌 수 있는데 한국어와 일본어는 상당수 로망스어와 더불어 '음절 중심 언어'에 속한다. 간단히 말하면 음절 중심 언어는 음절 무게가 다 같고, 강세 중심 언어는 강세에 따라 다르다. 예를 들어 영어 '캐머러camera'는 강세가 오는 첫 음절이 다른 두 음절에 비해 훨

씬 두드러지는 반면 한국어 '카메라'와 일본어 '카메라ヵメラ'는 세 음절이 두드러지는 정도가 비슷하다. 사실 이 분류는 딱 떨어지는 게 아니고 정도의 차이라서 늘 어느 한쪽에만 속하지는 않는다.

그러니까 한국인이나 일본인이 자국어 억양으로 영어를 말하면 뭔가 뚝뚝 끊기는 느낌이 들면서 어색하게 들린다. 외국어로서의 영어를 가장 잘하는 나라가 대개 독일어, 네덜란드어, 스칸디나비아어 등을 쓰는 게르만어권인 것도 어휘, 문법, 발음뿐 아니라 특히 억양을 비롯한 음조에서도 이 언어들이 영어와 공통점이 많기 때문이다. 다 같은 유럽어라서 별것 아닐 듯싶지만 프랑스어, 이탈리아어, 스페인어 등을 모어로 구사하는 사람은 문법, 어휘뿐 아니라 발음, 음조에서도 영어의 벽이 생각보다는 높다.

역으로 미국인이 스페인어를 영어 억양으로 말하면 그것도 알아듣기가 힘들다. 미국 드라마 〈오자크Ozark〉에서 등장인물이 간단한 스페인어를 말하는데 도저히 알아들을 수 없었다. 그 배우가 전형적인 미국 영어 억양으로 스페인어를 구사했기 때문이다. 다른 언어의 더빙에서 성우가 스페인어로 말하는 걸 듣고서야 제대로 알아냈다. 발음과 음조만 따지면 스페인어는 오히려 미국인보다 한국인이 더 잘할지도 모른다. 물론 모든 면을 종합했을 때 평균적인 한국인과 일본인이 미국인보다 스페인어를 잘할 수 있다는 말은 아니다.

말하자면, 외국어 말하기에서는 낱말의 발음과 조음도 중요하시만, 문장 또는 덤화·텍스드 단위에서의 억양과 음조도 중요히다는 뜻이다. 그런데 특히 한국과 같은 단일 언어 환경의 담화 단위에서 자연스러운 외국어 억양이 나오기는 매우 힘들다. 우리나라의 외국어 구사자에게 그 이상까지 요구하는 건 무리일 수도 있으니 자신의 억양이 '네이티브틱'하지 않다고 지레 좌절할 건 없다.

자신에게 '가장 잘 맞는 만큼의' 외국어

위에서 말했듯이 음절 및 강세 중심은 절대적 범주가 아니라 정도 차이다. 같은 언어 안에서도 방언에 따라 조금씩 다르다. 스위스 독일어, 오스트리아 독일어, 스코틀랜드 영어 등은 강세 중심인 표준 독일어 및 영어보다 음절 중심에 가깝고, 표준 이탈리아어와 달리 남부 이탈리아의 방언은 강세 중심에 가깝다. 시대에 따라서도 달라진다. 강세 중심의 중세 프랑스어에서 음절 중심 현대 프랑스어가 되었고, 음절 중심 중세 영어에서 강세 중심 현대 영어가 되기도 했다. 언젠가는 영어가 한국어 억양과 비슷해질지 또 누가 알랴?

배우는 대상이 되는 언어의 억양에 가깝게 말할 수 있으면 좋기야 하겠지만, 꼭 그게 다는 아니다. 언젠가 속이 안 좋아 병원을 갔는데 내 앞에 인도인으로 보이는 젊은 남자가 한 사람 있었다. 그가 의사와 무슨 언어로 말할지 궁금했는데, 환자의 한국어가 짧았나 본지 의사 선생이 한국말을 좀 하다가 아주 구수한

'한국어 억양의 영어'로 환자에게 천천히 잘 설명해주는 게 아닌가. 내가 진료실에서 멀리 앉아 있어 둘의 대화가 아주 잘 들리진 않았지만, 어쨌든 전혀 가감 없는 '충청도 영어'가 매우 신선했다. 괜히 흐뭇한 느낌도 들었다. 영어에 주눅 들지 않은 한국인의 산 증인이랄까?

물론 의사-환자 커뮤니케이션에서 주도권을 가진 사람은 대개 의사이므로 영어를 써야 하는 한국인 모두가 그럴 수는 없을 것이다. 다만 많은 한국인들은 자신의 영어 실력을 실제보다 낮춰 보는 겸손한 경향이 두드러지는 편이고, '미국 사람'처럼 유창하지 않으면 그냥 영어를 못하는 거라는 강박관념도 있다 보니, 영어 학원에서는 '미국 백인' 아니면 원어민 강사로 아예 써 주지 않는 곳도 많다. 겸손이라고 약간 포장은 했지만 영어를 적당히 잘하는 한국인이라도 발음이 '미국인스럽지' 않거나 문법이 조금만 틀리면 이중언어 화자로 인정을 못 받을 때가 많으니, 이런 무결함과 완벽함에 대한 집착은 실인즉 공격적인 폄하의 다른 양상일 수도 있다.

표준에서 벗어난 외국어 발음과 문법을 안 고치면 평생 그대로 쭉 갈지도 모르니 틀리면 초장부터 '빡세게' 잡아 줘야 한다는 주장도 일리는 있다. 그렇지만 외국에 가서 살거나 외국어를 날마다 써먹어야 하는 사람 말고는 그렇게까지 하진 않아도 되는 한국인이 대부분이다. 물론 내가 그 의사의 영어를 듣고 확대해석하는 것일 수도 있겠으나, 결론은 자기에게 잘 맞는 만큼의 외국어를 하면 된다는 얘기다. 한국에 사는 외국인에게는 '적당히' 한 국어를 섞어서 영어를 써도 된다. 겸손과 비굴은 한 끗 차이다. 굳이 비굴해지지는 말자.

'자연스러움'에 대한 어떤 '부자연스러운' 집착

이제는 아예 영어교육사업가로 변신한 듯한 미국 출신 방송인의 광고를 보았다. 그는 여기서 '외투 벗지 마'를 말할 때 'don't take your coat off'는 한국식(?)이고 'keep your coat on'는 미국식이라고 주장한다. 그런데 영어도 부정 명령어는 얼마든지 쓰므로 앞의 표현은 전혀 틀린 것이 아니다. 한국어 역시 '외투 입고 있어라'도 되지 않나? 내가 하고 싶은 말은, 이런 광고 내용에는 사실 뭔가 좀 석연치 않은 구석이 있다는 것이다.

영어와 한국어의 언어문화가 달라서 생기는 화용론적 차이일 수도 있겠고, 부정어가 좀 더 센(?) 느낌을 주는 것도 같다. 예컨대 상대에게 처음부터 하는 말이면 '입고 있어'를 쓸 테고, 상대가 뭘 벗으려 하면 '벗지 마'를 더 자주 쓸 듯한 느낌도 든다. 하지만 이게 언어 사이에 얼마나 유의미한 차이가 있는지는 좀 모호하다.

어쨌든 빈도로 보면 영어에서는 '벗지 마'보다 '입고 있어'가 자주 나오는 편이다. 영화와 드라마 자막도 영어 'keep it on'을 '입고 있어'보다는 '벗지 마'로 번역하는 경우가 많다. 그런데 가만 보면 여기에는 언어경제적 요인도 있는 듯싶다. 한국어, 스페인어, 포르투갈어 등은 '벗지 마'가 잦고, 영어, 독일어, 네덜란드어 등 게르만어 및 프랑스어 등은 '입고 있어'가 좀 더 잦은데 각각 짧은 쪽을 자주 쓰는 편이다.

한국어: 신발 벗지 마 / 신발 신고 있어

영어: don't take your shoes off / keep your shoes on

독일어: zieh die Schuhe nicht aus / lass die Schuhe an

프랑스어: n'enlève pas tes chaussures / garde tes chaussures

스페인어: no te quites los zapatos / déjate los zapatos puestos

포르투갈어: náo tire os sapatos / fique com os sapatos

'벗다/신다'의 경우 게르만어 및 프랑스어 부정 명령어는 상대적으로 좀 더 복잡하고 말이 길어진다. 반면 한국어 및 스페인어 등은 부정 명령어가 간단하고 오히려 긍정 명령어가 길어진다. 물론 모든 언어가 이렇다고 단정하긴 어렵지만 약간의 관계는 있어 보인다. 적어도 자막이나 더빙은 긴말보다 짧은 말을 선호하는 편이고 일상 대화에서도 보통의 상황에서는 말을 짧게 하는 경향이 좀 더 크다.

'아직 안 자?'도 영어 표현은 대개 'are you still awake/up?'이다. 반대로 '아직 깨어 있니?' 또는 'are you not asleep/aren't you asleep yet?'도 틀린 건 아니지만 보통의 상황에서 딱 쓰는 말은 아니며, 일단 쉽나. 러시아어 역시 한국어처럼 '아직 안 자?'라고 본기 때문에 '예쇼 네 스피시 ещё не спишь?'로 표현한다. 반면 '깨어 있는'을 뜻하는 형용사 '보드르스트부유시 бодрствующий'가 러시아어답게 너무 길다.

그러니까 그 방송인이 옳다는 소린가? 물론 어떤 언어든 전하려는 바가 간결하게 표현되면 가장 자연스럽다. 그렇게 표현할 수 있다면 금상첨화일 것이다. 그런데 어차피 외국어로 자연스러움만을 추구하려는 게 사실은 부자연스러운 일이다. 틀린 말을 골라서 할 필요는 없으나 자연스러움에 너무 부자연스러울 정도로 얽매이지는 않아야 바람직하다. 적당히 자연스러워지면 그만이다. '원어민 교사'의 주장은 골라서 들으면 된다. '외국어'를 써먹는 쪽은 그쪽이 아니라 이쪽이기 때문이다.

수능 영어 지문을 비판하는 일에 관하여

한국 사람들이 영어의 독해와 문법은 강하다는 얘기들을 왕왕 하는데 사실 일부는 맞고 일부는 틀린 소리다. 말하기와 글쓰기보다 독해와 문법이 강하다는 뜻이면, 맞는 말이다. 또는 한국인 가운데 영어를 잘하는 축에 끼는 사람만 따지면(대충 상위 1%쯤?), 적어도 평균적인 '영어 원어민'보다 독해와 문법에 강할 수도 있다. 즉 모국어 독해를 잘하면 외국어 독해도 잘할 가능성이 높다. 이를 달리 말하면 이렇다. '평균적인 한국인이 영어 독해와 문

법에 강할 리는 없다.'

많이들 어렵다는 수능 영어 문제들을 보면 대개는 다소 중언 부언이 있을 뿐 평범한 학술서 문장이다. 이 텍스트를 이해하지 못하겠다는 '원어민들'은 그런 책을 안 읽어서들 그런 것뿐이다. 대학에서 공부할 능력을 시험하는 수능 영어 비판의 근거로는 좀 부족하다. 영어 원어민도 틀리는 시험이라면서 최근 해마다 되풀이되는 이런 '비판 이벤트'도 이제 구태의연하다. 내게 어려운 영어 지문은 별로 없었는데, 텍스트 해석을 주업으로 삼는 번역가 입장에서 사실 고작 그런 글들이 이해가 안 된다면 번역 일은 때려치워야 한다.

실제로 난해하고 복잡한 수능의 영어 지문은 학술서에서 따온 게 많다. 원어민 학자가 썼더라도 논지 전개가 다소 엉성할 수야 있겠으나 논란이 됐던 많은 문항에서 그리 큰 결함은 없었다. 즉 그런 텍스트에 익숙하냐 아니냐에서 갈린다. 다만 수동적 언어 능력과 능동적 언어 능력의 격차는 꽤 크므로 내가 평균적인 영어권 화자보다 영어 학술 텍스트야 잘 읽을 것이다. 또 잘 아는 분야라면 영어로 그들보다 썩 괜찮은 글도 쓰겠으나, 나머지 언어 능력은 모자랄 게 분명하다. 나라고 아쉬운 게 없겠느냐만 어쨌든 이런저런 언어를 써먹고 살아가는 데는 별일 없다.

하루가 다르게 바뀌는 세상에서 텍스트 해석이 관건인 수능 영어가 언제까지나 정답이라는 건 아니다. '수능 영어 따위'가 별로 무의미할 수도 있는데, '원어민 반응 따위'도 역시 큰 의미는 없다. 게다가 영어는 이제 특정 언어공동체가 전유하는 외국어라기보다는 세계인이 공유하는 공통어 차원에서 보는 쪽이 낫다.

물론 이것도 언제나 정답은 아니다. 원어민이라는 환상을 좇느라 허우적대기보다는 저마다의 쓰임새에 맞추는 쪽이 제 삶 속에서 외국어를 잘 녹이는 방법이 아닐까 싶다. 외국어는 우리가 모르는 외계 생명체의 의사소통 수단이 아니다. 외국어든 모국어든 모두 지구상에 사는 인간의 언어다.

외국어도 결국 '인간의 언어'이기에

마지막으로 어느 영어 학습서의 표지 이야기를 해보고 싶다. 내가 서점에서 마주쳤던 이 표지에는 "Nice to meet you again! 이게 틀리다고?! 네, 틀려요."라는 문구가 나온다. 대개 첫 만남은 'meet', 또 만나면 'see'인데, 영어가 외국어인 사람은 "Nice to see you again!"이 아니라 "Nice to meet you again!"을 잘 쓰는 편이다. 물론 앞의 표현이 좀 더 자연스러운 건 사실이다.

그런데 'meet'는 '(우연히) 마주치다/(약속으로) 만나다/처음 만나 알게 되다' 등의 뜻을 다 담고 있으므로 'to meet someone again'을 영어 모어 화자도 쓰긴 한다. '또 만나 반갑다'로 "Nice to meet you again"을 쓴다면 '우연히 또 만나서' 반갑다는 뜻으로도 들리니 덜 쓸 뿐이다. 즉, 틀린 말은 아니라 어색한 정도의 말이라는 뜻이다.

그런데 좀 우습게도 이 학습지의 "틀리다고?"란 말이 정말로 틀렸다. 즉 "집에 가다고?"가 아니고 "집에 간다고/갔다고/가겠다고?"이듯 동사 '틀리다'도 "틀린다고/틀렸다고?"가 옳다. 또 "다들 이 문장은 늘 틀린다."처럼 습관과 반복 행위가 아니고 "이 문장은 틀렸다(잘못됐다)."처럼 결과적 상태이므로 "틀렸다고?"가 더 알맞다. 마찬가지로 "네, 틀려요."가 아니라 "네, 틀렸어요."가 맞는 말이다. (사실 '달라요'를 써야 할 때 실제로는 '틀려요'를 쓰는 사람이 얼마나 많은가. 그러니까 이런 경우 '틀려요'는 두 번 틀린 셈이다.)

동사 '맞다'는 "네 말이 맞는다."보다 이제 형용사처럼 "네 말이 맞다."가 더 많이 쓰인다. 반면에 '틀리다'라는 동사는 아직 애매한 경계에 있다. 다만 '그르다'도 형용사(개는 행실이 그르다.) 및 동사(개는 사람 되기 글렀다.) 모두 표준 용법이니 '틀리다'도 그리 될지는 모를 일이다.

이 학습지 표지는 외국어 오용을 알려주려다가 모어 오용을 몸소 보여준 아이러니컬한 사례인데 뭐 그럴 수도 있겠다. 내가 지금 외국어는 뜻만 통하면 그만이니 세세하게 몰라도 그만이라고 말하려는 게 아니다. 다만 위의 책을 들춰보니, 책 안에 나온 보기들이 중요도, 빈도, 유형에 따른 체계적 정리 없이 'marry'에 'with'가 오지 않는다는 뻔한 오류부터 'earn money'보다 'make money'가 더 많이 쓰인다는 다소 미묘한 용법까지 뒤죽박죽 섞여 얼마나 노움이 될지 의문이 든다. 들렸다면 틀린 것이니, 맞는다는 것만 무조건 외우면 장땡일까? 19세기까지도 'marry'는 'with' 와 쓰여 '아무개와 혼인하다'를 뜻했고 지금도 일부 방언에서 쓰인다. 딱 잘라 '틀렸다고' 말하기엔 언어란 참으로 복잡미묘하다.

특히 아직도 한국에서는 영어를 비롯한 외국어를 시험 성적의 대상으로 여기다 보니 정답을 맞혀야 된다는 강박도 심하고 이른바 '네이티브'에 대한 환상도 크다. 그러나 우리가 완벽한 이상으로 설정한 네이티브는 세상에 존재하지 않는다. 한국인이라면 누구나 느끼겠지만 완벽하게 한국어를 구사할 수도 없고, 특별한 훈련을 받지 않은 이상 한국어의 문법을 논리정연하게 설명하기도 어렵다.

사람마다 지방마다 말투도, 억양도, 다양한 언어 활용의 습관도 제각각이다. 영어를 모어로 구사하는 이들도 마찬가지인데, 우리에겐 영어가 외국어이다 보니 우린 이 언어가 한국어와 똑같이 '인간의 언어'일 뿐이라는 점을 자주 잊는다. 인간이 쓰는 언어는 시험 문제 정답 맞히기로만 환원하기에는 너무나도 다채롭다. 그리고 언어를 쓰고 지적 능력을 갖춘 우리 인간들은 자신만의 정답을 찾아갈 능력이 있다. 그런 잠재력을 깎아내리지 말고 외국어 공부에서도 스스로의 정답을 찾는 방향으로 나아간다면 더욱 큰 의미와 재미도 느낄 뿐만 아니라 감동도 얻을 수 있을 것이다.

5

—

검정과 하양의 뿌리는 같다

외국어 학습이든 모어 습득이든 연역법과 귀납법이 두루 쓰인다. 규칙에서 사례로도 가고, 사례에서 규칙으로도 간다. 모어를 습득할 땐 일일이 문법을 익혀 가는 게 아니라 경험적으로 체득하는 경우가 많으니 보통은 귀납적이라고 볼 수 있다. 물론 그 말의 규칙을 차근차근 배워야 하는 등 당연히 연역적인 부분도 있다.

외국어 학습도 모어 습득에 가까운 귀납적인 방식 위주라면 좋겠지만 시간이 오래 걸리므로 그렇게만 할 수는 없다. 그래서 문법을 명시적으로 가르칠 때가 많다. 둘 다 장단점이 있으니 적절히 써먹으면 된다.

특히 형태론이 풍부한 언어는 외국어로 배울 때 격변화와 동사변화를 외우는 등 주로 규칙부터 시작한다. 그런데 형태론이 아무리 복잡해도 모든 규칙을 딜딜 외울 필요는 없다. 니도 der, des, dem, den 같은 독일어 정관사 변화야 음절도 짧으니 그냥 외웠지만(외워지긴 했지만), 부정관사 및 형용사 어미 변화까지 일일이 외우진 않았다. 정관사와 유사한 변형을 한다는 걸 알 뿐이고 그거면 된다. 문법 규칙보다는 언어의 실제 쓰임을 많이 접하는 게 더 중요하다. 그것부터 안 되면 별로 소용이 없다.

어휘도 마찬가지다. 당장 내일 시험 칠 게 아니라면 그냥 낱말만 외워 봐야 큰 쓸모는 없다. 대표적인 게 '어원 암기 학습법'이다. 어원이 같은 어휘를 묶어 외우면 빨리 또는 효과적으로 외워진다고 선전하는데, 물론 학습법이란 누구나 다르니까 그게 잘 먹히는 사람도 있겠다. 또 어원을 암기하면 전반적으로 어휘적 연관성을 찾는 데 도움이 되기도 한다. 하지만 빨리 외워 봐야 빨리 잊힐 뿐이다.

스스로 시행착오를 겪어나가는 일의 소중함

어원 암기 학습은 배보다 배꼽이 커지는 우를 범하기도 쉽다. 예컨대 프로듀스produce, 컨덕트conduct, 리듀스reduce가 모두 라틴어 동사 '두코duco(이끌다·당기다)'에서 왔다는 것부터 외우면 그게 어원이라는 사실까진 얼추 알게 되겠지만, 그래서 그 어원이 영어 낱말들의 의미나 쓰임과 구체적으로 어떻게 이어지는지는 실제로 써먹지 않으면 알기 힘들다. 게다가 어원부터 외우다가는 어휘 학습 자체에 오히려 부담이 될 가능성도 크다.

어원 학습이야 그렇다 치겠지만, 말도 안 되는 말장난으로 연상시키는 학습은 배보다 배꼽이 큰 게 아니라 배꼽의 때가 더 크다. '전쟁'을 하면 '워어어' 소리를 내서 'war'고, 전쟁을 '경고'해야 되니까 'warn'이고, 디지게(d) 전쟁을 '감시'하니까 'ward'고, 그걸 잘하면 니(re)에게 '보상'하니까 'reward'라는 학습법을 봤는데, 도리어 저런 것을 외우기가 더 어렵다.

말장난식 연상법은 대부분 단어 자체를 외우게만 시킬 뿐이지 실제 의미와 쓰임은 무시할 때가 많다. 심지어 위에 나온 '워드 ward'는 현대 영어에서 동사로 쓰이지도 않는 말인데 그냥 저렇게 대충 묶어 버렸다. 전쟁에서 다치면 '병동 ward'에 수용된다고 외우는 게 그나마 낫겠다. 당장 급한 시험을 앞뒀다면 몰라도 모든 어휘를 저렇게 익힐 수는 없으므로 한계가 명확하다.

나는 어휘를 실제 텍스트 안에서 많이 접하다 보니 의미나 용법이 머릿속에 자리를 잡으면서 어원적 연관성도 찾게 되는 것이다. 어원에 관심이 워낙 많더라도, 어원부터 따지거나 어원으로 어휘를 묶어서 외운다기보다는 대개 어휘부터 익힌 다음에 어원을 다시 살피는 순서로 진행한다.

이러려면 엄청난 왕도는 없고 시간을 쏟아붓는 수밖에 없는 게 사실이다. 가성비가 떨어지는 것도 같다. 때로는 효율을 좇는 것도 좋지만 삶의 목적이 효율일 수는 없다. 쉽게 얻으면 쉽게 잃고 효율만 뒤쫓으면 삶이와 즐거움이 될 수 없다. 인생을 삶이 보기 않고 삶을 알 수 없듯이 언어도 실제로 쓰지 않고는 제대로 알 도리가 없다. 실은 인생을 살아도 인생을 잘 모르고, 언어를 써도 언어를 잘 모른다. 물론 경험만이 전부는 아니다. 인생에선 경험을 다시 성찰하는 과정이 필요한데 어학 공부 역시 체득과 탐구를 병행할 때 더 얻는 것이 많다.

앞서 말했듯이 사람마다 공부 방법은 다 다르다. 어느 정도 효율적인 방법이 따로 있긴 하겠으나 공부의 참된 재미는 누가 시키는 걸 따르기만 하기보다는 스스로 시행착오를 겪으면서 터득해나가는 데 있다. 물론 보물은 어디서 나올지 모르니 여기저기 다 파는 것보다는 보물이 있다고 누가 알려주는 곳을 파는 게 쉽기도 하고, 분명히 그게 나을 때도 있다.

그래도 고된 과정에서 생기는 노하우 역시 어디에서도 얻을 수 없는 소중한 지식이 된다. 진지한 어원 탐구뿐 아니라 다소 억지스러운 연상법이라도 어학에 응용할 능력을 갖춘 사람한테는 도움이 될 수 있다. 그러니까 도움이 되는 한 적당히 써먹으면 된다. 다만 언어를 능동적으로 구사하려면 낱말과 문법 자체만 익히고 말기보다는 언어라는 전체 시스템을 반드시 실제로 활용해야 한다. 이건 옳고 저건 그르다고 미리 선을 긋기보다는 자신에게 어느게 좋고 나쁜지 몸소 부딪치며 고르는 게 좋다.

어원, 여러 빛깔을 아우르는 의미의 스펙트럼

나의 어원 탐구는 실용성과는 다소 거리가 있다. 어원을 공부하는 일이 실질적인 언어 학습에도 도움이 되면 좋겠지만 도움이 안 된다고 아쉬울 것도 없다. 재미를 찾는 것부터 의미를 두고 덤으로 실질적인 쓸모까지 얻는다면 일석이조다. 돌 하나에 새 한 마리라도 잡는 게 어디냐? 여러 언어를 공부하는 나로서는 어원 탐구를 통해 뿌리를 캐는 즐거움도 크지만, 하나의 뿌리에서 어떻게 이런저런 언어의 수많은 낱말이 서로 맞닿는지 알아내는 데 더욱 쏠쏠한 재미를 느낀다.

어원을 캐다 보면 상반되는 뜻이 같아지는 낱말도 나오고, 같은 뜻이 달라지는 낱말도 나온다. 어원 공부가 특히나 재밌는 지점이 바로 여기다. 30여 년 전, 『웹스터 뉴월드 사전Webster's New World Dictionary』를 뒤적이다가 '검정'을 뜻하는 영어 '블랙black'과 '하양'을 뜻하는 프랑스어 '블랑blanc'이 뿌리가 같음을 알았을 때 느낀 경이로움은 잊기 힘들다.

프랑스어(blanc), 스페인어(blanco), 포르투갈어(branco), 이탈리아어(bianco) 등 여러 로망스어 어휘는 원시게르만어 '*blankaz(빛나는·밝은·하얀)'에서 유래한다. 현대 독일어 '블랑크blank(빛나는·반짝이는)'에 그 원뜻이 남아 있으며, 현대 영어 '블랭크blank(공백·멍한)'는 프랑스어에서 차용된 말이다. 영어 '블랙black'과 어원이 같은 네덜란드어 '블라컨blaken'이 '불타다'를 뜻하듯이, 영어의 '검정'

과 프랑스어의 '하양'은 기원을 거슬러 올라가면 '빛나다·불타다'라는 뜻인 인도유럽조어 '*bʰleg-'에 닿는다. 한쪽은 하얀 불꽃을 내뿜으며 재가 하얗게 남을 때까지 불타는 반면, 다른 한쪽은 검게 그을리도록 탄다.

비단 흑과 백만 이어지는 게 아니다. '불 보듯 뻔하다'라는 말이 있듯 영어 '플레이그런트 flagrant(명백한)'는 라틴어 '플라그로 flagro(불타다·빛나다)'에서 왔다. 게르만어 '*b'는 라틴어 '*f'에 자주 대응하는데, 이를 보면 라틴어 '플라부스 flavus(노랑)'와 독일어 '블라우 blau(파랑)', 영어 '블루 blue'도 어원이 같다.

색깔의 이어짐은 여러 언어에서 자주 보인다. 한자 '청靑'은 이제 주로 쪽빛, 파랑의 뜻으로 쓰지만 원래는 검정도 되고 '청산靑山'처럼 녹색도 뜻한다. 이렇게 보면 어원이란 흑백의 극과 극이 통한다는 뜻이라기보다는 노랑, 빨강, 파랑이 모두 어우러지며 여러 빛깔의 스펙트럼을 이루는 불꽃처럼 촘촘하게 이어지는 의미의 연결망이라는 사실을 느낄 수 있다.

자신이 모른다는 걸 정확하게 알아야

어원에 관한 지식, 언어의 뿌리에 관한 설명은 그냥 별거 아닌 것으로 보여서 그런지 여타 학문에서 자주 인용하는 게 사실이다. 그러다가 이상한 소리를 하는 경우가 참 많이 보인다. 물론 비전문적인 서적에서 그냥 지나가는 얘기로 할 때가 많으니, 딱히 한국어가 세계 모든 언어의 조상이라고 강력히 주장하는 수준만 아니라면 별로 해롭지는 않다고 본다.

그렇지만 이왕이면 정확한 게 좋을 것이다. 몇 해 전 히트를 친 라틴어 공부 대중서는 폭넓은 독자에게 다가간 빼어난 책이었으나 아쉽게도 역사비교언어학 및 어원학 측면에서 틀린 대목이 있다. 이 책의 저자는 산스크리트어가 라틴어에도 영향을 미쳤다고 얘기한다.

허나 산스크리트어와 라틴어는 인도유럽어라는 뿌리에서 갈라진 가지일 뿐, 서로 영향을 미쳤다는 증거는 없다. 저자가 언어학자도 아니고 연구서도 아니므로 넘어갈 수는 있으나 그래도 독자가 많으니 다음번에 책을 새로 낼 거라면 역사비교언어학자한테 도움을 받아서 고쳤으면 좋겠다.

이런 경우는 쉽게 찾을 수 있다. 영어 '패러사이트parasite'를 'para(옆에·나란히)'와 'site'의 합성어라고만 써 놓은 칼럼이 있었다. 차용어, 파생어, 합성어 등을 세세히 구별하지 않은 것이야 그렇다 치겠는데 저렇게만 써 놓으면 어원상 무관한 영어 '사이트site(자리)'와 붙은 말처럼, 또는 언뜻 옆에para 앉은sit 사람처럼도 보인다. 글에서는 말장난인지 애매하게 기생妓生과 기생寄生을 같은 말처럼 취급하는 등 논지가 얼기설기하다.

아마도 글쓴이는 영어 패러사이트의 어원을 정확히 몰랐던 것은 아닐까. 이 단어는 그리스어 '파라시토스παράσιτος'에서 왔으며,

파리시토스는 '파라παρά(옆)'+'시토스σιτος(곡물·음식)'의 얼개로 된 파생어다. 원뜻은 남의 식탁에서 얻어먹으며 아첨이나 재롱을 떠는 이, 동냥하는 성직자, 상관과 겸상하는 이, 즉 얻어먹거나 더부살이하는 사람이다. 생물학적인 뜻은 18세기부터 생겼다.

내 생각에 글쓴이의 허술한 어원 설명은 그리스어에서 유래한 접두사 'para'만 알았기에 생긴 문제 같다. 아마도 형태론과 어원을 제대로 살피지 않은 채 영어 '패럴렐parallel', '패러독스paradox', '패러텍스트paratext' 등과 '패러사이트parasite'가 같은 사례라고 생각한 모양이다. 그런데 '패러텍스트paratext'는 원래 그리스어 낱말이 아니라 접두사만 차용하고 영어 '텍스트text'를 붙인 말이라 어원 자체가 통째로 그리스어 낱말인 패러사이트와는 결이 다르다. 일반인 대상의 칼럼이니 대충 썼을지도 모르지만 석연치 않다.

이렇듯 먹물깨나 먹은 사람들도 언어나 어원을 언급하면서 헛다리 짚을 때가 많다. 당연히 누구나 모든 걸 알 수는 없으니 좀 틀려도 대개는 적당히 웃어넘기면 된다. 다만 자신이 모른다는 것을 제대로 아는 일이 참 중요한데, 어디까지 알면 아는 것인지 종종 헷갈리니 탈이 난다. 어설프게 알면 스리슬쩍 넘어가기도 쉽다. 식자들도 이런 함정에 자주 빠지니 독자들도 조심해야 한다. 음식은 잘못하면 독이 된다.

드넓고 탁 트인 바다를 마주한 기분으로

다른 학문도 그렇듯 역사비교언어학 및 어원학 역시 깊이 들어가면 매우 복잡하기 때문에 잘 모르는 사람한테는 특히 매우 지루하다. 당연한 소리지만 나도 온갖 언어, 용어, 약어, 이론 들이 난무하는 역사비교언어학 연구서나 논문, 어원사전 등을 다 이해하고 보는 건 아니다. 너무 꼼꼼한 설명을 다 읽으려면 사실 고통스럽다.

그렇지만 한반도 맥족이 건너간 '맥이곳'이 '멕시코'가 되었다는 따위의 낭설을 들을 때면 다소 허무한 심경이 된다. 이런 말장난 아닌 말장난은 전문적인 역사언어학자나 어원학자가 아니라면 그냥 재미로만 생각하는 게 바람직하다. 설익은 지식으로 세계 모든 언어의 기원을 찾았다고 잠시 착각하더라도 가슴속에만 묻어 두는 편이 좋다.

진지해지면 안 된다. 그러면 온갖 억측과 착각이 난무하기 마련이니까. 예컨대, 앞서 말한 블랙black, 블랑blanc 및 그것들의 인도유럽조어 뜻을 보면 왠지 한국어 '밝다, 붉다'와도 이어질 것만 같다. '불'을 뜻하는 고대 그리스어 '퓌르πῦρ'는 충동조절장애의 일종인 방화광을 일컫는 영어 '파이로매니아pyromania'의 어근인데, 퓌르는 '파이어fire'와도 어원이 같지만 한국어 '불'과도 발음이 닮아 있지 않은가. 또 영어 '블로우blow'는 어떤가. 우리말 '불다'와 참 비슷해 보이기도 하나. 그런데 영어 'b'와 'f'가 한국어 'ㅂ'과 이렇게 음운대응을 하는지 체계적으로 밝히지 못하면 이 말들의 계통이 같다고 단순히 주장해서는 안 된다.

글이나 책을 쓰다 보면 아무리 조심해도 사실관계가 조금 틀릴 수도 있으니 너그러이 봐줄 구석도 물론 있다. 그 많은 언어의 과거와 현재 모습을 혼자 다 통달하는 것은 불가능하므로 여러 언어를 다루는 걸출한 언어학자의 책을 봐도 어쩔 수 없이 틀리는 게 나온다. 그러니까 학자나 저자가 잘 얘기할 때는 '교사'로 삼고, 잘못 얘기할 때는 '반면교사'로 삼으면 그만이다.

나도 언어학을 전공하면서 맛은 보았고 혼자 나름대로 공부는 하지만 학문을 직업으로 삼은 언어학자와는 결이 다르다. 어원의 경우에는 의미들 사이의 징검다리를 건너는 기분으로 탐구를 한다. 그러다가 새로이 발견하는 것이 있으면 나 혼자 즐기다가 이런저런 기회를 통해 다른 이들에게 조금씩 나눠 주기도 한다. 비록 적더라도 내가 나눠 준 것에 재미를 느끼는 사람을 만나는 보람도 있기 마련이다.

어쨌든 나는 외국어 학습과 번역 실력에 꼭 도움이 되려고 어원 공부를 하는 것은 아니다. 외국어와 번역, 어원이라는 세 가지의 경계도 뚜렷하지만은 않다. 명시적으로야 다르지만 적어도 나에게는 묵시적으로 연결된 활동이다.

어학과 번역은 산꼭대기처럼 최고 수준이 하나로 정해진 건 아닐 것이다. 나도 정상에 오르겠다는 목표를 갖고 살아가지는 않는다. 가끔씩 힘들 때야 있어도 드넓은 바다나 우주를 항해하는 마음으로 쭉 간다.

일본과 중국의 유명 사전 중에 『사해辭海』가 있다. 사해의 뜻은 '말의 바다'이다. 아랍어로 '사전'을 일컫는 '까무스قاموس'의 어원은 그리스어로 '대양'을 뜻하는 '오케아노스ὠκεανός'이니 통하는 구석이 있다. 나는 방구석에서 사전을 들추면서도 언제나 탁 트인 바다를 만난다.

6

———

좋은 글이란 무엇인가

많은 이가 얘기하듯 한국은 매우 높은 교육 수준에 비해 글이든 말이든 자국어를 잘 쓰는 사람이 생각보다 적다. 한국어를 외국어로 옮기는 번역가들이 특히 이걸 많이 느끼곤 한다. 꼭 언어의 유형론적 차이 탓이라고는 할 수 없다. 글의 문장도 두서없고, 어휘 선택도 엉망인 사람이 많기 때문이다. 번역 대상의 문서라면 인터넷에 되는대로 올리는 글이 아닐 텐데도 이 지경이다.

교육 수준과 견준다면 뜻밖이겠으나, 교육 내용에 비춰 보면 당연한 결과다. 지금이야 좀 나아졌다지만 내가 초·중·고를 다니던 1980년대를 떠올려 보면 말하기와 글쓰기 교육을 제대로 받거나 그런 활동에 참여한 적이 드물다. 그저 교사의 말을 듣고 교과서를 읽는 게 교육의 대부분이었다. 그러니까 한국인에게 왜 말과 글이 서투냐고 핀잔을 준다면 억울하다고 느낄 이도 많을 것이다.

쉬운 글이 언제나 좋은 건 아니다

어쨌든 훈민정음이 창제된 지도 이제 얼추 600년이나 돼 가지만, 한국어는 온전한 언어 노릇을 한 역사가 매우 짧다. 여전히 한문에 묻혀 있다가 20세기 들어서야 본격적으로 쓰이게 되었는데, 또 한동안 일본어에 종속됐으니 해방 이후에야 자리를 잡은 셈이다. 거기에 현대 한국어가 본보기로 삼는 영어, 독일어, 프랑스어, 일본어 등을 쫓아가기에만 급급했기에 그런 주요 세계어보다 무언가 매우 모자라는 느낌을 주는 것도 당연하다.

언어 사이에 내재적인 우열이야 없으나 그 언어를 얼마나 가꾸고 잘 쓰느냐에 따라 적어도 겉모습은 달라진다. 유럽 및 동아시아의 주요 고전어인 그리스어, 라틴어 및 한문보다 초라했던 위 언어들도 오랜 세월 갈고닦는 과정을 거쳐 지금과 같은 위상을 지니게 되었다.

다른 나라 사람보다 한국인이 외국어를 더 못한다고 단정 짓긴 힘들지만, 그렇게 느끼는 한국인이 많다면 실은 모어를 썩 잘 못하기 때문이 아닐까 싶다. 모어 솜씨부터 가다듬지 못한 채 외국어를 발라 봐야 똑바로 못 붙고 쉬이 떨어진다.

그래서 나는 최근의 글쓰기 열풍도 나름 좋게 여긴다. 한국어 화자가 이제 언어 문제를 구체적으로 인식하기 시작했다는 증표로도 보인다. 마치 연중행사처럼 겨레말과 나라말을 지키자고 추상적인 목소리를 드높이기보다는, 저 나름으로 글새주와 말새주

좋은 글이란 무엇인가

가 훌륭한 개인이 늘다 보면 한국어라는 개별 언어 체계도 더욱 야무지게 될 것이다.

물론 겉으로 그럴싸하게 보이는 글재주나 말재주가 다는 아니다. 생각이 깊게 여물지 않고 내용도 모자라는 번지르르한 언어만 양산될 위험도 없지 않다. 게다가 요즘은 예전보다 가독성 높은 글쓰기를 강조하면서 자칫하다가는 어려워야 할 글을 안 쓰고 안 읽는 역효과도 생긴다. 읽기 쉬운 글이 무조건 좋은 글은 아닌데, 그저 '무조건 읽기 쉽게 쓰라'는 소리로 오해될 위험도 크다.

듣기 쉬운 경음악이나 이지리스닝이 딱 그만큼의 쓸모가 있듯이 읽기 쉬운 글도 딱 그만큼만 쓸모 있다. 물론 글 자체가 조악해서 읽기 어려운 것은 문제가 다르고 일부러 어렵게 쓸 필요도 없지만, 어떤 글은 어려울 수밖에 없고 어렵기 때문에 더 훌륭하다. 어려워야 할 글이 겉보기에 너무 쉬우면 도리어 제대로 읽히지 않는다. 다 이해한 것처럼 쓱 넘어가 버리기 때문이다.

고맥락 언어와 저맥락 언어

가독성을 중시하는 경향은 영어권의 영향도 크다. 대중서뿐 아니라 학술 논문도 그렇다. 유럽 대륙과 영미 쪽을 견주어 봐도, 유럽 언어권은 영어권만큼 가독성을 중시하지는 않는다. 독일어, 프랑스어, 러시아어 등 유럽 주요 언어는 아직은 독자보다 저자 중심이다. 영어권의 가독성 중시 경향은 몇 가지 이유가 있는 것으로 보인다.

언어문화는 흔히 고맥락과 저맥락으로 나뉜다. 통사론적으로 주어와 타동사의 목적어가 반드시 있어야 하는 대표적인 저맥락 언어가 영어다. 독일어 등 게르만어 및 프랑스어 역시 주어 및 타동사의 목적어가 와야 하지만, 두 언어는 상대적으로 어순이 영어보다 자유롭고 동사의 인칭이 잘 드러난다. 세계 언어를 다 따지면 한국어처럼 화자가 주어를 안 써도 청자에게 이해되는 고맥락 언어가 더 많은 셈이다.

언어와 문화의 맥락 고저 관계가 분명하지는 않지만, 대개는 꽤 이어진다고 볼 수 있다. 영어권을 비롯해서 스칸디나비아어권과 독일어권 등 게르만어권이 대표적인 저맥락 문화권이다. 로망스어권, 슬라브어권은 비교적 고맥락 문화권이라고 할 수 있고, 중동과 남아시아, 동아시아는 두드러지는 고맥락 문화권이라고 볼 수 있다.

가독성이 높다는 것은 저맥락 언어인 영어처럼 저자가 독자에게 더 쉽게 풀어 준다는 뜻인데, 모호한 맥락을 싹 없애는 일이 언뜻 좋아 보이기는 해도 늘 그렇진 않다. 무엇이든 적당해야 최선이다. 극단적인 맥락의 제거는 도리어 커뮤니케이션의 장애를 초래한다. 예컨대 전자레인지 설명서에 고양이를 넣지 말라고 명시해야 한다면, 거북이나 코끼리는?

배우사가 "은행 나너올세."라고 밀한다면 어떻게 빋아들이는

가. 대개는 주로 가는 동네 어떤 은행에서 입출금을 비롯한 볼일을 본다는 걸로 이해한다. 혹시 다른 일이라면 말을 덧붙일 것이다. 그런데 정확히 어느 은행에 몇 시에 가서 누구를 만나 무슨 볼일을 보고 언제 돌아오겠으며 도중에 딴 일이 생길 가능성은 없는지 얘기하지 않는다고 따진다면 어떨까?

즉, 동유럽의 역사를 이야기하는 책에서 '바르샤바'는 폴란드의 수도라는 것까지 역주나 각주에 단다면 친절이 너무 지나치다는 얘기다. 이렇듯 문자의 풀이가 시시콜콜한 수준까지 내려오면 글의 가독성이 떨어진다. 저맥락에 가까운 언어문화가 언제나 좋은 것도 아니고, 그 반대도 마찬가지일 것이다.

글쓰기와 말하기는 같을 수 없기에

영어는 철자와 발음의 간극이 큰 탓에 영어권은 다른 언어권보다 난독증 비율이 꽤 높다. 이런 철자의 복잡성을 한껏 부풀린 유명한 말장난 'ghoti'는 '피시fish'를 일컫는데, 이너프enough의 발음 'gh[f]', 위민women의 'o[i]', 네이션nation의 'ti[ʃ]'를 조합한 것이다. 한술 더 떠 'ghoughphtheightteeau'는 '포테이토potato'를 일컫는데, 히컵hiccough의 발음 'gh[p]', 도우dough의 'ough[ou]', 타이시스phthisis의 'phth[t]', 에이트eight의 'eigh[ei]' 등을 따 온 것이다. 물론 이런 극단적인 철자가 뭉친 낱말은 없다. 다소 우스꽝스러운 예시지만 이처럼 영어는 읽기 쉬운 언어가 아니다 보니 글을 좀 더 풀어 주는 쪽으로 가지 않았나 싶다. 물론 난독증과 철자의 관계는 다른 유럽 언어와 비교한 것이므로 비유럽 언어와 견주면 문제가 또 달라진다.

영어권은 작가가 많다. 그러니 독자도 많고 그만큼 독자 수준도 다양하다. 20세기 초반의 영어 글만 봐도 드러나듯 원래부터 가독성이 높지는 않았다. 18세기와 21세기 영어에 본질적인 차이는 없으므로 어휘나 문법 때문만은 아니다. 예전에는 어차피 독서 행위 자체가 귀족적이었기 때문에 저자가 중심이었으나, 이제는 누구나 글을 쓰고 읽으므로 작가가 되기도 쉬워져 작가가 독자에게 맞추게 된다. 문자언어의 위세가 떨어진 것이다.

영어권과 스칸디나비아어권도 글의 가독성을 중시한다는 게 서로 닮아있다. 아마 사회 전반적으로 위계적이기보다는 평등 지향적인 분위기 때문 같기도 하다. 이 두 문화권과 나머지 서유럽도 거의 비슷하긴 하나, 독일어권 및 프랑스어권과 견주면 분위기가 좀 다르다. 원리 원칙이 있는 대륙 성문법 문화와 사안의 개별적인 적용에 따라 달라지는 영미 판례법 문화의 차이도 있을 것으로 보인다. 스칸디나비아는 이 둘의 중간쯤 된다.

가독성을 중시하면 글쓰기가 독백보다는 대화에 가까워지고 입말의 요소가 더 많이 들어간다. 그런데 앞서 짚고 넘어갔듯 때때로 반드시 어려워야 하는 글도 있는데, 이걸 말로 풀어서 알아듣게 만들기란 무척 어렵다. 나 ...로 강연 듣기를 그리 선호하지 않는 것도 말솜씨가 훌륭한 사람의 설명을 들을 땐 내가 알아 듣는 것 같지만, 정말로 그게 내 것이 되기는 힘들고 그러려면 내 안에서 한 번 더 소화를 거쳐야 하기 때문이다.

강의나 강연이 쓸모없다는 게 아니다, 말하기와 듣기, 글쓰기 와 읽기 등은 제각기 다를 수밖에 없다는 걸 인식하는 게 중요 하다는 말이다. 문자언어의 위상이 달라졌으니 글쓰기에 말하기 의 요소를 도입해서 쉽게 쓰는 것도 좋겠지만, 글쓰기와 말하기가 같을 수는 없다는 걸 염두에 두고 가독성의 효용을 따져야겠다.

글쓰기의 근육과 번역의 근육

읽기에 부드러운 글을 만드는 방법 중 하나는 은유, 제유, 환 유 등 비유를 사용하는 것이다. 다들 건강에 관심이 많아서 그런 지 몰라도 우리의 어떤 자질이나 능력을 '근육'에 빗대는 경우가 늘어난 것 같다. 감성 근육, 부자 근육, 글쓰기 근육, 독서 근육, 영 어 근육 등등 적당히 갖다 붙이면 대강 다 말이 된다. 체력의 바 탕이 근육이듯, 무슨 근육을 다지고 키우고 기르자는 식으로 말 하기를 즐겨한다. 실제 근육 운동처럼 이런 능력들도 꾸준히 훈련 을 해야 쪼그라들지 않는다는 뭐 그런 뜻이다.

'글쓰기 근육' 등에서 나오는 이런 '근육'은 그냥 어쩌다가 21 세기에 한국어에서 생긴 표현일지도 모르겠지만 영어에서는 꽤 오래전부터 쓰인 말이다. 얼추 19세기 후반부터 나오지만 대개 펜을 잡고 글을 쓸 때 움직이는 실제의 손 근육을 가리키는 말들이므로 그때까지는 비유가 아니었다.

근육의 비유적 용법은 20세기 중반 이후부터 나타난다. 1952년에 나온 『소설 쓰기의 기술Writing Fiction: Techniques of the Craft』이라는 책에도 '글쓰기가 지겹고 밋밋한 작업처럼 보이겠지만 특히 초보자는 쓰기 싫어도 쓸 겨를이 있으면 써야 나중에 쓰고 싶을 때 쓸 글쓰기 근육writing muscles이 만들어진다'는 취지로 말한다.

그러고 보면 글쓰기만큼 근육과 잘 어울리는 것도 없는 듯하다. 글을 쓰려면 '머 쓸'까 고민해야 되기 때문이다. 지적 활동도 체력의 바탕 없이는 꾸준히 버티기가 어려우므로 은유나 말장난으로서가 아닌 진짜 근육도 글쓰기에 정말 필요하다. 글쓰기의 일종인 번역은 또 다른 의미의 근육이 있어야만 한다. 원문과 씨름을 해야 하며, 역문과 대조되는 원문이 존재하다 보니 꼬투리 잡히기도 쉬운 법이다. 자칫 잘못하면 오역이라며 몰매를 맞기도 하므로 맷집이 좋아야 된다.

사실 나는 번역 일을 하면서 오히려 오역이나 중역에 관대해졌다. 사람이 하는 일인 번역이 갖는 한계를 몸소 깨달았기 때문이기도 하다. 단순 고정 문형과 어휘로 이뤄진 기술 문서 텍스트는 기계번역 가능성이 높아지고 있지만, 사람이 하는 언어를 기계가 '제대로' 번역하는 날이 금세 오긴 힘들다. 물론 사람이라고 늘 '제대로' 하는 것도 아니다. 올바른 언어라는 것 또한 실 실은 없다.

오역을 문제 삼는 이 가운데 상당수는 "사전을 찾아보니 이렇던데"하는 사이비문헌학주의적 입장을 취한다. 고전 문학 또는 철학의 번역은 문헌학적 엄밀성을 요할 때가 많은데, 글자 그대로 옮기는 축자적 번역을 한다는 뜻이 아니다. 사이비문헌학주의자들은 단순히 의역이냐 직역이냐 하는 얄팍한 층위에서 의미, 단어, 문장, 맥락의 상호관계를 깊이 살펴보지도 않은 채 제 눈에 바로 보이는 사소한 것에만 집중한다. 그걸 제 딴에 엄밀하다고 착각도 한다.

번역은 원문이라는 집을 무너뜨리고 새로 세우는 것일 수도 있고 그 집과는 다른 재료를 써서 그대로 다시 짓는 것일 수도 있다. 그러다 보면 흠집도 생긴다. 그래서 어떤 오역 지적은 다 지은 집을 보고 먼지가 많다든가 못이 튀어나온 데가 있어서 기분이 나쁘다는 식으로 시시콜콜하게 따지는 꼴과 비슷해진다. 그러다가 좀 더 심해지면 기존에 잘 지어진 번역을 제대로 못 읽는 스스로의 잘못도 모르고, 아예 새로 집을 짓겠다고 나서서 날림공사도 못 되는 수준의 번역을 내놓는 작자도 생긴다. 집을 잘 보는 것과 잘 짓는 것이 다르듯 글을 잘 보는 것과 잘 짓는 것도 다르다. 번역은 글을 잘 보고 잘 짓는 솜씨가 한꺼번에 들어가므로 그만큼 더 어려울 수도 있다.

자신이 비교적 잘 아는 분야의 오역은 눈에 잘 띄게 마련이다. 하지만 아무리 성실한 번역가라도 만물박사는 될 수 없고, 번역을 잘하는 전공자를 찾기도 쉽지 않으니 독자도 어느 선에서는 타협을 볼 아량이 있어야 하지 않을까 싶다. 어느 선이 그나마 괜찮은 선인지는 좀 따져 봐야겠지만, 독자가 오역을 스스로 찾을 일이 생긴다면 좀 더 생산적 독서가 될 수 있지 않을까.

너무 촘촘하지도 않고, 너무 듬성하지도 않은

오역도 나름 즐길 만하다. 스웨덴어를 영어로 옮긴 책에서 역자가 프랑스어 '푸리에fourrier(하사)'의 차용어인 스웨덴어 '푸리르furir'를 독일어 '퓌러Führer(총통)'와 헷갈렸다. 주로 히틀러를 일컫는 '퓌러'는 영어를 비롯한 여러 언어에 외래어로 들어갔기 때문에 역자에게도 훨씬 익숙한 낱말이었을 것이다. 문맥상 꼴통 같은 놈이라는 비유라서 어떻게 또 말은 되게 만들었는데 하사가 졸지에 총통으로 '특특특진'한 셈이다.

영어 '럼프lump(덩어리)'를 '램프lamp(전등)'와 헷갈린 한국어 번역도 있었는데, '덩어리처럼 목이 멘다'라고 해야 했던 걸 '전등이 목에 걸린 듯'이라고 옮겼다. 어쨌든 뭔가 답답한 상황이니 다소 표현이 이상했어도 그럭저럭 말은 됐다.

글쓰기와 마찬가지로 번역 역시 어떠한 틈새나 끊김도 있으면 용납할 수 없는 완전무결한 일은 아니다. 글이 너무 촘촘하고 단단하면 오히려 숨 쉴 수가 없다. 반대로 구멍투성이에 산산조각 난 글은 아예 읽어낼 수가 없을 것이나. 그러므로 좋은 글이란 풍치지 않는 모래도 딱딱한 벽돌도 아닌, 알맞게 차진 흙과 같은 게 아닐까. 독자는 읽으면서 틈새를 메우기도 하고, 끊긴 곳을 잇기도 하며 독서의 즐거움을 찾아가는 것이리라.

원문에서는 부연하지 않아도 되는 정보를 번역문에서는 명시적으로 드러내야 할 때도 많다. 그러다 보면 글이 늘어나기도 늘어지기도 한다. 난 늘어나는 것까지는 봐주지만 늘어지는 것은 특히 싫어해서 보통은 많이 솎아내는 편이다.

하지만 지나치면 머리숱 많은 원문을 자칫하다 머리숱 적은 역문으로 만들지도 모른다. 물론 촘촘함과 듬성함의 기준은 언어마다 다를 수도 있으니 원문과 역문을 똑같은 느낌으로 만든다고 늘 정답은 아니다. 그래도 기왕이면 쓸데없이 무겁고(스웨덴어 '퉁tung') 통통한 책보다는 얇더라도(스웨덴어 '툰tunn') 튼튼하고 알찬 책을 만들고 싶다.

7

노르웨이의 언어, 대전의 언어

20세기 이후엔 미디어 및 의무교육의 영향이 커지는 동시에, 지역 사이에 인구 이동이 늘고 도시화가 활발히 이뤄지고 있다. 그래서 세계적으로 사투리의 위세는 점점 꺾이고 있는 게 사실이지만, 나라마다 정도는 조금씩 다르다.

아직 사투리의 다양성이 특히 잘 보존되는 노르웨이는 영토에 비해서 인구가 적고, 마을이나 지역마다 독립성이 강한 전통 덕에 다른 스칸디나비아 나라들과 견줘도 표준어의 압력이 덜하다. 공용어가 보크몰Bokmål과 뉘노르스크Nynorsk로 두 개가 있다는 데서도 그런 다양성이 엿보인다.

보크몰은 덴마크어에 바탕을 둔 반면, 뉘노르스크는 노르웨이의 전통 방언들에 바탕을 둔다. 둘 다 북게르만어로서 차이가 크지 않음에도 역사와 지역성 등 각각의 독자성을 무시할 수 없있기에, 노르웨이에선 비록 보크몰의 위세가 더 크긴 해도 뉘노르스크도 공용어로 채택됐다.

노르웨이의 언어를 마주했던 기억

2014년 겨울, 어쩌다가 방송에 섭외돼 여행 프로그램을 찍으러 노르웨이에 다녀왔다. 방송작가한테 노르웨이어는 읽을 줄만 알 뿐이라고 얘기는 했으나(사실 신혼여행 말고는 외국에 나간 적도 없으니 다른 언어를 말한 적도 드물지만) 어차피 방송에서 노르웨이어만 해야 하는 것도 아니라서 별문제 없다길래 가겠다고 했다. 물론, 벼락치기로 노르웨이어 말하기도 익혔다.

스칸디나비아 북부에는 핀란드어와 같이 우랄어족에 속하는 언어, 사미어를 쓰는 유목민이 살고 있다. 당연히 요새는 순록 유목보다는 도시 생활을 하는 정착민이 더 많긴 하지만, 어찌 됐든 이 유목민인 사미족은 의회도 따로 있을 만큼 상당 수준의 자치권도 있다.

당시 별다른 현지인 섭외 없이 이들이 사는 지역에 가는 바람에 혹시 촬영 분량이 나올까 싶어 지나가는 사미족 할머니에게 말을 걸어보기도 했다. 그렇지만 노르웨이어는커녕 사미어만 하시길래 대강의 의사소통만 하고 만 적도 있다. 준비가 안 된 것도 문제였고 사미족이 외부인을 경계하고 수줍음을 많이 타다 보니 결국 직접 접촉은 실패했다. 어쨌든 이런저런 좌충우돌도 있었지만 돌이켜보면 즐거운 추억이다.

사미족이 많이 사는 카라쇼크Karasjok의 엔에르코NRK 방송국 화장실 벽에는 뉘노르스크와 북사미어로 된 "쉬운 말을 쓰자" 캠페인 포스터가 있다. 글의 내용은 수동태보다 능동태가 좋다, 전치사 똑바로 쓰기, 거추장스러운 전치사구를 쓰지 말자, 명사+동사 말고 동사로 말하자('조사를 실시하다' 말고 '조사하다'처럼), 두 말을 섞어서 이상한 말을 만들지 말자 등이었다.

노르웨이의 두 표준어 가운데 보크몰이 온 나라에서 우세한데, 지방자치체마다 정해진 언어형태målform가 따로 있다. 피오르가 많은 서남부는 뉘노르스크, 수도 오슬로를 비롯한 동남부는 보크몰이 대부분이고, 중부 및 북부는 보크몰과 중립nøytral(뉘노르스크도 인정되지만 그래도 보크몰이 우세함)이 섞여 있다. 우리가 찾아갔던 트롬스오그핀마르크주Troms og Finnmark fylke의 행정 중심지 트롬쇠Tromsø는 중립이라서 뉘노르스크도 써 놓았다고 짐작된다.

매우 중앙집권적인 언어정책을 펴는 프랑스와 달리 노르웨이는 무척 향토적이라서 사람들이 자기 방언도 잘 쓰며 아낀다. 노르웨이 중부 뢰로스Røros의 석탄 박물관 안내판도 지역 방언으로 돼 있다. '1740년경 주당 재료사용 및 생산량'이라는 문구에서 뢰로스 사투리인 '부쿠vukku'는 주(周)를 뜻한다. 여러 게르만어는 영어(week), 네덜란드어(week), 독일어(Woche), 보크몰(uke), 뉘노르스크(veke), 덴마크어(uge), 스웨덴어(vecka), 아이슬란드어(vika) 등인데 뢰로스 방언은 첫 자음 'v' 및 후설 단모음 'u' 덕에 독일어 '보헤 Woche'[vɔxə]와 다소 생뚱맞게 가까운 셈이다. 여행 기간은 고작 스무날밖에 안 됐고 내가 노르웨이어를 잘 구사하는 건 아님에도 노르웨이 사람들이 사투리를 능동적으로 쓰고 애착도 갖고 있다는 인상을 받았다.

'우에시다리'와 '엎어라 젖혀라'

이와는 달리 한국은 워낙 중앙집권적이고 서울 중심적이라서 표준어의 힘이 강력하다. 그러다 보니 전반적으로 사투리가 억압받는 분위기였지만, 최근 들어서는 다양성에 대한 인식이 높아지는 것과 함께 인터넷의 발달 덕분에 사투리가 보존되기도 하고, 그동안은 몰랐던 다른 지방 사투리들도 알게 되는 경우가 많다.

예컨대 어린 시절 친구들과 놀면서 편을 가를 때 손바닥과 손등을 보이며 외치는 구호는 같은 도 안에서뿐만 아니라 심지어 동네마다 다른 경우도 있다. '우에시다리'라는 말도 오직 내 고향 대전에서만 쓰는데, 같은 충남이라도 서산은 '엎어라 젖혀라'라서 전혀 다르고 서울의 '데덴찌'를 비롯해서 전국이 조금씩 다 다르다.

우에시다리는 일본어 '우에うえ(위)', '시타した(아래)', 데덴찌는 '데て(손)'+'덴치てんち(천지天地, 위아래 뒤집기)'로 짐작된다. 아마도 한국의 놀이 중에 일본의 영향을 받은 것도 적지 않으니 그런 듯싶

다. 내가 어린 시절 대전 말고 딴 지역으로 이사 갔다면 그런 다양성을 알았겠지만 나중에 인터넷 덕분에라도 알게 됐으니 다행이다.

동남 방언(영남 방언)은 중부 방언과 적당한 차이도 있으면서 사용 인구도 많고 정치·경제적으로 어느 정도 기득권을 누리기에 남한의 사투리 중에서 입지가 가장 탄탄하다. 제주 방언처럼 표준어와의 차이가 너무 크면 오히려 유지에 걸림돌이 될 수도 있다. 독일어권의 방언들과 약간 비슷한 양상이다. 뮌헨이 자리한 바이에른을 비롯한 독일 남부는 그 고장의 사투리가 아직 많이 쓰이는 반면에, 함부르크가 자리한 니더작센 지방을 비롯한 독일 북부는 사투리가 적게 쓰인다. 표준 독일어는 북부 방언인 저지독일어 Niederdeutsch 또는 중부 방언의 요소도 있으나 남부 방언인 고지독일어 Hochdeutsch가 바탕이다. 고지독일어는 방언학에서는 독일 남부의 방언들을 일컫고, 사회언어학적으로는 이를 바탕으로 한 표준 독일어를 일컫는다.

내가 자란 대전은 사투리가 그리 심하지 않다. 딴 지역 출신도 많은 대도시라 방언들이 중화되는 경향이 있어, 흔히들 생각하는 전형적인 충청도 사투리로 말하는 사람은 적은 편이다. 한국 표준어의 바탕이 되는 서울말이 중부 방언에 속하는데 이 안에 경기 방언과 충청 방언이 들어가기 때문에 서울말과 그렇게 큰 차이가 없다. 처음 만나는 사람이 내 말투를 주의 깊게 들으면 그래도 고양이 서울은 아니고 충남 쪽 같다는 느낌을 일쑤 받겠지만 아주 간혹 전북 사람이냐고 묻는 경우도 있었다.

대전이 충남의 남부이니 전북과 인접한 지역이기도 하지만, 한국어 방언이 모음 장단 및 성조를 기준으로 크게 서부(평안도, 황해도, 경기도, 충청도, 전라도)와 동부(함경도, 강원도, 경상도)로도 나뉘므로 넓게 보면 비슷한 방언이다. 1980년대 이전의 서울 말씨를 들으면 지금의 북한(즉 평안도) 말투 같다는 느낌이 드는 것엔 남한과 북한의 표준어가 둘 다 서부 방언이라는 이유도 있다.

'졸리다'와 '잠 오다'에 관하여

단일 언어가 사용되는 한국에서 태어나 이중언어사용 bilingualism(모어 외의 언어를 구사하는 것)이나 양층언어 diglossia(표준 아랍어와 각국 아랍어처럼 층위가 다른 경우)를 몸소 느끼지는 못했다. 그렇지만 대구에서 살다가 대전으로 이사 온 친구네에 놀러 갔다가, 친구가 평소와는 다른 대구 말씨로 가족들과 얘기하는 모습이 신기하게도 보였다.

사투리와 표준어의 차이가 다소 클 때 그런 식의 언어생활을 하는 사람이 적지 않다는 것은 나중에 알았다. 대전 살다가 결혼 후 울산에 뿌리박고 살면서 아예 그쪽 말투로 바뀐 친구도 있는데, 이것도 드물지는 않은 일이지만 막상 처음에 들었을 때는 꽤 이상한 느낌이다가 몇 년 지나니 또 익숙해졌다.

아무튼, 사투리와 표준어는 무 자르듯 분리되지 않는다. 우리 곁에는 말 자체가 사투리는 아닌데, 표현으로 보면 표준어가 아닌 경우도 있다. 예컨대 '잠 오다'가 '졸리다'의 사투리라면 놀라는 이들도 많다. '졸리다'의 뜻으로 '잠 오다'를 주로 쓰는 곳은 영남을 비롯한 남부 지방이므로 그쪽 방언이긴 하다. 대전 출신인 나는 '졸리다'의 뜻으로 '잠(이) 오다'를 쓰지는 않는다.

표준말도 '잠(이) 오다'가 있지 않느냐는 반문도 나오는데 물론 표준말에도 있다. 그런데 뜻이 미묘하게 조금 다르다. 표준말의 '잠(이) 오다'는 '잠이 안 온다(자고 싶은데 걱정과 불면증 등의 이유로 잘 수가 없다)/그걸 먹으면 잠이 잘 온다(잠드는 데 도움이 된다)/그러고도 잠이 오니?(그러고도 어떻게 자빠져 잘 생각을 하니?)' 등의 사례처럼 잠드는 상태로 나아가는 과정이다. 이들 문장에서 '잠이 오다'를 '졸리다'로 바꾸면 어색한 말이 된다는 것에서도 잘 드러난다.

반면에 '졸리다(자고 싶은 느낌이 있다·들다)'는 잠들기 직전의 나른하고 노곤한 상태를 일컫는다. 표준말의 '잠(이) 오다'는 동사이고, '졸리다'는 동사 및 형용사 둘 다 된다. 잠들려는 나른한 상태에 있으면 형용사이고, 상태로 돌입하고 있다면 동사인 셈인데 한국어는 이렇게 동사/형용사 구별이 모호한 말이 꽤 많다. '졸립다'는 비표준어이며, '그립다/마렵다/지겹다'처럼 어떤 느낌(감정/감각)의 상태를 일컫는 말들에 종종 붙는 '-ㅂ다'의 영향으로도 보인다. 그 밖에도 '자부럽다'를 비롯해 '졸리다'의 뜻으로 쓰이는 사투리가 꽤 많다.

터키어 '우이쿰 겔디Uykum geldi(직역: 내 잠이 왔다)'처럼 '잠 오다'를 '졸리다'의 뜻으로 쓰는 언어도 있다. 물론 방언 화자들은 '졸리다'의 뜻으로 '잠 오다'를 비롯해 각자의 사투리를 쓰면 그만이다. 표준어 '잠이 오다'와 '졸리다'의 뜻이 살짝 다르다는 것만 알아 두면 되겠다.

내 고향의 방언을 바라본다는 것은

어휘 면에서도 사투리와 표준어의 경계가 늘 명확히 갈리지는 않는다. 표준어라 하더라도 어느 지방에서 유독 많이 쓰다 보니 사투리 느낌을 주기도 하고, 또 사투리가 표준어로 들어오기도 하기 때문이다. 이를테면 '거시기'는 흔히 호남 방언, '기다(그렇다)'는 충청과 호남 방언으로 인식되는 경향이 있다. 이 말들은 상대적으로 그 지역에서 많이 쓰이는 편인지는 몰라도 전국적으로 두루 쓰이는 표준어다.

내가 자라오면서 들었던 우리 고장의 어휘도 있다. '대근하다'는 사전상 "1. 견디기가 어지간히 힘들고 만만하지 않다. 2. [방언] '고단하다1(1. 몸이 지쳐서 느른하다)'의 방언(충청)."의 두 가지로 나오는데 뜻이 구별되는 것 같으면서도 좀 아리송하다. 인천 출신인 아내는 이 말 자체를 처음에 몰랐고, 나는 주로 어머니로부터 2번의 뜻으로 많이 들어 왔다.

흥미롭게도 '대근하다·대간하다'는 청주나 대전 등 충청도 남부 지역에서는 통하는데 천안 위쪽의 충청도 북부에서는 모르는 사람도 많다. '말똑싸다(쌤통이다·고소하다)'도 어머니가 예전에 종종 쓰던 말인데 사전에도 안 나오고 인터넷을 뒤져도 언급하는 사람이 드물다. 역시 나의 능동적 어휘는 아니지만 여전히 '쌤통'보다도 더욱 고소한 느낌이 있다.

'뜸베질'은 어린 시절 동생들과 몸싸움이나 장난질을 할 때 아버지와 어머니한테 듣던 말인데 원뜻이 '소가 뿔로 물건을 닥치는 대로 들이받는 짓'이라는 것도 나중에야 알았다. 이 말은 사투리는 아니지만 이제 거의 안 쓰이는 말이기도 하고 밖에서 딱히 들어본 적도 없다. 원뜻보다는 빗대는 뜻으로 먼저 알았으니 내게는 '가족어'의 느낌도 있다.

또 사투리 중에 '내둥/내동(내내·줄곧)'처럼 내가 아직 쓰는 능동적인 어휘도 있으나 대개는 수동적 어휘라서 다음 세대에 그런 말들이 얼마나 살아남을지는 모르겠다. 흐르는 강물을 보듯이 세월 따라 변하는 언어를 바라보는 느낌이 담담하면서도 아쉽다. 아직도 대전 아이들은 '우에시다리'를, 서울 아이들은 '데덴찌'를 외치며 편먹기를 할까. 나도 괜스레 내 손을 '엎었다가 젖혀' 본다.

8

―

사투리 공부의 즐거움

모르는 상대방의 언어나 사투리를 듣고 알아맞히는 동영상을 유튜브에서 즐겨 본다. 그중 한국인이 영어 외래어들(예컨대, '치즈'나 '가이드' 같은)을 또박또박 읽어 주니까 영어권 출연자 두 사람이 하나도 못 맞히는 동영상이 있었다. 다소 과장된 한국어 발음과 부족한 맥락 탓이기도 하겠지만, 별수 없이 좀 답답하게도 보였다. 물론 그만큼 한국어와 영어 사이가 먼 것은 사실이다. 역시 외래어 표기의 목적은 한국인 사이의 소통이고, 다른 한편으로는 외래어 표기를 괜히 원어에 맞추려고 해 봐야 외국어 학습 자체에는 별 도움이 안 된다는 방증도 된다.

타밀어(인도 남부 드라비다어족 언어) 및 인도네시아어 화자의 동영상에서는 차근차근 얘기해주기 때문인지 둘 다 제법 상대방 언어를 잘 맞힌다. 예컨대 모자, 배(船), 지옥(나락)을 뜻하는 인도네시아어 '토피 topi', '카팔 kapal', '느라카 neraka'와 타밀어 '토피 toppi', '카팔 kappal', '나라캄 narakam'은 무척 닮았기에 몇 번 되풀이해서 말하면 다들 알아맞혔다. 대개 인도네시아어가 인도의 언어를 받아들였기 때문인데 '카팔 kapal'은 타밀어, '토피 topi'는 힌디어, '느라카 neraka'는 산스크리트어 어원이라서 공통 어휘가 꽤 많다.

두 동영상은 사실 방향성이 다르다. 한쪽은 비슷한데도 못 맞히는 걸 강조한 것이고, 딴 한쪽은 다르지만 비슷하니까 맞히는 걸 강조한 것인데, 서로 다른 언어를 쓰는 사람들 사이에 일어나는 소통의 단면을 보여준다. 언어 그 자체뿐만 아니라 의지와 태도, 상황과 관계, 맥락의 이해 등 언어 외적 요소도 중요하다는 것이다.

이탈리아어 및 스페인어 화자 대결에서는 서로가 서로의 언어를 절반 넘게 알아맞힌다. 같은 어원에서 나와 발음과 모양새가 비슷한 단어가 많은 까닭에 따로 배우지 않아도 본능적으로 유추한 것이다. 그러다 보니 무서움(miedo, 스페인어)처럼 외국어를 공부할 때 배우는 매우 기초적인 단어는 오히려 맞히지 못하는 재밌는 현상도 보인다. '두려움, 무서움'을 뜻하는 스페인어(miedo)와 이탈리아어(paura)는 아예 어원이 달라 형태로 파악하긴 어려울 법하다. 이런 영상을 가만히 보고 있으면 2010년 스페인 여행을 갔을 때 현지 안내인과 이탈리아 관광객이 각자의 언어로 얘기하면서 대화가 통하다 말다 하는 신기했던 장면도 떠오른다.

간사이 關西弁, 나가사키 長崎弁 사투리 비교도 재밌다. 나가사키의 멘(사투리) 중에서 양밀 鮟鱇에 김지 ジャガイモ(지기이모)가 생겼다는

말은 구멍이 났다는 뜻이다. 물론 간사이 지방의 상대방은 이를 전혀 알아듣지 못했다. 뒤꿈치나 발가락이 삐져나온 꼴이 감자처럼 보여서일 텐데, 감자를 뜻하는 영국영어(potato), 독일어(Kartoffel), 네덜란드어(aardappel), 아프리칸스어(aartappel) 역시 양말 빵꾸를 뜻한다. 이 역시 사투리에 속해서 모든 사람들이 다 알아듣지는 못하겠지만, 그래도 금방 와 닿는 꽤 귀여운 말이다. 그걸 보고 나서 양말에 난 구멍을 '감자'라 하는 한국어 화자도 꽤 있음을 알게 되었다.

사투리를 번역한다는 것

번역에서 속어는 비슷한 느낌으로 적당히 옮길 만할 때가 많다. 나라마다 사회적 맥락이 조금씩 다르긴 해도 현대 사회를 다루는 경우라면 얼추 그 용법이 비슷하기 때문이다. 그런데 한 언어의 사투리는 다른 언어의 특정 사투리로 그대로 대입시키기가 어렵다. 거기엔 역사지리적 맥락까지 들어가기에 어느 방언을 고르느냐가 다소 위험한 선택이 될 수밖에 없고 게다가 미국 흑인 영어 같은 인종 사투리는 다루기가 더 어렵다. 그래서 문학 번역에서는 적당히 표준어를 쓰는 게 가장 무난하다.

2008년 개봉해 프랑스에서 무려 2000만 명이 넘는 관객을 모은 코미디 영화 〈비앵브뉘 셰 레 슈티 Bienvenue chez les Ch'tis〉는 북부

피카르디 방언이 매우 큰 비중을 차지한다. 이 영화에선 남부 프랑스 사람이 북부 프랑스로 발령이 나서 겪는 좌충우돌이 흥미진진하게 다뤄진다. 한국에서도 2015년 〈알로, 슈티〉라는 제목으로 개봉했는데, 극중 사투리를 번역에서 살리려는 노력은 했으나 아무래도 영어 중역의 한계도 있고 한국과 프랑스가 언어문화적으로 크게 다르다 보니 만족스럽지는 못했다.

상대적으로 딴 유럽 언어에서는 사투리를 나름대로 잘 옮긴 편이다. 이를테면 독일어 더빙판 〈빌코멘 바이 덴 슈티스Willkommen bei den Sch'tis〉에서는 프랑스 사투리를 특정 독일 사투리로 옮기기 어렵다 보니 적당히 촌스러운 느낌이 나도록 아예 가상의 방언까지 새로 만들었다. 이탈리아는 이 영화를 바탕으로 북부 사람이 남부로 가서 겪는 이야기로 〈벤베누티 알 수드Benvenuti al Sud〉라는 리메이크 영화를 만들었다. 문학은 이제 번안보다 번역이 더 높이 평가받지만, 영화는 이렇게 번안의 여지가 더 많고 사투리가 중요한 영화라면 더 유효할 듯싶다.

일전에 폴란드어 드라마 자막 번역 감수를 하면서는 왼손잡이를 뜻하는 '포즈난Poznań'의 사투리 '슈마야szmaja'를 '사우스포southpaw'라고 옮겨 놓은 것을 보고, 처음에는 그냥 '왼손잡이'로 바꿨다. 폴란드어 사투리를 한국어로 옮기면서 영어 '사우스포southpaw(야구나 권투에서 왼손잡이 선수)'에서 온 외래어 또는 전문용어를 쓰는 게 동등해 보이지 않았기 때문이다.

그런데 드라마에는 '슈마야'라는 말을 상대방이 처음에 못 알아듣는 장면이 있어서 왜 애초에 '사우스포'로 옮겼는지 이해가 됐다. 그래서 나는 왼손잡이를 뜻하는 사투리 '째비'로 바꾸자고 했는데, 권투가 주요 소재인 드라마라서 다시 처음의 '사우스포'로 두자는 번역자의 제안을 다시 내가 수용했다. 고집 부리는 게 나을 때도 있으나 물러설 때도 있어야 한다. 이렇게 한 낱말의 번역으로도 각기 다른 세 가지 선택지가 나올 수도 있다.

번역은 역자의 구실이 가장 중요하지만 편집자나 감수자의 견해가 반영되기도 한다. 다 나름대로 근거는 있기에 반드시 꼭 어느 하나만 정답이라고 말하기는 어렵다. 여러 정답 가운데 가장 좋은 것을 고르고 오답을 잘 피하는 능력도 관건이다. 잠시라도 한눈을 팔면 오답이 훅 들어오기 십상인데 그럴 때 잽싸게 카운터펀치를 날릴 힘이 없다면 번역하기 어렵다.

그리고 사투리를 공부한다는 것

번역을 직업으로 삼으려면 어학 실력을 기본적으로 갖춰야 한다. 번역하면서 숙달되는 면도 있겠지만, 번역 실력과 무관하게 어학 실력도 갈고 닦지 않으면 금방 녹슨다. 번역에서 대충 감으로 때울 수도 있고 운이 좋으면 '통빡'으로도 잘 굴러가겠지만 그러다가 '뻑사리'가 나기 십상이므로 어쩔 수 없이 꾸준히 공부할 수밖에 없다. 번역가는 외국어를 말할 일이 적고 주로 글말을 다루기는 해도, 글말이 글로서만 존재하는 것이 아니라 입말과의 상호작용 속에 있는 것이므로 입말 감각도 어느 정도는 유지해야 한다.

나 같은 경우는 아침에 일어나면 의관을 갖추고 정좌한 채로 앞 베란다 창밖을 보며 영어, 독일어, 스페인어, 프랑스어, 스웨덴어, 네덜란드어, 노르웨이어, 포르투갈어, 이탈리아어, 러시아어 단어와 숙어, 문장 각각 100개씩, 즉 3천 개를 한 시간 동안 암송하는 것으로 하루를 시작…. 하진 물론 않는다. 무슨 단어와 숙어든 맨날 봐도 맨날 까먹는 게 현실이다. 이런저런 언어를 공부하면서 효율 같은 건 별로 안 따지려고 하지만, 적어도 영어, 독일어, 스웨덴어, 스페인어, 프랑스어는 날마다 한 글자라도 보려 한다.

숙어나 낱말이나 문장을 까먹어도 그걸 봤다는 기억은 자주 남아서 나중에 다시 찾을 밑천은 되니 늘 밑지는 장사는 아니다. 외국어는 표준어부터 익히는 쪽이 효율적이지만, 그것만 하면 재미가 덜하다. 꼭 실력을 늘린다기보다는 사투리가 섞인 글을 읽거나 동영상을 보면 기분 전환도 된다. 좀 더 엄밀하게는 미국 표준영어가 영국 표준영어의 사투리가 아니듯이 변이형도 포괄해서 하는 말이고, 언어학적으로는 '방언'이 중립적인 표현이기도 하다.

한국에서 배우는 영어는 미국식인데 표준어로 따지면 미국, 영국, 호주 등의 차이가 크지는 않다. 다만 미묘한 차이도 있고 그 안에서 여러 사회 방언이나 지역 방언이 있으니 그런 다양성을 접하면서 외국어를 공부하는 색다른 맛도 느끼면 좋다. 현지에 가지 않더라도 노래 또는 드라마나 영화를 간접적으로 활용할 수 있다.

맨체스터 배경인 드라마 〈세임리스 Shameless〉에는 그쪽 사투리 듣는 재미가 있는데 스코틀랜드 시트콤이나 코미디를 보면 사전이나 책에서만 봤던 스코틀랜드어 Scots 또는 스코틀랜드 영어를 직접 듣는 재미가 쏠쏠하다. 예컨대 'own=ain [eː n/eɪn]', 'home=hame/haim', 'both=baith' 같은 단어들처럼 말이다.

스페인어 '과과 guagua'가 카나리아제도와 쿠바 등지에서 '버스'를 뜻한다는 것은 예전부터 알고 있었는데, 칠레 드라마를 보다가 그 낱말이 나오는 대목이 뭔가 이상했다. 알고 보니 칠레를 비롯한 안데스 지역에서 이 단어는 '아기'를 뜻하는 것이었다. 아기를 뜻하는 '과과 guagua'는 이 말과 뜻이 같은 케추아어(남미 원주민 언어) '와와 wawa'에서 유래했다.

독일어 드라마나 토크쇼 등을 봐도 확실히 그 지역에서만 쓰는 말들을 간접적으로나마 생생히 접한다. 독일어는 토요일을 뜻하는 낱말로 '잠스타크 Samstag'와 '존아벤트 Sonnabend' 두 가지가 있다. 표준어는 잠스타크(안식일 Sabbath과 같은 뿌리)를 주로 쓰며 북부 독일 및 구 동독 지역, 즉 과거 저지독일어 사용 지역은 아직 존아벤트도 많이 쓴다. 성탄절 전야를 크리스마스이브 Christmas Eve 라 하듯 존타크 Sonntag(일요일 Sunday) 전날 저녁 eve, evening이라는 뜻으로 존아벤트가 생겼다. 고대영어 '순난애벤 Sunnanæfen' 역시 토요일(저녁)을 뜻하고, 8세기 즈음 프랑크왕국에 진출한 앵글로색슨 선교단 덕에 독일어에 번역 차용어로 들어온 말이다.

그래서 함부르크, 브레멘, 베를린 등지 신문은 토요일을 자주 존아벤트로 일컫는다. 외국어의 독일어 번역문에서도 간혹 그 말이 나오는데 그럴 경우 대개 번역자가 그쪽 출신이다. 그러니까 '토요일'을 일컬을 때 독일어권 전체에서 통하는 잠스타크를 북부 독일 및 구 동독 지역 출신 작가 또는 번역가가 쓰는 일이야 흔해도 북독일 및 동독에서만 통하는 존아벤트를 남부 독일, 오스트리아, 스위스 출신 작가나 번역가가 쓸 일은 극히 드물다.

'강남의 부엌을 살 돈이라면 독일의 성(城)을'

나는 역사언어학이나 방언학에 관심이 많아 사투리도 익히는 것인데, 누구나 일부러 그럴 필요야 없겠지만 해당 외국어 실력을 어느 정도 갖추었을 때 이렇게 표준어와 더불어 속어나 사투리도 틈틈이 익혀 보면 어떨까. 분명 그 언어권의 문화를 더 잘 느끼는 데 도움이 되지 않을까 싶다. 아마 일본에서 나온 독일어 사전의 영향일 텐데 웬만한 독한사전에는 아직 독일어 사투리 낱말도 꽤 나온다. 영어권이나 프랑스어권의 학습용 독일어 사전은 그런 게 없다. '잠'을 뜻하는 말들에서도 드러나듯이 저지독일어(Slap)는 고지독일어(Schlaf)보다 네덜란드어(slaap)와 영어(sleep) 그리고 네덜란드 일부 지역 공용어인 프리슬란트어(sliep)와 오히려 유사하다.
나는 중학생 때 1962년판 『엣센스 독한사전』을 보면서 서게르만어군 안에서 여러 언어의 공통점과 차이점에 흥미를 가졌다. 그

사전에 저지독일어 방언이 안 나왔다면 독일어 방언의 여러 양상을 더 늦게야 알았을 것이다. 뭔가를 더 일찍 안다고 꼭 좋은 것은 아니다. 다만 지식의 지평을 넓힐 기회를 좀 더 일찍 얻어서 그걸 더 오래 다질 수 있다면 행운이라고 본다.

터키계 독일 코미디언 카야 야나르Kaya Yanar가 스위스에서 공연한 스탠드업 코미디 〈라이츠 데어 슈바이츠Reiz der Schweiz〉(스위스의 매력)에는 재밌는 대목이 많다. 쉴 새 없이 떠들어대야 하는 장르이니 언어 관련 농담도 적지 않다. 관객은 스위스 사람이지만 물론 카야 야나르는 표준독일어로 말한다. 스위스독일어Schwyzerdütsch는 표준독일어Hochdeutsch만 아는 사람이 바로 알아듣기는 어려울 만큼 차이가 꽤 크다.

스위스인은 적어도 글말은 표준 독일어를 쓰므로 일정 수준의 교육을 받았다면 표준 독일어를 알아듣고 잘 웃는 게 당연하다. 그래도 조금 신기하다. 독일어권은 외국 영화를 극장에서 독일어 더빙판으로 상영하지만 표준어만 쓰기에 스위스독일어 더빙은 없다. 스위스독일어 더빙판이 있다면, 우리 식으로는 제주 방언으로 더빙하는 느낌이려나? 어쨌든 스위스독일어는 아직 표준 문어는 없어도 매우 군건하고 탄탄한 위치를 차지한다.

그래서인지 카야 야나르의 코미디에선 스위스독일어의 사례가 자주 등장한다. 귀여운 스위스독일어 관용구 'jm Nuggi use haue'('아무개 공갈젖꼭지를 쳐서 빼다: 누구를 놀라게/열 받게 하다') 얘기도 나오는데 공갈젖꼭지 뺏긴 아기를 떠올리면 금방 와닿는 표현이다. 여자친구랑 취리히에서 집을 알아봤는데 '스위스에서 집 한 채 값은 독일에서 마을 하나랑 맞먹는다며'('Aber ein Haus in der Schweiz kostet so viel wie ein Dorf in Deutschland') 너스레도 떤다.

스위스야 워낙 물가 비싸기로 으뜸가지만, 서울 강남도 세계에서 몇 손가락 안에 든다. 강남 아파트 한 채에 몇십억이니 부엌만 따져도 몇억인 셈이다. 그러니 강남서 아파트 살 돈으로 몇억짜리 유럽 고성도 살 수 있다는 소리도 뻥은 아니다. 표준 독일어 '-r'는 표준 영국영어 '-r'처럼 거의 모음화됐는데 '부르크Burg(성城)'도 실제 발음은 [buɐ̯k]이니 '부엌'과 거의 같다. 강남 아파트 부엌 살 돈 구억이면 독일의 성을 살 수 있다는 말은 이렇게 '언어학적으로도' 입증된다.

해당 언어의 원어민이라도 사투리를 잘 몰라서 드라마나 영화의 자막에 엉뚱하게 나오는 경우가 왕왕 있다. 이렇게 원어 자막이 틀린 경우 번역자 잘못이라고 할 순 없지만, 원어 대본과 자막은 제대로 나왔으나 표현 자체가 특정한 방언에만 쓰여서 표준어에도 없고 사전에도 나오지 않았을 땐 틀리기 십상이다. 아일랜드 영어 'be after 동사-ing'은 '~하기를 방금 마쳤다'를 뜻하는데 보통의 영한사전에는 안 나온다. 그래서 어떤 아일랜드 영화의 한국어 자막에선 after 때문에 '뭐를 방금 끝냈다'를 '뭐를 나중에 하겠다'로 오역한 경우가 있었다.

'백문(百聞)'과 '백견(百見)'의 언어 공부

그간은 영어 방언에 그렇게 큰 관심이 없었다. 방언학 자체가 독일어권에서 나온 학문이고, 원래 방언학 또는 사회언어학 교과서에 나오는 방언연속체dialect continuum도 독일어와 네덜란드어, 즉 대륙 서게르만어군의 두 언어에 가장 주목하고 있기 때문이다. 또 다른 방언연속체인 슬라브어파, 로망스어파, 스칸디나비아어권(북게르만어군) 등의 경우에도 정도의 차이는 있으나 각각 하나씩 뭉쳐서 다룰 수 있는데, 말하자면 유럽에서 영어만 뚝 떨어진 셈이다.

그런데 최근 잉글랜드, 아일랜드, 스코틀랜드, 캐나다, 호주, 뉴질랜드 등지에서 만든 드라마나 다큐를 보면서 새삼 영어권 방언의 재미를 느끼게 됐다. 그동안은 머릿속으로야 서로 다르다고 알았어도 어차피 영국이나 미국이나 호주나 다 똑같지 싶었다. 말하자면 영어권 자체의 언어문화적 다양성에 별로 무게나 관심을 두지 않았다. 그런데 간접적으로나마 좀 더 집중해서 살펴보니 역시 그냥 되는대로 생각하면 안 된다는 사실을 다시금 확인했다.

영어 방언을 다루는 책들을 보면 뉴펀들랜드 영어가 따로 나오는 경우가 많다. 캐나다 동부 뉴펀들랜드 래브라도주에서 쓰는데 이곳은 땅은 넓지만 인구는 50여만 명밖에 안 된다. 아일랜드 영어의 영향도 있고 가장 특이한 것은 동사 현재 시제에 인칭과 무관하게 모두 '-s'를 붙인다는 점이다. 그러니까 like 앞에 I, you, (s)he, we, they 등 무슨 주어가 오든 모두 likes가 되기도 한다. 책으로만 봤을 땐 그냥 그런가 보다 하고 말았는데 뉴펀들랜드 배경의 드라마와 다큐를 보니 실제로 그렇게들 말한다.

물론 많은 비표준어가 그렇듯 불안정한 변이 상태라서 늘 I likes는 아니고 I like와 섞어서 말한다. 아무래도 어차피 3인칭 현재만 붙는 '-s'가 없어지는 쪽으로 가는 게 더 자연스러울 테니 어미 '-s'를 모두 없앤 영어 방언이 더 많고 모든 인칭에 '-s'가 붙는 방언은 소수다. 그런데 웨일스 서남부가 배경인 드라마를 보니 뉴펀들랜드보다 정도는 덜하지만 1인칭 동사 현재에 '-s'를 종종 붙인다. 웨일스 영어 방언은 영국 동남부 웨스트 컨트리 방언의 영향을 많이 받았는데 알고 보니 웨스트 컨트리 출신 이민자가 많이 자리 잡은 뉴펀들랜드도 방언에 그런 특징이 생긴 것이다.

어쨌든 언어 공부에서는 책으로 아는 지식을 실제로 확인할 수도 있고. 실제로 겪은 것을 책으로 다시 확인할 수도 있듯이 '백문이 불여일견'과 '백견이 불여일문'이 서로 겨룬다. 모어의 사투리든 외국어의 사투리든 알아 두고 잘 쓰면 말글살이를 더욱 맛깔나게 하는 좋은 양념이 된다.

9

말 사이 사람 사이

여러 언어를 다뤄서 헷갈리지 않느냐는 질문을 가끔 받는다. 나는 그런 일은 별로 없다고 대답하는 편인데, 가만 보면 상대방이 원하는 답과 내가 하려는 대답이 서로 다를 수도 있어서 적당히 넘길 때가 많다. 헷갈리는 것도 나한테는 재미가 있는 일이다. 개인적이든 사회적이든 언어들이 만날 때 시시각각으로 일어나는 수많은 혼란이 내게는 커다란 즐거움을 안긴다. 세상이 질서정연하기만 하면 얼마나 밋밋하겠는가.

2010년에 신혼여행으로 처음 해외에 나가면서 유럽을 두 달 다녀왔는데 그간 책이나 영상물로 주로 접하던 여러 언어를 생생하게 만났고, 다른 한편으로는 단순히 말 자체에 매달려서 오해하기보다는 오히려 말을 똑바로 못 알아듣더라도 분위기나 태도로 짐작할 수도 있다는 것을 아내에게 배우기도 했다. 뒤에서 좀 더 자세히 얘기하겠지만, 이탈리아에서는 길을 건너가라는 말을 길을 따라가라는 소리로 잘못 알아들어 엉뚱한 찻길 위를 걷다가 빵빵거리는 자동차들 속에서 식은땀을 흘리며 잠시 곤란을 겪기도 했다. 그렇지만 그런 소소한 고생 덕에 추억이 더 즐거워진다.

여러 언어가 주는 '혼란의 즐거움'

다루는 언어들끼리 겉으로 헷갈릴 일은 없으나 깊게 들어가면 아리송할 때도 있다. 어원이 같으나 뜻이 다른 거짓짝false friend은 특히 복병이라서 아주 쉬운 말도 한순간 삐끗하면 오역이 나오기 십상이다. 이런 거짓짝으로 언어학 책에서 꽤 자주 언급되는 사례를 프랑스 여행 중에 길을 묻다가 경찰관으로부터 직접 들어서 신기했다.

그 프랑스 경찰관은 영어로 말했으나, 프랑스어 '리브레리librairie(서점)', '악튀엘망actuellement(지금)'과 어원 및 생김새가 비슷하지만 뜻이 다른 영어 '라이브러리library(도서관)', '액추얼리actually(실제로)'를 프랑스어 뜻으로 잘못 말했다. 주로 프랑스어를 한국어로 옮기는 어느 번역가도 영어 책에 나오는 'library'를 '서점'이라고 오역하는 실수를 저지르기도 했다. 언어들이 만날 때 곁다리로 생기는 아기자기한 재미로 넘길 일일지 꼼꼼히 따질 일일지는 그때그때 다를 텐데, 번역을 업으로 삼은 입장에서 그런 빈틈을 보이고 싶지 않지만 남에게는 웬만하면 너그럽고자 한다.

번역을 하다가 스웨덴어 '미다그middag'를 '점심(식사)'이라고 할 뻔한 적도 있다. 영어 '미드데이midday(한낮, 정오)'와도 어원이 같고, 독일어 '미타크에센Mittagessen', 네덜란드어 '미다흐에턴middageten'은 점심식사를 뜻하다 보니 순간 헷갈렸다. 친구를 점심에 초대한다는 대목이 좀 이상했는데 가만 보니 저녁이었던 것이다. '저녁식사'를 뜻하는 말로 영어도 '서퍼supper'가 따로 있듯이 '디너 dinner'도 원래는 점심이었다.

그런데 어원상 디너는 또 프랑스어 '데죄네déjeuner(아침식사)'와 같다. 하루 중 가장 잘 먹는 밥을 뜻하다 보니 시간대가 계속 옮겨간 듯싶다. 북유럽은 겨울에 온종일 어두우니 미다그middag를 반드시 저녁시간(오후 여섯 시 이후)에 먹지 않아도 저녁 같은 느낌이 들긴 하겠다. 의약품집 번역을 하면서는 영어 '검gum(잇몸)'을 독일어 '가우멘Gaumen(입천장)'으로 잠시 헷갈려 뭔가 이상하다 하면서 머뭇거리기도 했다. 여러 언어를 다루다 보면 헷갈리는 게 안 생길 수 없다. 그런 어지러운 말들을 정리하는 게 참 재밌다. 그러느라 내가 딴 물건의 정리 정돈을 별로 못한다고 살짝 핑계를 대련다.

그나마 거짓짝은 어원과 의미의 연관성이 있기에 열 번 틀렸다고 치면 한 번은 봐줄 만하지만, 그냥 글자만 같고 뜻도 다른 말을 틀리면 참 망신스러울 수 있겠다. 튀김 요리를 하는 대목이 스웨덴어로 된 책에 나왔다. 재료에 '욀ölj'이 들어간대서 뭔 기름일까 하다가 가만 생각해 보니 독일어 '욀Öl(기름)'이 아니다. 게다가 바로 뒤에 '올랴olja(기름)'가 나온다. 스웨덴어 '욀öl'은 영어 '에일ale'과도 어원이 같고 맥주를 뜻한다. 아내에 따르면 튀김 반죽에 맥주를 넣으면 바삭해진다는데, 까딱했으면 다 아는 쉬운 낱말에서도 이렇게 기름 위에 올라간 것처럼 미끄러질 뻔했다.

하지만 외려 어려운 낱말과 문장에서는 정신을 차려서 틀리지 않을지도 모른다. 사실 오역은 막상 쉬운 말에서 더 쉽게 생길 위험도 있다. 자주 쓰는 쉬운 말은 매우 다의적이라서 오히려 더 어렵다. 물론 독일어 'Öl(기름)'과 스웨덴어 'öl(맥주)'의 경우는 이와 다르니 둘을 헷갈렸다면 변명의 여지는 없다. 여러 언어를 알면 생기는 이런 사소한 단점은 오히려 여러 언어로 세상을 바라보는 즐거움을 배가하는 양념이다.

어쨌든 설령 옮긴이가 오역을 저지르더라도 터키어 "욀öl!(죽어!)"을 소리치지는 말았으면 한다. 사람끼리 서로 토닥거려 줘야지 나중에 기계번역이 사람번역 다 '죽이면'(헝가리어 '욀öl') 사람한테 잘해줄 걸, 하고 후회가 들지 않을까? 조금 삐끗하면 욕먹기 일쑤지만 번역가가 이바지하는 덕에 언어의 장벽도 낮아지고 문화 교류도 되는 것이다.

커뮤니케이션의 오해는 언제나 일어날 수 있기에

재작년 어느 BBC 방송 도중에 재밌는 해프닝이 벌어져 전 세계 인터넷을 달궜다. 한국에 사는 미국인 교수가 집에서 인터뷰하는데 느닷없이 아이들이 들어왔고 엄마가 허둥지둥 데리고 나갔다. 이들은 다시 BBC에 나와 해명도 했다. 혹시 아랫도리가 잠옷 차림이거나 아무것도 안 입어서 아이들이 들이닥쳐도 못 일어났던 거 아니냐는 질문에 교수가 바지를 입고 있었다며("I was wearing pants") 보여 줬다.

사실 아나운서는 트라우저스trousers라고 말했듯이 팬츠pants는 미국서 바지, 영국서 팬티를 뜻하는 일종의 언어 내적 거짓짝이다. 예상대로 댓글에 누가 농반진반으로 그런 얘기도 썼는데 영국인도 대부분 맥락상 미국어 '팬츠pants'를 바지로 알아듣는다.

옷을 가리키는 말은 여러 언어를 거치면 조금씩 뜻이 바뀐다. 콩글리시 '팬티'도 어원이 'panties'인데 영어는 남성용(briefs)과 여성용(panties)을 구별한다. 한국인이 영어로 팬티를 입었느니 안 입었느니 말하는 상황이야 드물겠지만, 아무튼 남자가 "I was wearing panties."라 하면 미국, 영국, 호주 가릴 것 없이 어디서든 취향이 독특(?)하다고 오해를 살 법하다.

영어 'pants'를 어원으로 하는 말은 현재 한국어에서도 두 가지로 쓰인다. 일본어 '판쓰パンツ'를 거친 '빤쓰'는 팬티를 가리키지만, 다시 영어의 영향으로 패션업계에서는 '팬츠'를 바지의 뜻으로 흔히들 쓴다. 영어 '쇼츠shorts'는 반바지인 반면, 일본어에서 '쇼쓰ショーツ'는 주로 여자 팬티를 일컫는다. 네덜란드어, 스페인어 'panty'는 한국어 '팬티스타킹'(영어 'pantyhose')이다.

이처럼 어원이 같은데 뜻이 살짝 다른 사례야 워낙 많은데 이탈리아어 '칼초네calzone(바지)', 포르투갈어 '칼상calção(반바지)', 프랑스어 '칼송caleçon(트렁크)', 스페인어 '칼손calzón(스페인에선 반바지, 중남미에선 남녀 팬티)', 스웨덴어 '칼송에르kalsonger(남자 팬티)'들처럼 여러 언어에서 미묘하게 뜻이 조금씩 달라지는 거짓짝들이 혹시 오역으로 이어진 경우는 없을까 찾아봐도 흥미롭겠다.

화제가 된 BBC의 영상에선 미국인 교수의 한국인 아내가 보모로도 오해되면서 얼핏 소모적인 듯한 논쟁도 벌어졌다. 그렇지만 이참에 인종과 계층의 편견을 둘러싼 여러 문제도 한번 들여다보면 오히려 좋을 일이다. 교육을 받았다면 머릿속으로야 성별, 인종, 계층 가릴 것 없이 누구나 평등하다는 것을 알겠지만, 막상 가슴속에서 아집으로 뭉친 편견이 없어지기는 쉽지 않다. 인종차별적 댓글을 달았던 이들은 잘못된 오해를 시인하기보다는 근거를 둘러대며 핑계로 일관하는 모습을 보이기도 했다.

커뮤니케이션의 오해는 언제든 일어나게 마련이다. 이걸 어떻게 푸느냐, 그리고 이것을 풀겠다는 마음가짐이 돼 있느냐가 더 중요하다. 여유가 없다 보면 성급한 오해를 하기 쉽다. 언어는 인간과 따로 떨어져 있는 것이 아니다. 언제나 '인간의 언어'다. 그래서 언어의 의미는 사람과 사람 사이의 관계의 맥락 안에서 엮동적으로 생기고 뒤바뀐다. 겉보기로 금세 결론을 내리기보단 우리 모두 서로서로 수많은 관계 속에 깊숙이 중첩되어 있다는 생각을 한 번이라도 더 했으면 좋겠다. 저자, 역자, 편집자, 독자도 바로 그런 사이다.

2

—

나의 삶, 나의 언어

1

나의 우주 1

　초등학교 저학년 때 내 장래희망은 우주과학자였다. 어린 시절 막연히 그런 꿈을 꾸던 많은 사람들처럼, 나도 우주과학이나 천문학이 무엇인지도 잘 모른 채 만화나 영화, 소년잡지에서 보던 과학자의 멋진 이미지에 끌린 것이다. 이 꿈은 3학년 때 교내 과학경시대회를 거치며 물거품처럼 사라지고 말았다.

　지금은 기억도 나지 않는, 물방울을 어쩌라는 시험문제가 있었다. 이 문제를 풀면서 물이 담긴 컵 안에 빨대를 넣고 훅훅 불었는데 뭔가 잘못됐다는 걸 직감했다. 시험이 끝나고 나서야 물방울과 공기방울(기포)이 다르다는 걸 깨달았다. 그 쉬운 걸 왜 몰랐을까 자책했지만 뒤늦게 깨친들 이를 어쩌랴. 이제야 핑계로 삼는 것인지도 모르지만 이렇듯 내가 과학에서 멀어진 계기는 아이러니컬하게도 언어 때문이었다. 그래서 더 언어에 몰두하게 됐을지도 모를 일이니, 물방울과 공기방울을 헷갈린 그날이 끝내 무용하지만은 않은 셈이다.

내가 초등학교에 들어간 1980년만 해도 아직 공식적인 영어 공교육은 이뤄지지 않을 때다. 그래도 여기저기서 꾸준히 영어나 다른 외국어를 조금씩 접할 기회는 있었다. 내가 마주쳤던 '날카로운 첫 외국어의 추억'을 더듬어 보면, 2학년인가 3학년쯤 어머니가 사 주신 영어 학습 테이프로 영어 인사(How are you?)와 그에 해당하는 프랑스어(Comment allez-vous?), 스페인어(¿Cómo está usted?)를 익힌 기억이 떠오른다.

달마다 나오는 문제집의 앞쪽에는 간단한 영어, 프랑스어, 독일어 문구가 실려 있었는데, 이는 어린 내 '어도락가' 기질을 자극했다. 문제집이 나올 즈음 문방구를 들락거리며 '혹시 이달은 네덜란드어가 실렸을까' 기다렸으나 결국 연재가 몇 번으로 끝나서 실망한 기억이 생생하다. 세계 지리에 기울인 지대한 관심 역시 외국어에 대한 관심으로 이어졌다. 국기 카드를 모으려고 아이스크림을 사 먹은 적도 있는데 거기에 나오는 각 나라에 대한 설명을 읽으며 상상의 나래를 펼치곤 했다. 이런 내가 막상 해외여행을 간 것은 서른여덟 살에 두 달 떠난 신혼여행이 처음이었으니 이것도 아이러니일까.

삶이란 다만 멈출 때까지 가는 것

6학년 때 동네에서 사 먹던 땅콩과자는 봉지가 미국 전화번호부로 만들어져 있었다. 사람들 이름이 잔뜩 나오는 노란 종이를 보면서 미국에 여러 민족이 산다는 것을 새삼스럽게 느꼈고, 덩달아 슈나이더Schneider나 슈미트Schmidt 같은 독일계가 참 많다는 것도 확인했다. 땅콩과자가 물론 적당히 맛있기도 했지만, 전화번호부 종이에 혹시 새로운 성씨나 이름이 또 나올까 싶어서 자주 사 먹기도 했다.

그즈음엔 아버지가 가져오신 제일은행 유럽 화폐 포스터를 내 방 벽에 붙여 놓고 보면서 일기장에다가 유럽 언어들의 다양성과 유사성을 논하기도 했다. 지금 되돌아보면 조금 유치해도 한편으론 그 어린 열정이 아련하기도 하다. 지폐 안에 적힌 문구야 어차피 별게 없었지만 내 호기심을 자극하기는 충분했던 것이다.

의사였던 옆집 아저씨한테서 독한獨韓사전을 선물 받기도 하고 꽤 두꺼운 영어사전도 잠시 빌려 봤는데, 거기 나온 어원 설명과 함께 유럽 화폐 포스터를 보니 재미가 몇 갑절로 늘었다. 내가 고유명사를 비롯한 외래어의 한글 표기에 관심이 많고 관련된 업무를 하는 것도, 따지고 보면 이때를 기원으로 삼아야 하지 않을까.

본격적인 영어 공부는 중학교에 들어가면서 시작됐다. 내가 좋아하는 과목이라 스스로 알아서 열심히 했던 것 같다. 고등학교 때도 역시 다른 과목이야 구색만 맞췄을 뿐 가장 좋아하고 잘 하던 과목은 영어, 독일어, 국어, 한문 등 언어 과목이었다. 간혹 학교에서 체벌도 하던 시절이었지만 적어도 영어 시간만은 느긋 했다. 다른 수업 시간에도 영어 공부를 하다가 걸리면 혼나기보다 는 선생님께 신소리를 하면서 대충 웃고 넘어간 적이 더 많았다.

학교에서의 주요 일과는 여러 친구한테 영한사전을 빌려서 비 교해 보는 것이었다. 사전이야 본질적으로 다들 엇비슷하지만 어 휘, 정의, 편집, 구성 면에서 차이가 있으니 비교할 것은 차고 넘 쳤다. 자습 시간에는 교과서나 참고서 대신 타임Time지와 슈피겔 Spiegel지를 공부했다. 지금 봐도 쉽지 않은 영어와 독일어인데 약간 뻐기려는 허세도 물론 있었지만 장담컨대 이는 한 1프로에 불과했 고, 어쨌든 내게는 그냥 그런 공부가 더 재밌었을 뿐이다.

우주과학자의 꿈은 중·고등학교를 거치면서 언어학자가 되겠 다는 꿈으로 바뀌었다. 대학교에 들어가서 그나마 학문이 어떤 맛 을 내는지 알기 전에는 사실 학자가 된다는 게 무슨 의미인지 굉 장히 막연하다. 맛을 봐야만 무엇인가를 잘 아는 것은 아니겠지 만, 호모 사피엔스Homo sapiens의 라틴어 '사피엔스sapiens(슬기로운· 영리한)'의 뿌리가 되는 동사 '사피오sapio'의 원뜻 '맛보다'에서 '알 다, 슬기롭다'가 나오지 않았던가. 맛을 보는 경험이 없다면 그걸 제대로 알기가 힘든 것도 사실이다.

나는 언어학이라는 학문을 직업으로 삼지는 않았지만, 번역 을 비롯한 언어 관련 업무를 하고 있으니 내가 바라던 것과 멀지는 않다. 어린 시절의 내 꿈을 이뤘다고 말할 수는 없겠으나 우리의 삶이라는 게 꼭 꿈을 이루었느냐만으로 평가한다는 것도 낯간지럽다. 그간 꿈만 꾸면서 살지도 않았으므로 내게도 크게 아쉬운 것은 없다. 그렇다고 마냥 흡족한 것도 아니다. 다만 멈출 때까지 가는 것이다.

'서두르지 않으나 멈추지 않고'

중학생 때 보던 민중서림 내지 동아출판사 영한사전 끄트머리에는 그리스어, 라틴어, 이탈리아어, 프랑스어, 독일어 금언 및 명언들이 부록으로 딸려 있었다. 소크라테스의 '너 자신을 알라γνῶθι σεαυτόν, gnōthi seauton', 갈릴레이의 '그래도 지구는 돈다E pur si muove' 등등이 그것이다. 이 문장들은 당사자가 한 말이 아니라는 설도 있지만 어쨌든 워낙 유명하기도 해서 오히려 별 느낌이 없었다.

내 마음을 가장 사로잡은 것은 괴테의 '서두르지 않으나 쉬지 않고Ohne Hast, aber ohne Rast'라는 문장이었다. 독일어 '하스트Hast (서두름)', '라스트Rast(쉼)'는 영어 '헤이스트haste', '레스트rest'와 달리 운율도 딱 맞으면서 뭔가 세상과 사물과 삶의 양면성을 잘 드러내는 말이다 싶었다. 그래서 이 말처럼 서두르지 않다 보니 일을 재깍 끝내지 못하며 마감을 제때 맞추지 못할 때도 있지만, 꾸역꾸역 어떻게 비빌이는 하면서 쉬지 않고 길어가고 있다. 이럴 때

괴테의 이 문장을 좋아해서 지금과 같은 삶이 된 게 아닐까 싶기도 하다.

물론 나는 적당히 쉬면서 일을 하기 때문에 여기서 '쉬지 않음'이란 휴식 없음이 아닌 '좇는 바를 멈추지 않는 것'으로 보고 있다. 그래서 난 괴테의 명언을 '서두르지 않으나 멈추지 않고'로 풀이한다. 프리랜서는 업무와 일상과 휴식이 칼처럼 나뉘지 않는다는 게 단점일 수도 있고, 공부와 업무의 경계가 존재하지 않는다는 말을 하려는 것도 아니다. 단지 온종일 취미로 언어를 공부하며, 언어를 즐기다가, 결국 언어를 다루는 일을 하는 나에게는 그처럼 '끊임없이 파고드는' 자세가 장점일 수도 있다. 큰 틀 안에서 적당한 자기 관리가 병행되면 흘러가는 대로 놔둬도 심각한 탈이 나지는 않는다.

내가 인생에서 가장 집중적으로 공부한 기간은 제대와 복학 후 얼추 3년 동안이다. 집과 도서관의 거리가 아주 멀지는 않아 가방 안에다 무거운 사전 여러 권을 넣고 운동 삼아 오가다가 나중에는 그냥 도서관에다 놓고 다니기도 했다. 1990년대 중반은 아직 사람들이 인터넷을 잘 모르던 시절이라고 할 수 있지만, 대학에서는 그때부터 어느 정도 인터넷을 쓸 수 있었다. 당시 인터넷의 정보는 지금과는 비교할 수 없을 만큼 제한되어 있었지만, 해외에 직접 나가지 않아도 외국 자료를 얻을 수 있다는 것은 혁명적인 일이었다.

특히 여러 언어에 관심이 많은 나한테는 그런 보물 창고가 따로 없었다. 나는 유럽연합 사이트에 들어가 여러 언어로 된 문서를 출력해 공부했다. 같은 내용의 문서를 여러 유럽 언어로 보는 것이므로 한국어 번역과 직접 관계는 없지만 간접적인 번역 공부는 됐다. 주로 법률 문서를 비롯한 딱딱한 글이었으나 어휘나 구문이 적당히 단조롭다 보니 오히려 여러 외국어의 기초를 닦기에는 좋았다.

하루 한 끼를 먹으면서 '뼈대'를 세우던 삶

대학 2학년 한 학기 동안은 자취방에서 아침 한 끼만 먹고 학교에 가서, 강의실에 강의를 들으러 가는 일 말고는 거의 온종일 도서관에만 틀어박혀 있었다. 열람실에서 혼자 공부도 하고, 서가에 꽂힌 각종 외국어 서적, 사전, 잡지, 학술지를 읽다가 외국 방송을 보다 보면 하루가 훌쩍 지나기 일쑤였다. 지금도 소비생활은 별로 관심이 없어서 돈을 딱히 많이 쓰지도 않지만, 당시는 학생이라서 돈이 궁했으니 더더욱 아끼는 것도 있었고 공부 말고 딴데 시간을 쓰기도 싫었다.

그때 내게 시험, 취직, 진학 같은 뚜렷한 목표는 없었다. 하루하루 공부를 즐기는 데 가장 큰 의미를 두었다. 언젠가는 친구가 나보고 밥을 왜 한 끼만 먹느냐고 묻기도 했는데 굶주림에 허덕이는 아프리카 난민을 생각하면 내가 잘 먹는 게 미안한 느낌도 들다는 말도 했다. 약간의 과장은 있었지만 거짓말은 아니었다. 세계 여러 나라의 자원 분배 및 에너지 소비 불균형을 부추기기 싫다는 마음은 여전하다.

나 스스로는 환경주의, 생태주의, 반자본주의 등의 이념을 적극적으로 가졌다고 보긴 어렵다. 발전을 향한 끝없는 폭주는 막으면 좋겠다는 소박한 마음으로 소극적인 저항을 하는 정도에 지나지 않는다. 그땐 내 몸이 젊고 건강했으니 한 학기 동안 하루 한 끼만 먹어도 버틸 만은 했지만, 어느 순간 급격한 체력 저하를 느껴 하루 두 끼를 먹는 생활로 돌아갔다. 다시 체력을 되찾고 공부를 이어 갔다.

약 3년에 걸친 집중적인 공부로 여러 외국어의 주춧돌도 놓고 뼈대도 세운 셈이다. 지금은 거기에 꾸준히 살도 붙이고 꾸미기도 하는 것인데, 어느 직능이든 그렇지만 외국어도 며칠 손대지 않으면 휘발하기 십상이다. 그러니까 내가 지금껏 하루도 빠짐없이 언어를 공부하고 매일처럼 그것을 다루는 일은 제때 밥을 먹고 날마다 운동을 하는 것에 빗댈 수 있겠다.

그렇다면 살도 붙이고 꾸미기도 한다는 것은? 외국어 뼈대를 단단히 하고 살을 붙이기도 어려운데 거기에 '꾸미기'도 한다니 그게 뭔가 싶겠지만, 말하자면 몸단장에 빗댈 만하다. 잘 돌아다니지도 않는 내가 몸단장이라는 비유를 하자니 살짝 어그러지는 느낌도 있다.

그러니까 사실 몸단장 정도가 되려면 해당 외국어로 말과 글을 유려하게 써야 할 텐데 이 정도의 경지에 다다르기는 너무 어렵고 누구나 이럴 필요도 없다. 외국어의 뼈대를 기본적인 체력에 빗댄다면 멋있게 차려입고 몸단장을 한 후 돌아다니는 것도 좋겠지만, 건강한 삶부터 살고 그다음에 봐 가면서 겉치장을 해도 충분하다.

어쩌면 나는 어린 시절에 띄운 우주선을 타고 여전히 언어의 우주를 항해 중인지도 모르겠다. 40년에 가까운 시간 동안 '땅콩과자 봉지'별과 '제일은행 포스터'별을 지나 온갖 언어의 별과 사전의 별에 머물면서 나만의 시간대로 살아왔다. 아직도 들러보고픈 별들이 많지만, 시간이 모자란다는 느낌은 없다. 가다가 발 닿는 별에 잠시 내렸다가 유쾌하게 구경하고 다시 출발하면 그만이다. 언제 어느 별에 닿을지 모르니 항상 연료를 꽉 채워 넣고자 신경쓸 뿐이다. 나는 오늘도 말의 별미를 찾아 새 별로 떠난다.

2

나의 우주 2

대학 때 이삿짐 나르기나 공사장 허드렛일 아르바이트는 몇 번 했지만 과외는 하지 않았다. 남을 가르치는 일에 큰 관심도 없거니와, 과외라는 일을 썩 좋게 여기지는 않았기 때문이다. 4학년 때부터 번역 일을 했고 이후 두세 해는 아르바이트로 했는데, 번역은 대학원 수료 후에 비로소 나의 주업이 되었다.

맨 처음 일을 맡았을 때는 군대에서 몇 번 했던 야전교범 번역도 경력이라고 번역회사에 얘기했다. 담당자가 원래 그런 경력은 쳐주지 않는데 급한 일이라 넘어간다고 했다. 스페인어로 된 기계 설명서였다. 학교 도서관에서 스페인어-영어 기술용어 사전을 비롯한 여러 전문용어 사전을 활용했다.

지금이야 전문용어는 일단 구글 검색부터 각종 용어 및 데이터베이스까지 인터넷으로 다 해결하지만 2000년대 초반까지는 대학 도서관 전문용어 사전도 꽤 자주 봤다. 번역 일을 하기 전부터도 전문용어에 관심도 있어서 대학 도서관에서 엘제비어Elsevier 출판사의 자동차, 재무, 상업, 범죄학, 출판 등 각종 분야 다국어 용어 사전을 통째로 복사해 지금도 집에 두고 있다. 막상 제대로 써먹은 적은 드물고 이제는 더더욱 쓸 일이 적지만 아직 버릴 생각은 없다.

직업 및 취미 때문에 온라인 사전 사이트 수십 군데를 날마다 들락거림에도 나는 여전히 100여 권의 각종 언어 사전의 종잇장을 넘긴다. 집 근처 대학 도서관에 가면 이제 참고자료실에 사전이 별로 없고 대부분 보관 서고에 들어가 있다. 가끔 거길 가면 학생도 아닌 나만 그 서가에 있어서 호젓하면서 아늑한 느낌이 든다.

나의 번역 작업을 들여다본다면

앞서도 얘기했지만, 인터넷은 문서 보관소 및 사전으로서 나에게는 너무나도 쓸모가 많은 도구다. 구글 도서, 아마존 및 인터넷 아카이브archive.org(가장 규모가 큰 디지털 도서관 중 하나) 덕에 옛날 책까지도 찾아볼 수 있고, 옛날 사전들을 비교하는 재미도 쏠쏠하다. 어떤 낱말이 언제부터 쓰였는지 실제 문헌을 통해 찾고, 그런 낱말이 언제부터 사전에 올랐느냐를 비교하는 작업도 내 취미 중 상당 부분을 차지한다.

전자가 역사언어학이라면 후자는 역사적 사전학이라고 볼 수 있다. 첫 저서인 『콩글리시 찬가』를 쓰면서도 어원사전을 비롯한 여러 사전뿐 아니라 인터넷의 각종 데이터베이스 및 아카이브를 활용해 어휘의 연대기를 추적했다.

출판번역에 데뷔하기 전에는 10년 넘게 문서번역 및 기술번역을 비롯한 실무번역만 했고, 지금은 둘을 병행한다. 내가 주로 번역하는 언어는 크게 게르만어(영어, 독일어, 네덜란드어, 스웨덴어, 덴마크어, 노르웨이어)와 로망스어(스페인어, 포르투갈어, 프랑스어, 이탈리아어)이지만, 슬라브어(러시아어, 폴란드어, 불가리아어), 헝가리어, 핀란드어, 그리스어, 터키어 등 유럽 대륙에서 쓰는 대부분의 언어를 다룬 적이 있다.

초기에는 한국어를 외국어로 많이 옮기기도 했는데 요즘은 대개 외국어를 한국어로 옮긴다. 당연히 이 모든 언어를 내가 유창하게 하는 것도 아니고 언어마다 장악하는 능력도 다르다. 이들 언어의 기초가 있고, 또 그간 자주 다루었던 분야라면 용어나 스타일에 익숙하기 때문에 이 모든 언어를 번역할 수 있는 것이다. 프리랜서 입장에서 일이 들어오면 웬만하면 받지만 그렇다고 아무거나 다 받지는 않는다. 번역료가 낮거나, 다른 일이 많거나, 내게 너무 생소한 분야라면 특별히 도전 정신이 생기지 않는 한 돌려보낸다. 말하자면 내가 통제 가능한 범위 안에서 적당히 일을 조절한다.

출판번역과 영상번역도 공급자가 많은 영어나 일본어 이외 언어의 단가가 좀 더 비싼 편이긴 하지만 그렇게 큰 차이는 없는 반면, 실무번역은 차이가 더 두드러진다. 그래서 나는 독일어나 스페인어 번역을 더 많이 한다. 한국어로 번역을 하더라도 이런 유럽 언어는 결국 영어 용어나 텍스트 자료를 참고할 때가 많다.

나 역시 다른 외국어보다 먼저 배워 더 능숙한 영어가 작업의 기준이 되기도 하고, 간혹 다른 유럽 언어의 번역에 간섭이 되기도 한다. 번역 작업에선 역시 어원을 따지는 일이 도움이 많이 되는데, 어휘 중에 어원이 같아 형태가 비슷하지만 뜻은 다른 거짓짝false friends을 만나면 처음에 틀릴 때가 있다. 물론 대개는 고치지만 이런 거짓짝은 번역의 긴장감을 돋우는 각성제 구실도 한다.

번역과 생활의 '셀프컨트롤'을 되새기며

처음으로 독일어 문서를 번역하던 20년 전 '콘트롤레Kontrolle'를 마주쳤을 때, 어원이 같은 영어 '컨트롤control'의 뜻인 통제, 억제, 제어, 지배, 관리 등으로 생각하고 옮겼다. 그런데 읽다 보니 뭔가 찜찜했다. 물론 영어 '컨트롤'과도 뜻이 겹치지만, 독일어 '콘트롤레'는 검사, 시험, 점검 등을 뜻할 때가 많다.

이런 맥락에서 영어 '컨트롤 그룹control group'을 '대조군'으로 일컫는다는 것이 처음에는 바로 와닿지 않았다. 실험 설계에서 실험군과 대비되어 실험 효과를 유추할 수 있도록 조건이 통제된 집단이라는 것을 알고 컨트롤의 여러 의미를 확실히 깨달았다.

통제, 대조, 시험 등은 언뜻 봐서는 크게 관계가 없는 것 같지만 가만 보면 다 이어진다. 영어 '컨트롤 control', 독일어 '콘트롤레 Kontrolle', 프랑스어 '콩트롤 contrôle'의 어원인 중세 프랑스어 'contrerole'은 대조(contre)+명부(role)의 얼개로서 원본과 비교되는 사본을 뜻한다. 대조-검사-감독-제어-억제-통제 등의 뜻으로 진행한 것이다. 그런데 번역이라는 행위가 이 '컨트롤 control'의 어원과 의미에 다 들어맞는다.

번역은 적어도 두 개의 언어를 비교하고 대조해야 된다. 기존 역본이나 다른 언어의 번역을 참고할 수도 있다. 번역은 또한 이 언어에서 저 언어로 그냥 옮기면 되는 게 아니다. 어휘, 문장, 문체를 여러 층위에서 통제해야 된다. 일곱 살 아이가 하는 말과 학술서 문체가 다르듯, 장르나 톤을 따지지 않고 마구잡이로 옮겨서는 곤란하다. 원작이 썩 마음에 들지 않는다고 원문에서 한량없이 벗어나거나 한껏 윤문하려는 충동도 억제하는 것이 좋다.

번역이 창작의 일환이라고는 해도 원문이라는 틀을 벗어나는 것이 바람직하다고 보기는 힘들다. 그렇게 되면 번역이 아닌 번안이나 각색의 영역으로 넘어간다. 번역이 끝나면 다시 원문과도 대조하고 역문 자체도 검사하고 점검한다. 이 과정은 역자 혼자서도 하고 편집자나 교정자와 함께하기도 한다. 많은 프리랜서가 그렇듯 번역가도 자기 관리를 잘해야 하므로 자제력 self-control도 요구된다.

자제력이란 말이 나왔으니, 나의 생활을 나름으로 '통제'하는 이야기도 해야 할 것 같다. 내가 하는 외출은 나가서 걷고 달릴 때나 가족끼리 산책할 때 말고는 드물다. 두어 달에 한 번쯤 모임이나 누구를 만날 일이 생기면 나가곤 한다. 원래 환경적인 면에서도 물자를 낭비하지 않으려는 편인데, 그래서 나한테 쓰는 돈도 거의 없다. 물건 소유에 큰 의미를 두지 않아서도 그렇고, 내 활동에도 돈이 거의 들지 않는다. 걷기, 달리기, 팔굽혀펴기, 턱걸이 모두 바깥에서나 집에서 그냥 하면 된다.

이제 운동복과 운동화도 중요함을 슬슬 느끼는 단계긴 하나 내 성향상 '장비발'을 세우진 않을 거 같다. 영화나 드라마는 내가 언어 자문 일을 맡은 온라인 스트리밍 업체 것을 보면 되고, 학술서는 내가 나온 대학에서 졸업생에게도 접속권을 준 전자책 데이터베이스로 활용하면 된다.

날씨가 나쁘거나 일이 바빠서 사나흘 운동을 안 하면 슬슬 늘어져 그런 나태함이 기분 좋아지는 단계에 접어든다. 운동 습관을 잡기는 어려워도 놓기는 쉽다. 그런 나태함은 잠깐만 즐기고 마음을 다잡고 밖에 나가면 다시 탄탄해지는 몸을 느끼면서 또 다른 방식으로 상쾌해진다.

즉, 나의 절약 및 맨몸운동은 맥락을 같이한다. 둘 다 '셀프컨트롤'이다. 늘 스스로를 다잡는 컨트롤이 아니고 내 리듬에 맞게 '놓아두고 잡아두고'를 컨트롤한다는 뜻이다. 인생이라는 정처 없는 여행길에 메고 가는 보따리가 지나치게 무겁지도 또 가볍지도 않고, 너무 풀리거나 너무 소이시 않도록 잘 동여매려는 마음을 되새길 뿐이다. 나는 오늘도 팔굽혀펴기를 하고, 달리고, 걷는다.

언어가 하나만 남는 것은 벌일지도 모르기에

번역가는 주로 혼자 일하지만, 온라인 세상에서는 종종 서로 도움도 주고받는다. 책에 따라서는 여러 언어의 어휘나 고유명사가 등장하기도 하므로 나는 동료 번역가들에게 질문을 받을 때가 있다. 알려 주는 재미도 있으니까 내가 아는 한에서는 최대한 친절히 알려 준다. 그런 게 인연이 돼서 내가 새로운 일감을 받기도 한다.

물론, 그런 걸 노리지는 않는다. 덤으로 생기는 게 있다면 더 좋을 수야 있지만 도움을 줄 때 느끼는 기쁨이 먼저다. 번역은 여러모로 만만찮은 일이지만, 대개의 번역가들은 언어의 만남 자체와 거기서 생기는 문제를 풀어 가는 즐거움을 한껏 누리고 있는 게 사실이니까.

중앙아메리카 원주민의 신화에는 우리가 흔히 아는 중동의 바벨탑 신화와는 반대되는 얘기가 있다. 사람들마다 언어가 달라져 말이 통하지 않는 게 하늘이 내린 벌이라고들 생각할 텐데, 오히려 그 신화에서는 언어가 하나만 남는 것이 벌이다. 다들 쓰는 언어가 같기에 무조건 상대방의 말을 알아들을 것이라 생각해서 오히려 제대로 소통하려는 노력이 없어진다는 것이다.

같은 나라에서 같은 언어를 쓰는 사람들이라고 해서 꼭 서로 대화가 통하지는 않는다는 당연한 사실을 생각하면, 중앙아메리카 원주민 신화가 현대 사회에 시사하는 바가 더 많다. 언어라는 통로가 하나만 있으면 편리하다고 생각될지도 모르지만 이 말인즉슨 그 통로가 막히면 다른 대안이 없다는 뜻이기도 하다. 반면에 언어가 많다는 것은 사람들 사이에 통로가 많으며 그만큼 가능성이 다양하다는 것도 의미한다.

여러 언어를 알면 세계를 볼 수 있는 창이나 또 다른 세상과 통하는 출입구가 많아진다. 다만 여기서 '언어를 안다는 것'은 여러 가지로 풀이될 수 있다. 어디까지 알고 어디까지 하는 게 그 언어를 장악하는 것일지는 사람마다 답이 다르다. 언어를 잘하듯이 시력이 좋으면 창밖에 펼쳐지는 풍경이 세세히 보일 텐데, 그냥 바라보는 데 그치기보다는 나만의 방식으로 창밖의 풍경을 해석할 수 있을 때 진정으로 세상이 넓어지는 게 아닐까?

좋은 시력처럼 좋은 어학 실력만이 더 넓은 세상을 이해하는 전제 조건은 아니다. 나의 해석에만 갇히기보다는 남의 해석도 함께 볼 수 있어야 한다. 수많은 언어를 만난다고, 혹은 여러 언어를 안다고 저절로 그런 마음가짐이 생기지는 않는다. 단순히 어떤 언어를, 또는 수많은 언어들을 익히기보다는 내가 살아가는 맥락에서 그 언어들이 어떤 의미가 되는지 세심하게 살펴야 한다. 나 역시 언어라는 우주 안에서 여전히 그 의미를 찾는 노정을 걷는 중이다.

3

―

아내라는 또 다른 우주

아내와 나는 나이 차이가 어느 정도 나는데 내가 대학을 복학해서 여러 외국어를 열심히 공부하던 기간이 아내가 영어의 탄탄히 기초를 닦았다는 중학교 시절과 겹친다. 나는 번역가가 되겠다는 생각을 구체적으로 해본 적은 없다. 아마 1960년대 이전에 태어난 사람들도 이와 비슷할 것이다. 먹물깨나 먹던 사람 중에서 번역을 부업 삼아 하다가 직업이 된 경우도 많았다.

아내는 학창 시절부터 통역사나 번역가가 되려는 마음이 있었는데, 이렇듯 1980년대 출생자부터는 번역가의 꿈을 구체적으로 꾸는 사람이 늘어난 듯싶다. 한국이 점점 더 국제적인 나라로 바뀌어 가던 1990년대와 2000년대에 청소년기를 보냈기 때문인 것도 같다.

1970년대에 태어난 내 또래는 이 중간쯤에 자리 잡지만, 나는 번역을 아르바이트로 하고 마는 일 또는 호구지책으로만 여긴 것은 아니었다. 언어 및 언어학이 늘 관심 분야였으니 번역을 통해 이 언어와 저 언어가 만나는 현장을 몸소 겪는 것도 의미 있다고 생각했기에 뛰어들었고, 지금도 그 생각이 크게 달라지지는 않았다.

번역을 하는 아내와 만나서

영상번역을 하는 아내는 온라인 카페의 번역가 모임에서 만났다. 아내는 예술에도 취미가 있고 사람들과 모이는 일에도 나보다 적극적이지만 우리 둘은 성격상 공통점도 많다. 게다가 둘 다 번역을 하면서 언어에 관심이 많다 보니, 일하면서 서로 도움도 주고받고 공통 관심사로 얘기도 함께 나눌 수 있어 즐겁다. 아내와의 첫 데이트에서도 사회언어학을 비롯해 언어와 번역이 주요한 얘깃거리였다.

아내는 취미로 우쿨렐레도 치고 훌라도 추는데 하와이어 노랫말도 가끔 나한테 물어본다. 내가 하와이어까지 잘 아는 것은 아니기에 사전을 뒤져서 적당히 알려준다. 그러다 옆길로 새서 음절 구조가 매우 단순한 폴리네시아어파의 특징을 설명하는 게 내 본업에 가깝다. 영어 '초콜릿chocolate'이 하와이어 '고콜레기kukuleka'

가 되고, 프랑스어 '쇼콜라chocolat'가 타히티어 '토토라totora'가 되는 현상을 얘기한다. 그럼 아내도 흥미롭게 듣는다. 진짜로 정말이다.

한반도 뭍도 떠난 적 없는 글로벌 촌놈이자 인터넷으로만 세계시민이었던 나는 2010년 11월 결혼을 계기로 드디어 비행기를 탔다. 이왕 딱 한 번 가는 신혼여행이니 화끈하게 유럽으로 두 달쯤 가자고 마음먹었다. 아내도 프리랜서라서 전적으로 동의했다. 여행을 다녀온다고 거래처에서 바로 일감을 조절해주는 건 아니었기에 신혼여행 앞뒤까지 치면 얼추 서너 달은 일이 없이 지낸 셈이지만 일없었다(괜찮았다). 지금도 가끔 농담 삼아 내 덕에 유럽여행도 길게 다녀온 거라고 아내에게 거들먹거리지만, 나처럼 꾸물대는 사람에게 그런 기회란 흔치 않기에 따지고 보면 여행을 다녀올 수 있던 건 아내 덕이다. 어쨌든 우리 둘 다 프리랜서이기에 가능했기도 하다.

처음 도착한 곳은 프랑스 파리. 시간은 이미 자정 너머 새벽으로 가고 있었다. 티켓 자판기에서 시내로 나가는 표를 사려다가 어쩐지 파리에 자주 올 것처럼 생긴 양복 차림의 남자에게 사용법을 물었다. 그는 우리가 부부사기단이 아니라 저 멀리 한국서 온 신혼부부라는 것을 알고는 경계를 늦추고 친절히 알려주면서, 순진한 표정은 범죄의 표적이 되니 낯선 사람은 믿지 말라는 충고도 곁들였다. 터키에서 출장 온 신사에게 회심의 터키어를 한마디 해 주었다. "테셰퀴레데림 Teşekkür ederim (고맙습니다)." 우리는 여전히 온라인을 통해 서로 연락하고 지낸다.

처음 현지에서 유럽 언어를 맛보며

수십 년 전부터 이민 노동자를 적극 수용한 유럽에서는 이방인이 자주 눈에 띈다. 물론 겉모습만으로 이방인이라 지레짐작하면 곤란하다. 실은 부모가 이민자라도 자식은 현지에서 태어난 경우도 이제 많기 때문이다. 파리에서는 들뜬 얼굴과 편한 차림새로 두리번거리는 유럽인 관광객만큼 시크한 옷차림과 표정으로 바쁜 발길을 옮기는 아랍, 아시아, 아프리카계 프랑스인도 많다.

룩셈부르크에서 묵었던 호텔의 주인장은 포르투갈 출신이었는데 호텔 식당에는 페르디난드 마젤란Fernão de Magalhães의 업적을 기리는 벽화도 그려져 있었다. 프랑스어, 독일어, 룩셈부르크어가 공용어인 이 나라에서 주인장과 포르투갈어로 농담 따먹기를 하는 시간이 꽤히 즐거웠다. 국제전화를 하러 '전화방'에 갔다가 만난 직원은 도미니카공화국 출신이라서 스페인어로도 떠들었다. 독일 트리어에 사는 한국인 번역가 친구에게 연락을 하려고 전화방에 간 것이었다.

번역가 모임에서 만난 그 친구는 독일인 남편과 결혼해 현지에서 아이도 둘 낳고 잘 살고 있었다. 두 부부 덕에 우리는 그 집에서 엿새 가까이 신세를 졌다. 한 이틀 묵고 갈 생각이었는데 킨구가 고맙게도 더 지내다 가랬다. 아직 기회가 오지 않았지만 언제고 그 신세를 꼭 갚아야겠다.

독일도 이민자가 많아 케밥집에서 터키어로 고맙다고 하면 슬쩍 미소를 보내 준다. 외국에서 또 다른 외국어 쓰기라는 이 작은 즐거움은 여러 곳에서 누릴 수 있었다. 이탈리아 북부 볼차노의 거리에 나이지리아에서 온 공예품 장수가 있었는데 물건보다는 사람에게 관심이 생겨서 독일어로 말을 걸었다. 볼차노는 오스트리아와 인접한 티롤 지방 도시로 독일어가 통하는 곳이고 난 이탈리아어보다 독일어가 더 편하다. 노점상은 처음에 움찔하더니 친절하게 응대했고, 우리는 북을 놓고 가격 흥정까지 하기에 이르렀다.

언어를 평생 책으로 배운 덕에 처음 맛보는 현지인의 다양한 억양과 발음은 나를 더욱 긴장시켰다. 한번은 바젤에서 길을 물었는데 스위스독일어 사투리에 귀를 쫑긋했지만 절반밖에 들리지 않았다. 다시 묻기가 민망해서 일단은 "고맙다" 하고 보냈는데 의외로 아내가 알아들었다며 자기만 믿으라고 했다. 아내는 영어는 잘해도 다른 유럽 언어는 인사말과 숫자 조금이 다이지만, 말하는 사람의 몸짓을 유심히 보더니 기차 안내 문구에서 익힌 '링크스links(왼쪽)', '레히츠rechts(오른쪽)'라는 독일어 단어를 쏙쏙 골라 알아들으면서 길을 파악한 것이다. 덕분에 우리는 맛있는 식당에서 배를 채울 수 있었다.

누군가와 말을 나눌 때 가장 중요한 건

사건은 이탈리아 베로나에서 벌어졌다. 베로나에 도착해 묵을 호텔을 찾으러 행인에게 길을 물었다. 영어를 잘 못 알아듣길래 이탈리아어로 했다. 난 그의 답을 절반쯤 알아듣고 대충 길을 나섰다. 아마 큰길을 건너라고 말했을 텐데, 오해하고 큰길을 쭉 따라갔다. 아내는 이 길이 아닌 것 같다며 고개를 갸우뚱했지만 난 괜히 굽히기 싫어 쭉 밀고 나갔다.

그랬더니 인도가 곧 사라졌다. 상식적으로도 길을 건너는 게 맞는데 그땐 혼이 비정상이었다. 백여 미터쯤 가니 정말 그 길은 걸어갈 만한 길이 아니었다. 이탈리아 운전자들은 곤경에 처한 여행자 따위는 아랑곳없이 쌩쌩 달리며 빵빵거리기만 했다. 가뜩이나 짐은 무겁고 아주 진땀이 났다. 길가에 비둘기 송장도 보였다.

아내까지 나 때문에 죽게 만들 순 없었다. 10분쯤 걸으니 표지판이 보였다. '공항 가는 길.' 다행히 별 탈 없이 걸어왔던 길을 되짚어 호텔을 찾았다. 진작 아내에게 이탈리아어의 왼쪽(시니스트라sinistra)과 오른쪽(데스트라destra)을 가르쳐 놓을걸. 물론 이것은 실수를 인정하기 싫은 자의 비겁한 변명이라는 것을 잘 안다.

사람과의 소통에서 가장 중요한 게 무엇일까? 내가 겪은 좌충우돌을 보면, 비록 외국어 실력이 내 모어인 한국어에 못 미쳐서도 그렇지만, 잘 들으려는 태도가 더 모자라서 그랬던 듯싶다. 손짓 발짓으로노 말이 통한나는 세 과짱이 아니있다. 나는 인이 지

아내라는 또 다른 우주

135

식을 바탕으로 정확하게만 분석하려다 제대로 이해도 못 했지만, 상대의 얼굴빛, 몸짓, 맥락과 상황을 종합했다면 오히려 더 잘 알아들었을 것이다.

한국인이든 외국인이든 우리는 모두 똑같이 동등한 사람이다. 단순히 외국어를 열심히 익히는 것만이 다가 아니고 상대를 두려워하거나 꺼리지 말고 품에 안는 것이 글로벌 시대에 걸맞은 태도가 아닐까? 상대방을 이해하려는 마음가짐에서 우리는 더 즐겁고 희망찬 세상을 만들 수 있을 것이다. 내가 그런 마음가짐을 잘 실천할 수 있을지는 미지수이지만.

부부 사이의 상호 교차 편집이란

남들과 견주면 내 딴에는 아내와 대화를 많이 나눈다고 생각하지만, 이것도 찬찬히 들여다보면 살짝 갸우뚱할 때도 있다. 내 말에 맞장구치는 사람으로 아내가 안성맞춤이라서 나 홀로 그저 멋대로 떠든다는 느낌이 들기도 한다. 부부 사이에 맞장구는 권고 사항은 된다고 할지라도 의무는 아니며 더군다나 강요할 수는 없다.

그래도 우리는 공감대가 많아서 다행이지만 내 생각대로만 편집해서 나 혼자만 보기 좋은 결과물을 내놓으면 곤란하다. 둘 사이에 오가는 생각과 말은 상호 교차 편집이 필요하다. 내가 뭔가 부적절한 발언을 하면 아내는 거부감을 드러낼 때도 있는데, 그러면 나는 왜 언론의 자유를 탄압하느냐고 투덜대지만 이게 바로 부부 사이에 필요한 편집 과정이 아닐까 싶다.

나는 아내와 대화를 나눌 때 주로 교정자 역할을 한다. 이를테면 아내가 장염腸炎[장: 념]을 [장염]으로 발음하면 지적도 하고, 境界[경계]와 警戒[경: 계]가 모음의 길이에 따라 구별되는 걸 아느냐고 묻기도 해서 이따금 아내의 성미를 돋운다. 건널목 앞에 설 때 아내는 어린 아들이 색깔을 헷갈릴지 모른다며 '초록불'이라 부르고, 나는 '파란불'이 표준어이며 한국어의 특징도 드러낸다고 맞선다. 물론 내가 무슨 편집증 환자처럼 사사건건 시비를 건다는 뜻은 아니니 오해는 금물이다. 가끔 그럴 뿐이다.

한편으로는 과연 내가 아내를 지적할 자격이 있는지 의문이다. 아내는 내 발음을 못 알아듣겠다고 할 때가 많기 때문이다. 남들보다는 아내랑 얘기할 때 내 발음이 헐렁한 게 사실이다. 그래도 일단 아내의 귀를 탓하는데, 가만 보면 내 어린 시절 어머니가 아버지의 말을 잘 못 알아들었을 때 나는 잘 알아들었던 것이다. 내가 아내보다 우리말 사투리들은 잘 알아듣지만, 아내가 나보다 영어는 더 잘 알아듣는 편이다.

신혼여행 때도 유럽 대륙만 돌아다녔고 영어권은 안 갔다. 딴 데서는 내가 어찌어찌 현지 언어를 쓰고 다니면서도 호텔에서는 아내에게 영어를 맡겼다. 그러니까 아무래도 모어보다는 외국어를 밀하기가 임이 틀기에 서로 배분을 한 셈인데, 요리사가 집에서 요리를 하지 않고 코미디언이 집에서 과묵하다는 얘기가 있지 않은가.

어쨌든 나에게 언어는 일이자 놀이이다 보니 막상 아내와 얘기할 때는 그만큼의 에너지가 안 나와서 혀가 풀리는 것이라고 변명을 쥐어짜 낸다. 아내는 어이없다는 눈빛으로 피식 웃지만 그럼 나는 껄껄 웃고 넘어간다. 역시 에너지의 효율적인 분배가 절실하다.

서로 언어가 아예 통하지 않는 사람들끼리는 그걸 알기 때문에 오히려 서로의 의도를 간파하고 진심을 전달하려 노력한다. 반면에 가족 간의 소통은 이미 서로를 언제나 잘 안다고 잘못 생각해서 어쩌면 더 어려울 수도 있다. 나도 이런 걸 머리로는 알지만 막상 몸이 안 따를 때가 많다.

상대와 말할 때는 눈을 뜨고 입과 귀를 열어야 하므로 언어는 머리로만 되는 게 아니다. 나도 자식이기만 했을 때는 가족의 의사소통을 수동적으로 생각했다. 아내와 아들이 있으니 이제는 능동적으로 행동해야 한다는 걸 잘 안다.

서로의 우주를 인정한다는 것

우리는 부부 싸움을 거의 하지 않는 편인데 양말, 치약, 변기 뚜껑 등이 싸움의 주요한 불씨가 된다는 주위의 얘길 들으면 도

통 이해가 안 된다. 비록 싸움이라는 게 대개 매우 사소한 데서 불붙기는 해도 우리 둘은 허용 범위가 적당히 넓다. 시도 때도 없이 화르륵 발화發火하기보다는 호로록 차 한잔하며 발화發話하기를 택한다.

그렇지만 아내는 내가 무슨 책만 펼치면 오역, 오류, 오타, 오기 따위를 잡아낸다고 약간 부풀려서 나를 헐뜯는 경우가 있다. 그나마 우리 둘 다 번역을 하고 언어를 다루는 사람이라 웬만하면 나의 지적에 아내도 공감한다.

나는 아내에게 내 글이나 번역을 살펴봐 달라고 왕왕 부탁한다. 중이 제 머리 못 깎듯이 자기 글에 묻은 티는 잘 안 보이게 마련이다. 그럴 때면 의견 충돌도 생기는데 내 고집대로 밀어붙일 때도 있지만 한 박자 쉬고 다시 살펴보면 아내가 짚어 준 것이 옳을 때도 많다.

남들은 우리 부부가 번역가이다 보니 아들도 영어를 잘할 테고 공부도 열심히 시키지 않겠느냐 하는데, 나도 아내도 공부를 강요받으며 자라지 않았듯이 아들에게 공부를 강요할 생각은 전혀 없다. 윤호가 열 살쯤 되면 번역 하청을 줘야겠다는 농담은 가끔 한다. 정말 농담이다.

이제 윤호는 세 돌인데 유튜브 등으로 익힌 ABC 노래를 부르고 산수 공부도 하는 걸 보면 마냥 기특할 따름이다. 아빠를 닮아서 독학 스타일인가? 스스로 공부를 하겠다면 어지간한 정도까지는 밀어줄 생각이야 있다. 아내도 나랑 생각이 거의 비슷하지만 영어교육학 전공자답게 조금은 더 적극적으로 반응해 준다.

우리 집은 아내가 임신하고 아들을 출산한 후부터 지금까지 3년 반 남짓 나만 돈을 벌고 있다. 현재는 나 혼자 돈벌이에 집중하는 게 더 효율적이고, 아이랑 놀기와 집안일은 나도 그때그때 맡으면 되기 때문이다. 아내는 취미 활동 및 운동으로 잠시 외출하는데 그 시간에 내가 좀 더 놀아 준다. 물론 내내 아들이 날 붙들고 있는 건 아니고, 내가 얼마큼 놀아 주면 "아빠 이제 일하러 가."라며 혼자만의 시간을 갖는다. 아들이 다섯 살(만 네 살)이 되는 내년부터 유치원을 보내면 아내도 일을 재개할 예정이다.

번역이라는 업도 그렇고 자기관리나 자기억제도 내 일면일 뿐이지 본질이랄 수는 없을 것이다. 앞서 나의 셀프컨트롤에 관해 말했지만, 나는 딱딱 스케줄대로 살지도 않고 일이 아닌 생활에선 계획도 거의 하지 않는 편이다. 스스로를 제어하며 얻을 만한 장점을 내 공부나 일에 적당히 응용한다고 말할 수는 있겠다.

나의 이런 면에 비교적 호응을 잘해주는 아내 덕분에 생기는 상승효과도 있다. 우리는 각자의 방식으로 자기관리를 할지는 몰라도 서로를 통제하려 들지는 않는다. 나와 아내는 가족이라는 대우주 안에서 함께 살지만, 서로의 소우주를 인정해서 그런지도 모르겠다. 언어가 내게는 '드넓은 우주'인 것처럼 아내도 나에겐 '또 다른 우주'와 마찬가지다. 그 우주의 항해 또한 즐겁고 유쾌해서 다행이다. 아내도 내 우주에서 그렇게 느끼기를 바랄 뿐이다.

4

세례명과 양복

30대 초반까지 종교를 바라보는 내 관점은 무관심 및 무시였다. 종교를 믿는 가족도 없고 친척에게 종교를 강요받은 적도 없다. 고등학교는 미션스쿨이었지만 입시가 최우선이니 믿으라는 강요는 없었고, 일주일에 한 번 있는 채플 시간에 대충 뒤쪽 구석쯤에 앉아서 졸다가 오면 그만이었다.

열성적인 극소수는 통성기도도 했는데 그게 좀 우스꽝스러워 보이긴 했지만 그런 친구들한테 별다른 느낌은 없었다. 이렇듯 종교가 내 인생이나 일상에 방해가 된 적은 없다. 방해가 된 적은 없지만, 반감은 갖고 있었던 것 같다.

그러니까 나의 반감은 유럽의 식민주의자들이 벌인 악행을 비롯하여, 특히 유일신교가 인류에 끼친 해악과 비이성적 신앙의 측면을 따진 관념적 반감이었다. 종교와 미신도 딱히 구별하지 않았다. 그러다가 30대 중반이 넘어가면서는 종교에 대해 반감이 줄고 무관심이 더 커졌다. 비교적 최근이라 할 수 있는 40대 중반부터는 종교가 좋든 나쁘든 인간과 뗄 수 없는 관계임을 인정하게 되었다. 종교 자체도 웬만하면 인간사를 결정하는 하나의 양상으로 바라볼 뿐이다. 종교를 단순한 비이성으로만 환원했던 내 생각도 단편적이었음을 이제는 안다.

내가 가톨릭 신자로 등록되어 있는 이유

친하거나 잘 아는 사이가 아니면 대화 주제로 정치와 종교는 피하라고들 한다. 나도 적당히는 동의하는 편이다. 저런 주제가 나왔을 때 차분하고 깊은 토론이 된다기보다는 격렬한 감정싸움으로 번질 가능성이 훨씬 높기 때문이다.

종교와 정치는 그만큼 격정적이다. 물론 그게 꼭 나쁜 건 아니다. 사람이 열정도 있어야지. 근데 적당한 선에서 멈추지 못하고 폭주하는 경우도 많으니까 탈이 날 뿐이다.

어쨌든 난 평생 종교를 가진 적이 없고 노인이 돼서도 그러지 않을 것이다. 나이가 들면 많이들 종교에 빠지곤 하는데 특별한 깨달음이나 탐구심이 생기지 않는 한 그냥 '늙었으니까' 가벼이 종교를 갖는 일은 없도록 스스로 다잡을 것이다. 다만 인간의 속성이자 인류의 문화와 역사로서 종교를 좀 더 깊이 공부할 생각은 있다.

그렇지만 아마 통계상으로는 나도 신자로 잡힐 것이다. 가톨릭 신자인 아내와 결혼하려고 세례를 받긴 했기 때문이다. 내가 극단적 무신론자였다면 세례도 받지 않았을 텐데, 종교를 믿거나 신을 섬기는 게 귀찮을 뿐이라 세례라는 행위에 큰 의미를 두진 않았다.

나는 누구를 섬긴다는 마음이 없다. 정치인이든 연예인이든 팬의 마음을 가진 적도 없다. 형식적으로라도 종교의 문턱을 넘으려니 역시 귀찮음이 가장 큰 문제였다. 수업도 듣고 시험도 봐야 하는데 바쁘다고 몇 번 빠져 턱걸이로 겨우 넘길 수 있었다. 이해심 많은 아내는 내가 '극렬 귀차니스트'라 성당 다닐 생각이 아예 없다는 걸 알기에 우리 사이에 종교 문제는 거의 없다.

아무튼 결혼을 위하여 세례를 받으려면 일단 세례명을 지어야 했다. 정확히 말하면 세례명은 짓는 게 아니라 고르는 것인데, 스스로 고를 수 있다는 게 마음에 들었다. 사실 이름이란 평생 불리는 나만의 것인데 정작 내 의견이 반영되기는 불가능한 구조니 말이다.

구글 번역에 '신견식'을 쳤더니

여기서 나의 이름 이야기를 잠시 해보고 싶다. 내 이름 '견식'은 매우 드물다보니 '신견식'이런 동명이인은 거의 없다. 왕왕 신건

식, 신경식, 신겹식, 신격식, 심견식 따위로 잘못 불리거나 적힐 때가 있는데, 한번은 온라인서점에서 '식견식'으로 없는 성까지 붙여서 잘못 나오기도 했다.

지금이야 특이하고 희귀한 이름을 마음에 들어 하는 편이지만, 중학교 때는 잠시 싫었던 적도 있었다. 이제 겨우 한자를 좀 알게 된 녀석들이 '堅植'(굳을 견, 심을 식)은 잘 모르니까 '犬食'(개 견, 밥 식)으로 장난질을 쳤던 탓이다. 이에 울분을 품고 한자 명찰을 달려는 대책도 세웠으나 교칙에 어긋나서 수포로 돌아갔다. 물론 잠깐의 해프닝이었고, 고등학교를 들어가니 그런 유치한 이름 놀림은 없어졌다.

나는 때때로 구글 번역에 사람 이름을 넣은 뒤 뭐라고 나오는지 보면서 놀기도 한다. 신견식申堅植은 그간 구글 번역에서 '新見識'으로 풀이해 'new insight'로 잘 나오더니 언젠가부터는 사전에도 없는 말인 '犬食'으로 풀어 'dog food'로 나오는 천인공노할 사태가 벌어졌다. '신 견식'으로 띄어 쓰면 '神'으로만 풀이해 'gods'만 나오고, 붙여 쓰면 '견식'만 'insight' 대신에 'dog food'로 풀이하기 때문이다.

구글 번역이 요새 뭔가 시원찮더니 이렇게 뒤통수를 후려갈길 줄이야. 잘하면 'god'이 되겠지만 자칫하면 뒤집혀 'dog'이 될지도 모르니 겸허하게 살라는 뜻으로 받아들이겠다. 사람도 공부하다가 슬럼프에 빠지듯 구글 번역도 너무 '딥deep'하게 '러닝learning'하다가 진창에 푹 빠졌나 보다. 하루빨리 스스로 빠져나와 더더욱 잘 자라길 빌겠다. 어쨌든 결국 속도보다 방향이 중요하다는 게 여기서도 잘 드러난다. 공부를 제대로 안 하면 구글처럼 엉뚱한 답을 내놓을 테니 조심해야겠다고 반면교사로 삼자.

아, 그런데 최근에는 내 바람을 전해 들었는지 '신견식'이 'A new ceremony'로 번역된다. 역시 구글 번역은 얕잡아봐서는 안 될 녀석이다. 사람의 마음까지도 읽는 것 아닌가. 조금 놀랍긴 하지만 물론 이 정도 가지고 '구글느님'으로 숭배하지는 않을 것이다. 숭배는 내 체질과 맞지 않는다.

내가 '헤르메네길드'를 선택한 이유

유행에 따라 달라지지만 어느 나라든 인기 있는 이름들이 따로 있다. 그래서 같은 세대에서는 엇비슷한 이름들이 넘쳐나기도 한다. 예컨대 여자의 경우 1940~1950년대생은 옥자, 미자 등 일본의 영향으로 '자子 돌림' 이름이 많은 반면, 1990년대에 들어오면 수진, 지혜 등의 이름이 상위권을 차지한다. 최근에는 성별을 가늠할 수 없는 중성적인 이름을 짓거나 외국에서도 쓰기 좋도록 받침 없는 이름을 짓는 게 유행이다.

왜 이렇게 다들 비슷한 이름을 지을까. 아마 비슷한 이름들 사이에 묻어가면 안전한 반면, 너무 튈 경우 특히 어릴 때는 괜히 이름 덕에 불필요한 주목과 놀림을 받을 수 있기 때문인 것 같다.

재미 교포 남자 이름으로 '존'이나 '폴'이 대세였던 것도 그런 이유 같은데, 한국 이름을 그대로 쓰면 그쪽에서 발음을 제대로 할 사람도 없으니 적당히 빨리 동화되는 시늉이라도 할 만한 게 그런 이름들 아니었을까. 이름 자체보다는 이름을 가진 사람이 무엇이 되느냐가 사실은 더 중요하다.

그렇기는 해도 부모나 조부모가 지어주는 이름과 달리 어른이 돼서 능동적으로 세례명을 선택하는 장점은 한껏 누려볼 만하다. 일단 '요한'이나 '바울' 같이 너무 흔한 이름은 안중에 없었다. 그래서 처음 생각한 게 '예로니모'였다. 나도 번역을 하니까 성경을 처음 라틴어로 옮긴 예로니모 Hieronymus (히에로니무스)의 이름을 따도 좋을 법했다. 근데 예로니모도 비교적 흔한 이름이라 다른 후보군을 궁리해 봤다.

그러다 눈에 딱 띈 게 바로 헤르메네길드였다. 아니, 이탈리아 사치품 브랜드 '에르메네질도 제냐 Ermenegildo Zegna'의 이름과 같은 어원이 아닌가. 내 비록 사치품을 사들이는 데 큰 관심은 없지만 이름만은 왠지 그럴싸해 보이는 효과를 준다. 게다가 내가 좋아하는 게르만 스타일의 이름이다.

게르만식 이름은 두 개의 어근으로 구성되는 경우가 많다. Albert, Gilbert, Herbert, Robert 등의 '-bert'는 밝음(영어 'bright') 을 뜻하고 Edgar, Edward, Edwin 등의 'ed-'는 풍요(아이슬란드어 'auður')를 뜻한다. 헤르메네길드 Hermenegild의 어원인 원시게르만어 (*ermunaz+geldą)의 뜻은 '막대한 재물·보물·공물'이다. 후자는 독일어 '겔트Geld(돈)'와 뿌리가 같다. 번역보다는 돈을 택하겠다는 나의 잠재의식이 반영된 것일까?

물론, 꼭 그래서 이 이름을 고른 것은 아니다. 얼추 5세기에서 7세기까지 서고트족, 동고트족, 수에비족, 부르군트족, 반달족 등 남유럽을 다스리던 게르만족 상당수는 이단으로 간주되던 기독교 일파인 아리우스파를 따랐다. 히스파니아(현 스페인) 서고트왕국 리우비길드Liuvigild 왕의 아들인 헤르메네길드(564~585)는 아리우스파를 거부하며 순교했다.

헤르메네길드가 죽고 4년 뒤인 589년 제3차 톨레도 공의회에서 서고트왕국은 가톨릭으로 개종한다. 그의 순교가 분명히 영향을 미치긴 했으나 정작 본국 스페인에서는 반역자 이미지 탓에 정치적으로 껄끄러워 한동안 그의 이름을 입 밖에 내지 못했다. 그가 제대로 성인 대접을 받은 것은 그로부터 몇 세기가 지나고의 일이다. 그러니까 이 이름을 고른 것은 헤르메네길드가 아리우스파를 가톨릭으로 바꿨듯 나도 세상을 바꾸겠다는…. 물론 진지한 생각은 아니었기에 아내는 우스갯소리로 일축했을 뿐이다.

헤르메네길드가 명품 양복을 입는다면

보통의 성명처럼 세례명도 인기 높은 몇몇 이름에 수요가 몰린다. 그렇다 보니 천주교 신자들이 내 세례명을 마주치던 내부분

생전 처음 들어본다는 반응이다. 한국 천주교 홈페이지catholic.or.kr
에 나오는 성인 목록만 해도 6331명. 모두가 세례명으로 쓰이지는
않으니 사람들이 못 들어 본 이름이 더 많을 수밖에 없다.

내 세례명과도 관계가 깊은 남자 이름 에르메네힐도Hermene-
gildo와 여자 이름 에르메네힐다Hermenegilda도 스페인에서는 이제
다소 드물어, 특히 어린 사람 중에서는 거의 없다. 2018년 스페
인(인구 약 4600만) 통계청 자료에 따르면 남녀별 이름 1위는 안토
니오Antonio(67만 8425명, 평균 55.9세)와 마리아 카르멘María Carmen
(65만 6276명, 평균 57세)이다. 요새는 영어 이선Ethan에서 유래한 이
산Izan(2만 5850명, 평균 7.1세) 같은 이름이 인기가 많다.

에르메네힐도는 2254명(평균 64.8세), 에르메네힐다는 820명(평
균 71.6세)밖에 안 된다. 스페인보다는 중남미 일부 나라에서 좀
더 많이 쓰는 듯한데, 역시 여기서도 현재 인기가 높은 이름은 아
니다. 딱히 유행을 따르지 않는 나로서는 물론 별로 상관없다. 세
례 당일 신부가 내 세례명을 부르는데 이게 좀 낯선 이름이다 보
니 두어 번 더듬거렸다. 살짝 웃음이 나오려 했지만 엄숙한 자리
라서 참았다.

결혼식 날, 나는 '에르메네질도 제냐' 대신 '조르조 아르마니
Giorgio Armani' 양복을 입었다. 둘 다 비싸지만 그나마 그게 조금
더 값쌌던 거 같다. 사실 집에서 일을 하다 보니 외출도 드물고
정장 입을 행사도 별로 없어서 결혼 후 9년 남짓 동안 많아야 네
댓 번밖에 이 양복을 입지 않았다. 언제 양복을 새롭게 장만할 일

이 있을지 모르지만, 다음번엔 '헤르메네길드'라는 세례명을 가진 이로서 에르메네질도 제냐를 입어보고 싶다는 바람을 적어둔다.

5

노키즈존을 생각하다

아이가 태어나기 전에는 노키즈존에 별다른 생각이 없었다. 원래 어린아이를 딱히 좋아하는 편은 아니라서 큰 관심이 없었으니 노키즈존 논란도 남의 일일 뿐이었다. 그런데 2017년에 아이가 생기니 아무래도 조금 더 신경이 쓰이게 되었다.

아이가 걸음마를 떼기 전엔 너무 어리다 보니 데리고서 가게나 식당에 자주 가지는 않았기 때문에 직접 부딪치는 문제는 거의 없겠다 싶었다. 그런데 유모차를 밀고 가다가 괜찮아 보이는 카페를 뒤로하고 돌아온 날도 있었다.

나도 경험의 지배를 받는 어쩔 수 없는 인간이다. 물론 꼭 내게 자식이 생겼다는 그 사실 때문만은 아닐 것이다. 사람마다 조금씩 차이는 있겠으나, 나도 젊을 때는 앞가림에만 급급하다가 인생 경력이 쌓이면서 주위도 둘러보고 멀리 내다봐야 한다는 걸 조금은 깨달았다.

아들은 이제 잘 걸으므로 유모차는 보조적인 수단이고, 막상 내게 노키즈존이 말썽을 빚은 적은 드물다. 이런저런 사회적 논란이야 아직 진행 중인데 노키즈존 현상이 유독 한국에서 심한 것도 참 특이하다. 세계에서 가장 낮은 출산율을 그대로 반영한다고 봐야겠다.

그런데 'no-kids zone'은 영어권에서 거의 안 쓰고 일본식 영어도 아니므로 '노키즈(존)'은 일종의 순수한 콩글리시다. 구글에서 no-kids zone으로 검색하면 대부분 한국 관련 기사가 나온다. 영어에 그런 개념이 없는 건 아니고, 보통 'child-free zone(아이 없는 구역)'이라고 주로 부른다. 웹 검색 결과로 보면 한국어 '노키즈존'이 월등히 가장 많고 콩글리시 'no-kids zone'이 영어 'child-free zone'보다도 많다.

아기와 함께 '싱얼롱'을 하는 일

외래어를 쓰던 이유는 여러 가지가 있다. 자국어에 없던 개념이나 사물이라면 외래어가 필수재 구실을 한다. 이와 달리 사치재성 외래어는 과시와 더불어 은폐 및 완화 효과도 지닌다. '아동·어린이 출입금지'는 좀 길기도 하지만 뜻이 너무 선명한데, '노키즈'는 그런 느낌을 숨기고 누그러뜨린다. '차일드프리'는 실고 '프리'의 뜻은 여럿인 반면, '노키즈'는 짧고 뜻도 헷갈리지 않는다. 'child-free'라는 영어 외래어를 많이 쓰는 언어로는 이탈리아어를 꼽을 수 있다. 이탈리아도 출산율은 세계 최하위권이다.

2018년은 영화 〈보헤미안 랩소디〉가 큰 인기를 끌었던 한 해다. 퀸의 노래를 '떼창'하는 싱얼롱 상영관도 우후죽순 생겨났다. 그런데 〈보헤미안 랩소디〉의 싱얼롱 상영관에 아이를 데려온 가족을 내쫓아 놓고 홀가분하게 노래를 따라 불렀다는 사람이 나왔다. 물론 다들 알 만한 이유로 욕도 먹고 공감도 얻었다. 함께 노래를 부르는 극장의 분위기가 어땠는지는 몰라도 굳이 누군가를 내쫓은 다음에 그걸 또 자랑스럽게 떠벌릴 필요까지 있었는지는 좀 의문이다.

어쨌든 나도 아기가 세 돌을 갓 지났으니 아내랑 영화를 본 지가 거의 4년이 넘는다. 아내랑 극장에 가서 영화를 볼 일은 당분간은 요원한데, 영화관에 가지 않는다고 어떻게 되는 것도 아니고 뭐 그러려니 한다.

그런데 그런 생각도 들었다. 싱얼롱 상영관도 있는 마당에 아기나 아이가 칭얼대도 괜찮은 '칭얼롱 상영관'도 있으면 좋지 않을까. 이 말을 하니까 롯데시네마에 가끔씩 그런 행사가 있다고 아내가 알려주었는데, 한번 가보고 싶기도 하지만 과연 언제 갈지는 잘 모르겠다. 한 십 년쯤 뒤에 내 세대의 대표적 밴드라 할 만한 너바나 또는 오아시스 주인공의 영화가 나오면 그때는 아이가 초등학생이 되니까 데려가도 되려나?

언젠가 아기를 무릎에 앉혀 놓고 컴퓨터에서 나오는 오아시스 노래를 내가 따라 부르니 적어도 한 세 곡까진 잘 들어 줬다. 극적인 걸로 치면 너바나가 낫겠고, 노래 부르기는 오아시스가 나은 듯하다. 〈보헤미안 랩소디〉를 통해 퀸에 빠져들었던 요즘 젊은 사람들처럼, 내 아기도 자라나서 너바나와 오아시스를 좋아하길 슬쩍 기대하게 된다.

그런데 싱얼롱 sing along 을 'sing a long' 아니면 설마 'singer long'으로 분석했는지, 싱얼롱 대신 싱어롱으로 표기하는 경우가 더 많다. '싱어'는 멸칫과의 바닷물고기이다. 그리고 어롱魚籠은 물고기를 잡아서 담아 두는 작은 바구니다. 말하자면 '싱어롱'은 싱어를 잡아서 담아 두는 작은 바구니인 셈이다. 그렇다면 어부들이 부르는 멸치잡이 노래가 싱어롱이 되었다고 봐야겠다. 이 우스개를 슬쩍 갖다 붙인다면, 여럿이 어우렁더우렁 부르는 노래, 즉 '떼창'에는 표기법에 맞는 '싱얼롱'보다 표기법엔 맞지 않지만 힘찬 노동요의 느낌이 담긴 '싱어롱'이 더 어울리는 셈이다.

No, Kids are Koreans' ID

2019년에는 〈겨울왕국2〉 상영관에 노키즈존을 만들어 달라는 정신없는 요구가 있었고, 이 요구의 찬반을 묻는 어이없는 투표가 어느 중앙 일산시의 SNS 채널에서 신행됐다. 어저구니없게도 7대 3으로 찬성이 많았다. 이 소식이 알려지면서 반대 의견이 조금 높아져 그나마 이 정도로 나왔다. 역시 세계 최저 출산율을 자랑하고 노키즈존 개념이 세계 최초로 만들어져 가장 활성화된 나라답다.

아이들을 위한 영화, 〈겨울왕국2〉의 노키즈존이라니 과연 음미해볼 만한 역설적인 반응이다. 나는 이러한 웃픈 현실 앞에서 '아나그램anagram' 생각이 났다. 'listen/silent', 'stressed/desserts', 'dormitory/dirty room'처럼 글자 순서를 바꾸면 유의어, 반의어 또는 색다르게 연결되는 말이 나오는 것을 아나그램이라 한다.

No Kids are
Koreans' ID

문득 이런 말이 떠올랐다. 여기서 ID는 아이디(정체성/주민증) 및 프로이트 심리학 용어 '이드id(원초아)' 둘 다 해당된다. '노키즈' 가 한국인의 정체성이자 이드이며, 한국인의 정체성/주민증을 가질 아이가 없고 한국인 정신의 밑바닥에 아이들의 자리가 없다는 것이다. 뭐 하나에 꽂히면 갈 데까지 가는 사람이 가득한 한국은 늘 유행의 최첨단을 걷기에 고령화와 노키즈화도 서구와 일본을 제쳐 세계에서 가장 빠르다.

No, Kids are

Koreans' ID

그런데 위의 말에 쉼표 하나만 찍으면 뜻이 정반대로 뒤바뀐다. 한국인의 ID는 아이들이며, 바로 아이들이야말로 우리의 가장 중요한 정체성이라는 뜻이 된 것이다. 갈 데까지 가다가 '쉴 데'와 '쉴 때'를 놓치기 십상인 많은 한국인의 삶에 쉼표가 언제 찍힐지 자못 궁금하다.

노키즈존 문제는 업주, 아이 부모, 불만 가진 손님 가운데 그 누구 하나만 손가락질한다고 간단히 해결되지는 않을 것이다. 한국의 여가 문화, 낮은 출산율, 비교적 높은 자영업자 비율 등과도 관계가 있을 테니 꽤나 복잡하다. 내 아이 키우기도 힘드니 남의 애까지 봐줄 겨를이 없는 것도 이해는 된다.

그래도 아이를 그냥 내치기만 할 게 아니라 잘 어르는 게 참다운 어른 아닐까? 언젠가 'child-free'가 '아이 없는'이 아니라 '아이는 공짜'나 '아이가 자유로운'으로 풀이되는 때가 왔으면 좋겠다고 아이 같은 바람을 품어본다.

덧붙이는 말: 대개의 매체를 비롯해 일반적으로 '노키즈존'은 붙여 쓰는데, 이 단어는 아직 국어사전에 없는 말이다. 2016년 9월 21일 국립국어원 말다듬기위원회 회의에서는 '노 키즈 존'을 '어린이 제한 구역'으로 '순화'하자는 의견을 낸 바 있으니 이 순화된

말은 아무도, 어디에서도 쓰지 않는다. 어쩌면 국립국어원의 의견은 '노키즈존'이라는 말도 쓰이지 않기를 바라는 깊은 속마음이 넌지시 담긴 제안이 아니었을까.

6

'꼰대'와 '라떼'

나이를 먹으면 입은 닫고 지갑은 열라는 말이 있다. 나이의 기준은 상대적일 텐데 저보다 젊거나 어린 사람 앞에서 '꼰대' 행세 말고 가만히 도와주라는 소리 같다.

나도 이제 40대 후반으로 나이가 많은 축에 들지만, 혼자 일을 하는 프리랜서라서 사실 꼰대 행세를 할 일이 별로 없다. 번역가들을 만나도 대개는 동료로 여길 뿐 굳이 선후배를 따지지도 않는다. 그래도 업계에 뛰어든 지 얼마 안 되는 번역가가 혹시라도 내 조언을 구한다면 어쩔 수 없이 입도 열고 지갑도 열면 될 것 같다.

지갑을 여는 일은 무엇을 가능케 하는가. 영어 '페이pay(돈을 내다·치르다)'의 원뜻(진정·만족시키다)은 라틴어 '파카레pacare(평정·조정하다)'에서 왔고, 이는 '팍스pax(평화)'의 파생어로 결국 평화롭게 만든다는 뜻이다. 돈을 내야 상대가 만족도 하고, 조정도 되고,

이래저래 평화로운 관계가 된다. 평화로움은 조용함도 뜻한다. 조용한 태도와 돈을 내는 행위는 이렇게 일맥상통한다.

하지만 이러자니 나이 먹으면 호구가 되라는 느낌도 드는 건 어쩔 수 없다. 영어 '텔 tell(말하다)'은 '텔러 teller(은행 창구직원)'에서 보이듯 옛말로 '셈하다'를 뜻하기도 했다. 독일어로 돈을 '치르다(zahlen)'와 '말하다(erzählen)'도 그 뿌리가 같다. '침묵'과 '지불' 가운데에서 하나만 대가로 치르는 쪽이 낫지 않을까? 입을 열려면 지갑을 열어라. 나이 먹은 사람은 입을 닫거나 지갑을 열라고 살짝 조정하면 젊든 늙든 모두 만족할 듯싶다.

'꼰대'의 어원에 관한 소고

꼰대는 어원이 불명확하다. 이 말의 기원은 주름 많은 번데기의 사투리 '꼰데기' 또는 늙은이의 상징인 '곰방대'라는 설이 있다. 그럴싸하지만 한번 달리 생각해 보자.

하멜 표류기로 유명한 네덜란드인 헨드릭 하멜은 1653년에서 1666년까지 조선에 억류당했다. 그런데 잘사는 네덜란드랑 견줘 보니 조선인들 사는 꼬락서니가 영 말이 아니었기에, 노력해 잘살라는 뜻으로 '너희도 할 수 있다, 난 할 수 있었다(익 꼰데 ik konde)'를 늘 입에 달고 살았다. 익 꼰데, 익 꼰데! 그래서 왕년에 난 할 수 있었으니 이제 너도 할 수 있다고 다그치는 꼰대라는 말이 나왔다!

'곰방대' 설과 더불어 꼰대가 프랑스어 'comte'에서 왔다는 뜬금없는 주장도 종종 먹히나 보다. 그러나 프랑스어 어말 'e'는 묵음이라 표기법상 '콩트[kɔ̃t]'가 되고 발음에 가깝게 적어 봐도 잘해야 '꽁뜨'이며 귀족인 '백작'을 뜻하니 '꼰대'와 별로 연관성이 없다. 발음만 따지면 차라리 스페인어 '꼰데conde', 이탈리아어 '꼰떼conte'가 낫지만 아무래도 한국어와 직접 접촉이 더 많은 프랑스어의 유래설이 좀 더 통용되는 듯하다.

어차피 이처럼 꽁트 같은 유래는 전혀 말이 안 되니, 말이 좀 덜 되지 않는 걸 갖다 붙여 보자. 중국어 '간데乾爹'는 '의부/대부'의 뜻인데 이 말의 광동어 발음 '꼰떼'는 '꼰대'와 더욱 비슷하다. 원래 '꼰대'가 뭘 가르치려 드는 '선생(교사)/늙은이/아버지'이니 의미적 연관성도 크다. 다만 아쉽게도 실제로 광동어는 '의부/대부'의 뜻으로 '카이예契爺'를 많이 쓴다.

'꼰대'는 1960년대부터 썼다는 설도 있으나 1970년대부터 널리 썼다. 한국의 중동 건설 붐이 1960년대 중반부터 시작해 70년대에 본격화된 걸로 보아 페르시아어 '곤데ﻛﻨﺪﻩ'와의 연관성도 무시하지 못하겠다. 이 말은 '큰/뚱뚱한'을 뜻한다. 글자는 같고 발음은 좀 다른 '간데ﻛﻨﺪﻩ'는 '썩은/더러운'을 뜻한다. 이 말을 쓰고 보니 '곯다'의 '곯은'에서 파생한 '곤달걀'도 떠오른다. 어쨌든 '꼰대'의 이미지와 비교적 잘 들어맞는다.

중국어(북경어·광동어)와 페르시아어 모두 일말의 가능성은 있으나, 그래도 영어만은 못하다. 꼰대란 말은 믿거나 말거나 영어로 '지나간 날'을 뜻하는 '곤 데이gone day'에서 왔을 가능성이 가장 크다고 이 연사 힘차게 외친다! 지난날을 그리워하며 과거의 잣대를 들이대는 '꼰대'와 이토록 잘 맞는 어원도 없다. 누구나 지난날은 있게 마련이다. 그러니까 시도 때도 없이 '나 때는 말이야'나 들먹이는 일 없이, 옛날을 잘 돌이키며 오늘날의 잣대로 갈아치울 줄도 아는 꼰대라면 그리 나쁘지 않을 것이다.

'라떼는 말이야'에 담긴 역설

꼰대의 대표적인 문구로 언급되는 '나 때는 말이야' 할 때의 '나 때'의 기준에 관해서 딱 정해진 건 없다. 초등학생이 유치원생을 보고 말할 수도 있고, 대학교 복학생이 신입생을 향해서 말할 수도 있으니까. 그러나 대개는 객관적으로 나이가 많은 꼰대가 일컫는 젊은 시절일 테니, 아주 길게 잡으면 서른아홉 살까지도 '나 때'로 볼 수 있겠다. 따라서 이 말은 적어도 쉰 살이 넘어야 어울릴 만하다. 한국어의 말장난 '라떼는 말이야'에 담긴 역설을 살펴보자.

라테(표기법) 및 라떼(민간 발음 및 표기)는 이탈리아어 'latte(젖, 우유)'가 궁극적 어원이지만, '라떼'는 카페라테caffè latte를 미국에서 'latte'로 줄여 부르기 시작하면서 여러 언어와 더불어 한국어에도 수입됐다. 카페라테를 뜻하는 'latte'는 영어권 사전에 1990년대 후반부터 나온다. 물론 이탈리아어 'latte'는 여전히 그냥 '젖/우유'일 뿐이고, 영어 'latte'에 해당하는 이탈리아어는 카페라테 caffellatte 또는 라테 마키아토 latte macchiato다.

1990년대까지만 해도 커피에 우유를 넣은 음료는 한국이든 미국이든 대개 영어 밀크 커피 milk coffee나 프랑스어 카페오레 café au lait라 주로 불렸고, 이탈리아어 카페라테 caffè latte는 좀 나중에 널리 퍼졌다. 게다가 한국에선 이즈음까지 한국식 화이트 커피 white coffee, 즉 '프림커피/믹스커피'를 주로들 마셨다.

그러다 2000년대 이후 스타벅스를 비롯한 커피전문점이 한국에 들어오면서 미국식 이탈리아어 'latte'도 바로 수입됐다. 2005년부터 슬슬 '라테/라떼'의 쓰임이 늘어 2010년대에 급증했고 이제는 카페라테보다도 그냥 라테/라떼라 자주 부르며 '녹차라테' 등 여러 변형도 많다. 신문에서도 현실 언어를 반영한 '라떼'라는 표기를 더 많이 쓴다.

젊음을 한 사람의 20대까지로 생각한다면 1970년대 초반생도 라떼를 잘 즐기지 못했고, 30대까지로 본다면 1960년대 후반생까지 라떼를 직접 향유할 수 있던 셈이다. 그렇지만 역시 누군가가 자신의 젊은 시절을 회고하는 건 20대 정도로 보는 게 적절하지 않나? 따라서 '나 때(라떼)는 말이야'는 '나 때'에 라떼를 마신 적 없는 사람이 쓸 때 오히려 역설적으로 어울리는 한국어의 묘미를 훨씬 풍긴다.

'꼰대'와 '라떼'

'나때는 말이야'는 흔히 'latte is horse'라는 콩글리시 아재개 그로도 표현되며, 이는 영어 문법에 좀 더 맞게 부정관사를 동반한 'latte is a horse'보다 훨씬 더 많이 사용된다. 한국인이 관사에 취약하다는 점도 드러나지만 따지고 보면 'latte is horse'가 꼭 틀린 말은 아니다. 어차피 말도 안 되는 말 가지고 말이 되는지를 따지는 게 말 같지 않지만, 이에 관해서도 한번 따져 보자.

일단 horse가 고유명사 Horse면 말이 된다. 그리고 horse가 낱말 자체를 가리킬 때, 즉 'latte' means 'horse'라면 latte is horse는 말이 된다. horse의 경우 젖, 가죽, 고기 따위를 가리키기도 하며, 이처럼 말젖/소젖, 말가죽/쇠가죽, 말고기/쇠고기 등을 따질 때는 관사를 안 쓴다. 예컨대 어떤 한국 프로의 영어 자막에서 말고기를 가리키는 대목에 'this is a horse'라고 나오는데 여기선 '말' 개체를 일컫는 게 아니므로 관사가 없어야 더 말이 된다.

'나 때는 말이야'를 다시 살펴보자. 여기서 '말이야'는 서술어가 아닌 군말이므로 'horse'를 가산명사 주격 보어로 굳이 간주할 필요가 없으니 부정관사를 안 써도 말이 된다. 이런 모든 점을 고려해 볼 때 '나 때는 말이야'는 'latte is horse'로 옮기는 것이 가장 한국적으로, 또 세계적으로 합리적이다. 어쨌든 꼰대가 안 되려면 '나 땐'을 강조하기보다는 'not then(그땐 아니고), but now(바로 지금이야)'를 외치며 과거에서 벗어나우!

어느 '꼰대스러운' 연례행사에 관하여

교수신문은 과거에서 아직 벗어나지 못하고 해마다 올해의 사자성어를 내놓는다. 언젠가부터 해괴하고 희귀한 말만 일부러 억지로 짜내서 내놓는 느낌이었는데, 가만 보니까 이유가 있다.

교수신문에서 각 분야의 교수들에게 사자성어를 추천받아 미리 몇 개를 찍어 놓고, 다른 교수들에게 설문을 보내 그 가운데 복수응답을 허용하는 식으로 고르라는 것이다. 그러니까 사전에도 없고 듣도 보도 못한 말이라도 뜻풀이가 함께 나올 테니, 나머지 교수들은 한 네댓 개나 예닐곱 개 가운데 한두 개쯤 고르면 되는 방식이었다.

2019년에 뽑힌 '공명지조共命之鳥' 역시 현재 일상에서 전혀 쓰는 말도 아닐뿐더러 과거에 썼던 용례도 찾기 힘들다. 게다가 '공명지조'는 산스크리트어 '지바지바카ज़ीवज़ीवक, Jīvajīvaka'의 한문 번역어이다. 이런 고유명사나 전문용어, 외국어 내지는 기껏해야 고어古語 따위로 분류될 말을 현대 사회상을 논할 때 쓴다는 게 말이 되는가. 과연 사회에 별 관심은 없으면서 시도 때도 없이 현학적 지식이나 자랑하고 싶어 안달난 늙은 교수에게나 딱 어울리는 연례행사에 지나지 않는다.

사실 웬만한 교수들도 이제 이런 짓을 싫어하는 것 같다. 공명지조共命之鳥가 '한 몸에 머리가 둘인 새'라는데, 사자성어 뽑기 같은 구태의연한 행사에 빛나는 비판적 의식도 없는 '교수'들이 이렇게 '유식한 대가리'와 '멍청한 대가리'를 하나씩 가졌다는 걸 그대로 드러내나 보다. 매번 이런 헛짓을 실어 주는 언론도 한심하기 이를 데 없는 공명지조겠고.

'올해'라는 시의성을 드러내려면 아무도 모르고 곰팡내 나는 사자성어보다는 다른 나라들처럼 올해의 단어·신어·유행어 등을 뽑는 게 훨씬 낫다(꼭 교수신문에서 할 일도 아니지만). 반드시 그해에 딱 생긴 말이 아니라도 그해를 풍미했으면 된다. 그런 의미에서 2019년에 걸맞은 올해의 유행어는 '라떼는 말이야'다. "나 때는 올해의 사자성어도 뽑았는데 요새 젊은 것들은 그런 것도 모른대." 이런 소리는 그분들의 골방에서만 들릴 테니 상관없다. 관둘 때가 한참 지난 사자성어 뽑기 연례행사는 제발 관두고 그럴 시간에 교수들도 외국어를 제대로 배웠으면 하는 마음이다.

꼰대는 역시 외국어부터 공부해야

외국어를 언제 배우는 게 좋은가? 어릴 때 외국어를 배워야 좋다는 얘기도 있지만, 발음 면에서는 그게 낫기야 해도 인지 및 학습 능력을 고려하면 나이 먹어서 배우는 게 훨씬 낫다. 그러니까 외국어 배우기는 나이와 무관한데 따지고 보면 나이 들수록 외국어를 배워야 한다.

나이를 먹으면 자극이 되는 배움과 경험이 줄다 보니 예전에

했던 소리 또 하고 계속하는 경향이 생긴다. 그래서 입을 닫고 지갑을 열라는데, 나이 들면 어느 정도는 지갑이 두둑해지겠지만 꼭 그렇진 않을 수도 있고, 형편이 어렵지 않더라도 지갑 열기가 싫을 수도 있다. 그렇다고 이야깃거리를 늘리기는 누구에게나 쉬운 일도 아니다. 그럼 했던 소리 또 하게 되는 거다. 지난해 써먹은 사자성어 올해 또 들먹이긴 민망하니 건너뛰고 이듬해 우려먹게 되는 것이다.

어차피 한 소리 또 할 바엔 외국어로 하는 게 낫다. 외국어도 여러 개를 할수록 한 소리 또 하는 느낌이 덜해지면서, 자신이 했던 소리가 여러 소리가 되는 기분 좋은 착각도 불러일으킨다. 외국어를 할 때의 긴장감으로 분비되는 아드레날린도 적당히 행복감을 높인다는 연구 결과가 있을 것도 같고…. (아님 말고.)

모어로 말할 땐 내용이 비슷하면 그 소리가 그 소리로 들리지만, 외국어는 어휘와 표현을 바꿔 말하면 또 여러 소리 같다. 어휘력과 표현력 향상에도 도움이 될 것이다. 나는 지금 'when I was young, a child, a teenager, in high school, in college, in my twenties, late thirties, early forties, mid-forties'를 괜히 입으로 읊조려 본다.

아래는 '내가 너만 했을 때' 또는 '네 나이 때'를 뜻하는 여러 언어의 표현이다. 각국 사람들을 만나 처음 얘기를 꺼낼 때 써먹으면 좋겠다.

'꼰대'와 '라떼'

일본어 : 俺がお前の年頃

중국어 : 我在你這個年紀的時候

영어 : when I was your age

독일어 : als ich in deinem Alter war

네덜란드어 : toen ik jouw leeftijd had

스웨덴어 : när jag var i din ålder

덴마크어 : da jeg var på din alder

아이슬란드어 : þegar ég var á þínum aldri

스페인어 : cuando tenía tu edad

포르투갈어 : quando eu tinha a sua idade

프랑스어 : quand j'avais ton âge

이탈리아어 : quando avevo la tua età

루마니아어 : când eram de vârsta ta

러시아어 : я в твоём возрасте

우크라이나어 : коли я був у твоєму віці

폴란드어 : gdy byłem w twoim wieku

체코어 : když jsem byl v tvém věku

세르비아어 : kad sam bio tvojih godina

불가리아어 : когато бях на твоите години

그리스어 : όταν ήμουν στην ηλικία σου

헝가리어 : mikor annyi idős voltam

핀란드어 : kun olin sinun ikäisesi

페르시아어: وقتى همسن تو بودم

아랍어: عندما كنت في سنّك

터키어: ben senin yaşındayken

인도네시아어: saat aku seusiamu

베트남어: hồi bằng tuổi cháu

물론 이 말을 꺼낸 다음에 할 말이 있어야 할 텐데, 여러 언어로 수많은 보기를 들려니 책 한 권으로 모자란다. 그 책을 쓰는 것은 내가 진정한 꼰대가 될 때까지로 미뤄야지.

7

나의 소소한 사치

나는 지금의 핸드폰을 13년째 쓰고 있다. 사람들을 만나면 종종 내 핸드폰을 보고 신기하다는 투로 얘기들을 한다. 그러다 보니 반소비주의를 일부러 티 내려고 그러는 게 아니냐는 장난스러운 의혹도 살짝 받은 적이 있다.

물론 나를 매우 잘 아는 사람이 던진 질문이었기에 무슨 뜻인지는 잘 아는데, 가만히 생각해 보면 일부러 하는 행위와 저절로 그리하는 행위의 경계도 좀 모호한 게 많다. 내가 적극적으로 환경운동 같은 걸 하지는 않지만 소비를 지양하는 나의 삶은 일종의 소극적 환경운동으로 여겨질 수도 있겠다.

내가 소비나 사치를 딱히 좋아하지 않는다는 얘기를 페이스북에라든가 사람들을 만날 때 가끔씩 하는 것도 사실이다. 그렇다고 남들보고 나를 본받으라는 식으로 얘기하진 않는다. 원래 누구한테 뭘 강요하는 스타일도 아니고, 돈도 쓸 만큼은 써야 경제가 굴러가니까 다들 적당히 알아서 하면 된다. 내 가족이 혹시라도 낭비를 일삼는다면 당연히 태클을 걸겠지만, 딱히 그러는 이가 없으니 그럴 일도 없다.

내가 소비를 잘 안 하는 건 그게 별로 재미없어서도 그렇지만, 내겐 도전의 의미와도 약간은 비슷하다. 남들은 에베레스트나 남극에 도전하고 나는 이런 분야에 도전한다(사실 나는 에베레스트는 딱히 갈 생각이 없으나, 남극이나 북극은 언젠가 가고픈 생각이 좀 있다).

나는 운동 삼아 나갈 때 말고는 외출을 별로 하지 않는다. 볼일이 있어서 나갈 때도 걸어서 삼사십 분쯤 걸리는 4km 이내의 거리라면 걸어갈 만하다고 생각하고 항상 걸어간다. 먼 길을 나갈 때도 꼭 우등고속버스를 골라 타지 않고 일반고속을 타는 정도인데, 이런 일이 내게 별로 대수롭지는 않다.

자동차는 없고 아이는 아직 어리다 보니 택시는 전보다 자주 타는 편이다. 그래 봐야 예전에는 택시를 거의 타지 않았으니 딱히 비교될 것도 없다. 커피랑 디저트(나는 '안주'에 착안해서 커피와 함께 하는 디저트를 '안커'로 부른다)가 나의 유일한 사치인 셈이다. 그리고 아들 장난감과 먹을 것을 딱히 엄청나게 아끼진 않는다. 어쨌든 핸드폰은 고장이 나지 않는 한 쓰는 것이고, 나는 주로 집에서만 작업하며 아이패드도 있으니까 스마트폰은 아직 별 필요를 느끼지 못할 뿐이다. 혹시라도 운이 좋으면 기네스북에 오를까도 싶은데, 그런 항목이 없다면 만들어 달라고 신청하면 되려나?

내가 누리는 언어의 사치

사치를 그리 즐기지 않는 내 습관은 어휘 안에서도 사치재에 속하는 외래어를 웬만해서는 섞어 쓰려고 하지 않는 태도와도 이어진다. 한국어에 해당하는 낱말이 있는데 굳이 외래어를 쓰지는 않는다는 것이다. 이게 좀 지나치다 보면 남들이 잘 안 쓰는 고유어를 일부러 골라서 쓰는 일로 나아가기도 한다.

한국어와 영어는 차용어 또는 외래어가 많은 축에 낀다. 그래서 각각 한자어나 라틴어(및 프랑스어)가 80프로가 넘는다는 낭설도 있지만, 이건 정말 100명 가운데 한 사람이 알까 말까 한 어려운 전문용어까지 탈탈 털어야 그렇고, 사용 빈도로 따지면 그런 외래 요소는 아무리 많이 잡아야 절반도 안 된다. 난 특수한 용어가 적은 소설이나 수필을 번역할 때 마음만 먹으면 한자어나 외래어 없이 비교적 자연스러운 고유어만으로도 상당 부분 채울 수 있다. 한자어나 고유어를 각각 알맞은 곳에 써야 하니 굳이 안 그럴 뿐이다.

번역할 때는 괜찮은 말을 찾으려고 끊임없이 사전을 뒤적이고 헤매는데, 보통은 잘 모를 듯한 낱말도 독자가 알아 두면 좋지 않을까 싶어 쓸 때가 있다. 첫 역서 『불안한 남자』에서는 스웨덴어 '탄드라드tandrad'를 '치열齒列' 대신 '잇바디'로 옮겼다. 첫 교정지에서 편집자가 두 잇바디 다 치열로 바꿨길래 하나는 맥락상 알아먹을 만하니 놔둬도 되지 않겠느냐 해서 되돌렸다. 스웨덴어 '탄

드라드'도 자주 쓰는 낱말이 아니므로 그런 면에서 '잇바디'가 더 어울릴 수도 있다.

사실 '잇바디'보다는 '잇바디돌김'이 더 널리 알려진 듯하다. 김이 자라는 모습이 잇몸에 박힌 치열 같다고 그런 이름이 붙었다. 잇바디라니 'it body'로 알 사람이 외려 더 많겠고 이빨과 관계있다고 알려주면 잇몸으로 오해들 할 듯싶다. 어원은 따로 있다.

바디: 베틀, 가마니틀, 방직기 따위에 딸린 기구의 하나. 베틀의 경우는 가늘고 얇은 대오리를 참빗살같이 세워, 두 끝을 앞뒤로 대오리를 대고 단단하게 실로 얽어 만든다. 살의 틈마다 날실을 꿰어서 베의 날을 고르며 북의 통로를 만들어 주고 씨실을 쳐서 베를 짜는 구실을 한다.

바디집: 바디를 끼우는 테. 홈이 있는 두 짝의 나무에 바디를 끼우고 양편 마구리에 바디집비녀를 꽂는다.

⹀⹀⹀⹀⹀⹀

||||||||||||

⹀⹀⹀⹀⹀⹀

얼추 위처럼 생겼는데 ⹀⹀가 바디집, ||||이 바디다. 바디집은 잇몸, 바디는 이가 죽 박힌 생김새가 잇바디와 비슷하다.

이 책에서 나는 '베틀에 북 나들듯'이라는 관용구도 썼다. 북은 베틀에서 날실의 틈으로 왔다 갔다 하면서 씨실을 푸는 기구로 베를 짜는 데 중요한 역할을 하며, 배 모양으로 생겼다. 내가 옮긴 건 '무엇무엇 사이를 베틀에 북 나들듯 왔다 갔다'(스웨덴어 'han åker som en skyttel mellan')라는 문장이었다. 영어 '셔틀shuttle'은 두 곳을 정기적으로 오가는 교통수단을 일컫고 베틀의 북도 뜻하는데, 이와 뿌리가 같은 스웨덴어 '쉬텔skyttel'도 딱 그런 뜻이다. 원문에는 '베틀'이 없지만 그냥 '북'만 나오면 헷갈릴까 봐 '베틀에 북'이라고 쓴 것이다.

한국어를 다루는 사람으로서 사라져 가는 내 모어의 어휘나 표현을 되살리고 싶은 일종의 사명감이 반영된 것이다. 그렇다고 해서 다른 번역가와 작가, 그 밖의 언어 전문가들보고 나를 따르라 강요할 생각은 없다. 언어를 풍성하게 만드는 게 꼭 그런 방식만 있는 것도 아니고, 사람마다 언어관도 다르며, 언어 공동체 안에서는 묵시적인 합의와 명시적인 합의가 균형을 이루면서 언어가 변화하기 때문이다.

그런데 이런 고유어 찾기는 어찌 보면 사치를 꺼리는 내 태도와 상반되는 구석도 있다. 마치 전통가옥이나 민속 공예품을 찾아 쓰는 것과도 닮았는데, 당대의 맥락에서는 그런 골동품이 오히려 비용이 더 드는 사치품일 수도 있다. 그렇다면 순우리말 찾아 쓰기는 내가 누리는 또 하나의 아주 작은 사치라고 해도 될 법하다.

슈톨렌을 먹는 즐거움

어휘적 사치재와 필수재는 시대와 환경에 따라 달라진다. 컴퓨터가 사치재였던 시대가 이미 지나갔듯이 '컴퓨터'도 이제 굳이 순화시킬 외래어는 아니다. 다언어 사회에서 여러 언어가 혼합하고 공존하는 것도 마찬가지다.

즉, 인도나 필리핀 사람이 힌디어나 타갈로그어에 영어를 섞어 쓰는 것과 한국인이 한국어에 영어를 섞어 쓰는 것은 다른 차원에서 봐야 한다. 특정 집단에서 쓰는 전문용어나 은어에 외국어나 외래어가 많다고 외부에서 일일이 구박할 필요도 없다. 그런 집단들이 일반 언중과 소통할 때 좀 더 많은 이가 알아들을 정제된 언어를 쓰면 된다.

언어 접촉이 있는 곳은 대개 이런저런 언어 혼합이 일어나는 반면, 콜롬비아 동남부의 브라질 접경 아마존 부족들은 여러 언어를 구사함에도 특별한 경우 말고는 자기 언어에 절대로 타 부족 언어를 섞지 않기에 매우 특이하다. 나의 기본적 태도도 이와 약간은 비슷하다.

물론 나는 '마인드 mind'라는 말도 쓴다. 하지만 '스탠스 stance'는 안 쓴다. '태도'나 '마음가짐'을 뜻하는 '마인드'는 콩글리시이므로(영어는 '마인드셋 mindset') 커피전문점 같은 보통의 커피숍에 가서 마시는 커피라면, '스탠스'는 그냥 영어이므로 호텔 커피숍에서 마시는 커피 느낌이라고 빗대면 약간은 비슷하지 않을까 싶다.

커피 이야기를 하니까 슈톨렌이 생각난다. 크리스마스 즈음 우리 집에서 누리는 소소한 사치로는 커피와 함께하는 성심당의 '슈톨렌Stollen'이 있다. 그간은 찾아가서 사 먹다가, 몇 해 전 이사 온 동네는 성심당에서 좀 멀다 보니 배달되는 액수로 이따금 빵을 시켜 먹는다. 슈톨렌은 독일서 크리스마스 때 먹는 빵이라 크리스마스 슈톨렌(독일어 '바이나흐츠슈톨렌Weihnachtsstollen')으로도 불리며 건과, 견과, 마르치판Marzipan(과자의 일종, 영어의 영향으로 '마지팬'으로도 불림) 들이 박힌다.

2010년 겨울에 신혼여행으로 유럽을 돌면서 독일어권 크리스마스시장Weihnachtsmarkt에서 글뤼바인Glühwein(프랑스어 뱅쇼vin chaud)과 함께 슈톨렌도 알게 된 이후로 크리스마스마다 슈톨렌을 즐기게 됐는데, 우연찮게 한국에도 2010년대부터 슈톨렌과 글뤼바인이 널리 알려지게 된 듯싶다. 네덜란드어 '스톨stol'도 비슷한 음식이고 역시 크리스마스 스톨('케르스트스톨kerststol')로도 불린다.

영어권에서도 프루트케이크fruitcake와 비슷한 슈톨렌은 좀 알려진 반면 바움쿠헨Baumkuchen은 잘 모른다. 바움쿠헨은 크리스마스 빵은 아니다. 이 빵을 자르면 나무 나이테 같은 꼴이라서 독일어 '바움Baum(나무)'+'쿠헨Kuchen(케이크)'이 어원이다. 어떤 영어 교육 관련 책을 보니 일본에서 일하는 영어권 출신 강사가 일본인들이 아무 외래어나 영어인 줄 알고 쓰는 경우가 많다면서 바움쿠헨バウムクーヘン을 먹자는데 못 알아들었다는 얘기가 나온다. 독일 빵 가운데 바움쿠헨은 유독 일본에서 인기가 많고, 한국에 알려진 것도 일본의 영향이 크다.

독일어 자막만 있는 어느 영국 드라마에서 바움쿠헨을 만들었다는 대목이 나오는데 아무리 되풀이해서 들어도 알아먹질 못했다. 알고 보니 '율 로그Yule log(크리스마스 통나무처럼 생긴 명절 케이크)'였다. 이 빵은 프랑스어권에서 먹는 '뷔슈 드 노엘Bûche de Noël(크리스마스 통나무, 한국서는 흔히 '부쉬 드 노엘' 또는 '노엘 케이크'로 불림)'과 비슷하다. 우리 가족 모두 빵을 좋아하니, 슈톨렌과 율 로그 또는 뷔슈 드 노엘과 함께하면 더욱 소담스러운 크리스마스가 될 것 같다.

'매트하다'라는 말을 쓸 일은 없겠지만

의식주는 내 주요 관심 분야가 아니다 보니 원문에 그런 게 나와서 번역하기 아리송할 때는 일단 아내에게 검증을 받는다. 일상에서 이제 흔히 쓰는 외래어라 하더라도 내가 별로 들어보지 못했으면 바꾸려 할 때도 많아 아내와 의견 충돌이 일어날 때도 있다. 물론 내가 모르는 일상 물품도 많은 게 당연하니, 정말 소수만 알 것 같은 낱말 말고는 웬만하면 아내 의견을 받아들이는 편이다.

패션 잡지 〈보그〉 특유의 문체를 가리키는 말을 들어본 적이 있는가. 외래어를 너무 지나치게 섞어서 많은 이에게 놀림 또는 비난을 받는 이른바 '보그XX체'도 쓰임새를 가려서 쓰면 적절할 때가 있다. 패션 잡지는 사치품을 많이 다루니 언어도 사치스럽게 쓰는 게 오히려 알맞다. 순화한답시고 외래어 대신 고유어를 고집하면 오히려 한복 차림에 에르메스 가방을 멘 듯 어색할 것이다.

'땡땡이'는 '물방울무늬'로, '마이'는 '재킷'으로 바꾸자는 일본어 패션 용어 순화 방송을 본 적이 있다. 방송은 언어순화에 비교적 민감한 편이라는 걸 이해는 하지만 땡땡이와 물방울무늬는 어감도 다른데 군이 일본어 어원이라고 바꿀 필요가 있을까도 싶다. 일본어 '마이'를 영어 '재킷'으로 바꾸는 것도 흔히 보이는 현상인데, 일본어와 친하면서도 동시에 거부하려는 한국인의 열등감과 우월감의 착종이라 좀 착잡하다. 줄무늬를 뜻하는 '단가라'는 단(계단)+가라(무늬)가 어원이라는데 처음 들어본 말이었다.

그런데 그 프로에서는 '단가라'만 '줄무늬'로 바꾸고 '클러치백'은 놔둬서 좀 우스꽝스러워 보였다. 그래서 아내에게 물어보니 클러치백은 흔히들 쓰는 말이라 한다. 뿌옇거나 광택이 없음을 뜻하는 'mat(te)'를 그냥 '매트하다'로 쓴다는 것도 알게 됐는데 아내에 따르면 이것도 흔히들 쓴단다. 내가 번역할 글에서 clutch(bag)이 나오면 눈물을 머금어 눈이 뿌예져도 '클러치백'으로 쓰겠지만 mat(te)가 나오면 '매트하다'로 쓸 일은 절대 없을 것이다. 패션 업계에서 영어, 프랑스어, 이탈리아어 등을 섞는 일은 세계 어디든 비슷하다. 다만 내가 〈보그〉지 기사를 번역할 일은 거의 없을 테니 보그XX체를 특별히 구사할 일도 없을 것이다.

나의 사치품, 마카롱의 유래

난 커피를 마실 때 마카롱을 곁들여 먹기도 한다. 아마 내가 부리는 소박하지만 가장 큰 사치에 속하지 않을까 싶다. 마카롱은 머랭을 주재료로 만드는 과자다. 프랑스어 '므랭그meringue'는 한국에선 영어의 영향으로 흔히 '머랭'이라고 쓴다.

마카롱이란 말은 역시 프랑스에서 온 것이다. 프랑스어 '마카롱macaron'은 영어 또는 프랑스어 '마카로니macaroni'(이탈리아어 '마케로니maccheroni')와도 어원이 같다. 스페인어 '마카론macarrón' 또한 마카로니를 뜻하며 같은 어원에서 온 말이다. 제과·제빵 전문용어인 프랑스어 '마카롱'과 영어 '매커룬macaroon'(독일어 '마크로네Makrone')은 종류가 다른 과자인데, 어원이 같더라도 나라나 지역마다 문화와 전통이 다르니 현재의 음식은 얼마든지 달라질 수가 있다.

그래서 영어권 일반인들도 매커룬과 마카롱을 헷갈리나 보다. 옥스퍼드 영어사전에도 2019년 12월에야 'macaron'이 실렸듯이 상당수 영어사전에도 아직 'macaron'이 없고 'macaroon'만 있다. 단순히 사전들만 보면 오히려 영어보다 한국어가 마카롱에 친숙한 셈인데, 무려 1976년 현문사에서 펴낸 『한국어대사전』에 이미 '마카롱'이 표제어로 오른 뒤로 쭉 여러 국어사전에 나온다. 2010년대 한국의 마카롱 열풍은 그때부터 예고됐을까?

언젠가 동네 산책을 하다가 입간판에 'macaron' 대신 'macarong'을, 게다가 친절하게도 복수 'macarongs'까지 쓴 카페에서 마카롱을 한번 사 봤다. 가게 임자가 철자를 몰라서였겠지만 왠지 스웨덴어처럼도 보였다. 독일어는 프랑스어 비모음을 영어 '-ng[ŋ]'처럼 발음하는데 스웨덴어는 아예 철자까지 '-ng[ŋ]'라 쓰기도 한다. 대개는 '쿠퐁 kupong(쿠폰)', '발콩 balkong(발코니)', '베통 betong(콘크리트)'처럼 들어온 지 꽤 돼서 정착된 외래어다.

즉, 'macarong'은 스웨덴어로도 틀린 말이다. 독일어 '마크로네'를 거쳐 들어온 '마크론 makron'이 스웨덴어로 마카롱을 뜻한다. 스웨덴어 '마크로네르 makaroner'는 마카로니를 뜻하기에 'makaron'이라는 철자는 거의 안 쓴다. 그런데 프랑스어 '마카롱'의 영향으로 스웨덴어도 마카롱을 'makarong'이라고 (잘못) 표기하는 경우가 왕왕 있다.

커피와 함께 '뚱카롱'을 먹으면서

아무튼 그 카페에서 산 마카롱은 그다지 맛있는 축은 아니었다. 아내는 마카롱 macaron의 철자를 틀린 것부터 꺼림칙했다고 말해 주었다. 하지만 '찌개'를 '찌게'로 잘못 쓴 식당이 더 맛있더라는 우스개도 있다. 하찮은 맞춤법보다는 맛 내는 법에 더 집중한다는 방증이다.

찌개야 한국 음식이지만 마카롱은 그렇지 않으니, 원어 철자도 모르면 솜씨가 없을 수밖에 없을까? 아니, 이제 한국인은 찌개만큼은 아니더라도 마카롱을 꽤 많이 먹는 편이니 'macarong'이나 'makarong'이라는 철자를 써도 맛있는 집일지 모르겠다.

슬슬 당당한 한과의 일종으로 발돋움하고 있는 뚱뚱한 마카롱을 일컫는 '뚱카롱'을 처음 봤을 때는 국적불명 마카롱 변종을 깎아내리는 '똥카롱'인 줄로 알았다. 실은 '똥배'도 똥을 잔뜩 실은 배가 아니라 뚱뚱(뚱뚱/퉁퉁/통통)한 배를 뜻하므로 '똥카롱'이라고 불렀어도 '뚱뚱한 마카롱'이라는 어원을 갖다 붙였을 수는 있겠지만 오해의 소지가 있었을 것이고, 어쨌든 지금처럼 '뚱카롱'이라 불리는 게 맞을 것이다.

영어로는 '마카롱 macaron'에 '팻 fat'을 붙여 '팻카롱 fatcaron'이라 해도 되겠고, 어떤 프랑스 제빵사의 말대로 프랑스어 '오 haut(높다)'를 뒤에 붙여 '마카로 macarhaut'도 되겠고, 옆으로 누이면 길어지니 영어 '마칼롱 macalong'도 되겠다. 아무튼 뚱카롱은 maca'wrong'이 아니다. 텅스텐 tungsten, 重石(무거운 돌)의 어원인 스웨덴어 '퉁 tung(무겁다)'을 붙여서 '퉁카롱 tungcaron'이라고 하면 더욱 국제적이면서 과학적(?)인 느낌도 날 것이다.

이런 말을 하다 보니 필리핀의 세부아노어까지 생각이 미친다. 세부아노어의 동사 어근 '툭캇 tugkad'에서 나온 '퉁카론 tungkaron'은 '가늠하다/헤아리다'를 뜻하는데, 뚱카롱이 과연 얼마나 뚱뚱해지고 무거워지고 길어질지 가늠하기 쉽지 않다. 필리핀의 〈아침마냥〉 같은 TV 프로그램 〈마간당 부하이 Magandang Buhay(복된 삶)〉

에 뚱카롱이 소개되어도 좋으리라.

나는 의식주 관심 수준이 평균에 훨씬 못 미치지만 그래도 셋 가운데 하나 고르라면 먹는 것이 으뜸이다. 아마 내가 좀 더 여유가 생겨 사치를 부린다면, 그 사치의 품목엔 세상 이곳저곳을 돌아다니며 그간 눈으로만 익힌 음식 이름들을 입으로도 확인하는 식도락이 들어가지 않을까. 그날이 올 때까지 나의 주식이자 반찬인 언어의 끼니도 잘 챙겨 먹으며 어도락가의 본분을 다해야겠다.

8

아들의 말 1

나는 언어학 하위분야 가운데 언어습득·발달·학습·교육 등 응용언어학 내지 언어교육학 쪽에는 크게 관심을 두지 않았다. 인간 종의 언어발생이야 역사비교언어학 전공자로서 관심을 둔다. 그런데 2017년 4월, 아들이 태어나자 슬슬 언어습득 및 언어발달에도 관심이 좀 생겼다. 나도 여러모로 조금씩은 달라졌나 보다.

요새야 결혼도 늦게 해서 아이가 늦게 생기기도 한다지만, 아들 윤호는 마흔다섯 살에 봤으니 늦둥이라 할 것이다. 다소 늦은 나이에 아이를 키우는 재미와 보람도 좀 남다를 뿐만 아니라 윤호 덕분에 아이가 어떻게 말을 배우고 세상을 만나는지를 몸으로 새로이 느낀다.

윤호는 백일 즈음에 '응애' 말고도 '악악, 잉잉, 애애' 같은 소리를 수로 냈다. 당시에 가상 많이 구사하던(?) 낱말은 놀랍세노 아기(!)였다. 당연히 '아기'라는 정확한 조음은 아니고 '아'에 이어지는 그릉그릉 소리가 '기'와 꽤 비슷하게 들렸다. 어쩌면 '아기'도 혹시 의성어일까? 아기와 음절 구조가 비슷한 '웅기'도 꽤 자주 구사했는데 아이슬란드어 '웅기ungi'는 동물 새끼라는 뜻이니까 자기 정체성을 말(?)로 잘 드러낸 셈이다.

갓 태어난 아기의 언어를 들어 보면

옹알이에도 단계가 있다. 한 여섯 달쯤 지나야 사람 말과 비슷하게 조음이 되는데 그때가 되면 'ㅁ, ㅂ' 같은 입술소리가 나온다. 얼추 그때쯤 낯가림도 시작되는데 달리 말하면 부모를 제대로 인식하게 되면서 '엄마'와 '아빠' 같은 말이 자연스럽게 나온다고 봐야겠다.

아기나 웅기의 연구개음 'ㄱ/ㅇ' 비슷한 소리는 목구멍에서 가까워서 저절로 나올 뿐이고 발음이나 조음으로 볼 수 없는 단계다. 그래서 부모를 인식하고 사람 말처럼 하면서 쉽게 나올 만한 게 '바바/다다/마마/나나'다. 대부분의 언어에서 아빠/엄마는 입술소리(p/b/f, m)나 잇소리·잇몸소리(t/d, n)이지 연구개음이 매우 드문 까닭도 이와 관계있겠다.

상당수 언어는 '엄마'가 콧소리(m/n: 한국어 '엄마', 영어·네덜란드어·헝가리어 '마마mama', 터키어 '아네ane', 세르비아어 '나나nana')고

'아빠'가 파열음(p/b/t/d: 한국어 '아빠', 영어·프랑스어·라트비아어 '파파papa', 영어 '대드dad', 라틴어·폴란드어 '타타tata')인데 그루지야어 '데다ღეღა(엄마)', '마마მამა(아빠)'처럼 반대인 경우도 드물게 보인다. 일본어 '하하はは(어머니)'도 고대 일본어(*papa)에서 온 말이다. 일본어의 유아어에서는 엄마를 '카카かか'라고 하는데, 여러 언어에서 '부모'에 연구개음이 드물고 '엄마'에 파열음이 드문 사실에 비추어 보면 참 특이한 사례다.

한국어에서 다른 의성어는 몰라도 '응애(응애)/응아(응아)'는 정말로 정확하다는 걸 윤호의 갓난아이 시절 몸소 느꼈다. 울음소리가 늘 똑같진 않았지만 '응애응애'는 정말 분절음 응애응애 [ɯŋɜɯŋɜ]처럼 들린다.

영어는 원래 의성어나 의태어 등 음성상징어가 많지도 않지만 딱히 아기 울음소리에 해당하는 정해진 말이 사전에 없다. 그저 '와wa'로 나타낼 뿐이다. 마찬가지로 독일어 '베wäh'나 '라베rabäh'도 사전에는 없는데, 우리말로는 '빽빽'과 가까운 느낌이다. 중국어 '와와哇哇, wāwā'도 '응애/응아'다. 일본어 '와아와아わあわあ'나 '왕왕わんわん'은 아기 울음소리보다는 한국어 '와와, 엉엉, 멍멍' 따위에 가깝고, '오갸(옹야)おぎゃあ'는 '응애/응아'와 비슷하다. 얼추 영어, 독일어, 중국어 등과 비슷한 발음인 스페인어 '부아buaa/bua' 역시 사전에는 없는데 애가 아무리 이뻐도 자꾸 울면 '부아'도 나겠지만 마음을 다스리라는 뜻으로 보자.

'손가락을 빨다'라는 관용어

아이를 키우다 보면 "우는 아이 젖 준다"라는 속담을 자주 떠올리게 된다. 이런 표현은 타밀어, 벵골어 등의 인도 언어에서는 보이지만 영어에선 찾을 수 없다. 물론 스페인어 속담 "안 우는 애는 젖을 못 빤다"(Niño que no llora, no mama), 독일어 옛 속담 "아이가 안 울면 젖을 안 물린다"(Wenn das Kind nicht schreit, wird es nicht gestillt)도 있듯 유럽 언어라고 다 그런 건 아니다. 앞으로 남자가 양육에 더욱 동참한다면 "우는 아이 분유 준다"가 주된 속담이 되는 날도 올지 모르겠다. 아무래도 분유는 별로 '속담스럽게' 재미있는 말은 아니고 '젖'이 넓은 뜻이니 굳이 그런 말이 생길지는 두고 볼 일이다.

아들이 태어난 지 넉 달 즈음의 중요 활동은 먹새질이었다. '먹새질'은 아기가 손가락이나 주먹을 입에 대고 빠는 짓을 일컫는 북한어다. 이따금은 울 때도 주먹을 입에 넣어 저절로 방음도 됐다. 울면서도 위안거리를 찾으려는 게 아니었을까 싶다.

관용어 '손가락 빨다'는 '옆에서 구경만 하다' 및 '굶다'라는 뜻이다. 어른이 손가락을 빠는 일이야 드무니 그런 상황을 빗댔을 것이다. 독일어 'am Daumen lutschen(엄지손가락을 빨다)'도 '굶다'다. 근데 독일어 'sich aus den Fingern saugen(직역: 손가락에서 빨아내다)'은 '날조하다/꾸며내다'를 뜻하기도 한다.

로마 시대 사람들은 겨울잠 자는 곰이 앞발서 나오는 젖을 빨면서 살아남는 줄 알았다는데, 이걸 갖고 괴테가 "시인은 늘 제 앞발로 먹고 사는 곰을 닮았다"(Dichter gleichen Bären, die stets an eignen Pfoten zehren)라 했다. 작가나 시인은 스스로 이야기를 짜내야 되니까 곰과 닮았다는 뜻이다. 나중에 '앞발 Pfote' 대신 '손가락 Finger'으로 바뀌어 관용어 '날조하다/꾸며내다'가 됐다.

'손가락을 빨다/손가락에서 빨아내다'는 독일어, 네덜란드어, 폴란드어, 체코어, 슬로바키아어, 러시아어, 우크라이나어, 불가리아어, 세르보크로아티아어, 라트비아어, 리투아니아어, 헝가리어 등에서 관용어로 쓴다. 독일어에서 생겨 주로 동유럽에 퍼진 듯한데 흥미롭게도 독일어 영향을 매우 크게 받은 에스토니아어, 슬로베니아어 등은 언어순화 탓인지 몰라도 이 표현을 쓰지 않는다.

손가락 빨기라 하면 "북어 뜯고 손가락 빤다"라는 우리 속담도 있다. 거짓으로 꾸미거나 과장되게 행동하는 경우를 비꼬는 말이다. 괴테 말을 빌리자면 작가는 곰이 제 손가락 빨며 살듯 이야기를 꾸며내며 산다지만 가만 보니 웬만한 글쟁이들은 글만 쓰는 걸로는 자칫 손가락이나 빨기 십상이다. 아기야 손가락 빠는 게 일이지만 아비는 손가락 빨 수 없으니 일을 해야겠다 다짐하려고 썼다며 이 글의 의도를 꾸며낸다.

감정을 번역하는 일의 어려움

생후 1년 반쯤부터 윤호는 하루에도 몇 번씩 여러 그림책을 가져와서 읽어 달라고 했다. 동요를 글로 풀어놓은 책은 내가 노랫가락을 붙이면 "아냐, 아냐."하며 고개를 가로젓기에 그냥 읽어 줘야 했다. 내가 노래를 못 부른 게 아니라 아기가 책의 글과 노랫말을 구별하기 때문이라고 짐작한다. 열여섯 달이 조금 넘어서부터 대견하게 텍스트 유형까지 이해했다고 갖다 붙여 본다.

윤호에게 즐겨 읽어 준 어느 번역 그림책에 "머리끝부터 발끝까지 너를 사랑해, 마음 깊은 곳부터 온몸 구석구석까지 너를 사랑해." 같은 문장이 나온다. 그런데 이어지는 "네가 행복할 때나 슬플 때나 너를 사랑해."라는 대목이 탁 걸렸다. happy와 sad를 대비한 것인데 정확히는 '기쁠/즐거울 때, 슬플 때'가 알맞다. happy를 기계적으로 '행복'이라고 옮길 때가 많은데, 대구를 이루려면 '행복할 때/불행할 때'가 되므로 sad와 대조되는 happy는 '기쁘다/즐겁다/기분 좋다' 따위가 더 어울린다.

그래서 나는 이 대목을 "네가 기쁠 때나 슬플 때나 너를 사랑해."로 바꿔서 읽어 줬다. 영어를 찾아보니 "I love your happy side, your sad side."이다. 그다음 문장은 "말썽을 부릴 때나 심술을 부릴 때도 너를 사랑해."이고 영어는 "I love your silly side, your mad side."이다. 한국어와 영어가 딱 맞아떨어지지는 않고 '말썽/심술'의 경계가 좀 모호하긴 해도 오히려 창의적으로 괜찮게 옮겼다고 생각한다.

감정을 나타내는 말은 언어마다 의미의 범위가 다르기에 번역이 특히 어렵다. 위의 happy가 대표적이다. upset 역시 무조건 '화난'이라고 옮기는 경우가 많은데 실은 뜻이 매우 넓어 '속이 뒤집힌 상태'라면 다 해당한다. '화난·괴로운·슬픈·서운한·신경질(짜증)나는·뒤숭숭한'을 얼추 포괄한다는 얘기다. 쉽게 upset이 안 되는 성격이라면 화를 안 내는 성격도 되겠으나, 더 넓게는 마음의 동요가 별로 없는 차분한 성격을 뜻할 때가 많다.

아이를 키우다 보니 내 감정의 범위도 좀 넓어진 것 같다. 덕분에 기쁠 때도 많지만 아이가 말썽이나 짜증을 부릴 때는 차분해지려고 마음을 다잡는다. 날이 갈수록 슬슬 조금씩 말을 알아듣는 것 같아서 날마다 또 다른 즐거움이 새록새록 생겨난다.

가족의 언어, 세상의 언어, 자신의 언어

스무 달 무렵 아들 윤호의 말에는 다음절어의 어두 닿소리가 빠질 때가 많았다. 아나나(바나나), 아과/아꽈(사과), 어뻥(떡뻥), 아꺼꺼(자전거), 아자아자/아다아다(자동차), 아찐/아띤(사진) 등등. 이와 달리 물, 빵, 껍(컵) 등 단음절어 및 찌찌/띠띠(찌찌) 등은 어두 닿소리를 잘 발음한 편이었는데 아마 다음절어 각 음절 초성이 서로 나를 때 빼는 경향이 짙던 것 같다.

시간이 흐를수록 이런 발음의 특징은 점차 사라져 갔지만, 얼마 뒤에 세 돌을 맞는 지금도 '사진'은 '아진'이라고 발음한다. 아이가 아내 스마트폰과 내 아이패드로 사진과 동영상을 보다가 기기들을 '아진(사진)'이라고 일컫게 됐다. 내 아이패드는 '아빠 아진'이고 아내 스마트폰은 '엄마 아진'이다. 일부 속성으로 전체를 일컫는 일종의 제유법인 셈인데 아내와 나도 아직은 그냥 그렇게 불러 준다.

아들이 익히는 낱말 가운데 딱히 스마트폰(핸드폰)이나 아이패드(태블릿 컴퓨터)가 등장하지 않아서 그런 것도 같다. 이러다가도 조만간에는 제대로 된 명칭을 부를 테니 딱히 더 서두르지는 않는다. 또래 애들과 소통을 해야 되는 유치원에 가기 전까지는 이런 우리 가족만의 언어를 갖는 것도 쏠쏠한 재미 중 하나다. 물론 기억나지 않지만 나는 어릴 때 '망에(양말)'와 '반대(담배)'라고 말했다고 한다.

스무 달 무렵부터 윤호는 열심히 낱말 공부를 한다. 당시는 하루에도 수차례 날 손가락으로 가리키며 '아빠'를 부르고, 혹은 '아빠' 대신 '앙엉'이라면서 내 안경을 가리키곤 했다. 의자, 안경, 신발, 사과, 블루베리, 자동차, 버스 등을 아직 덜 여문 발음으로 부지런히 주워섬기던 윤호는 서른 달이 넘은 지금도 낱말 카드를 보며 열심히 익힌다. 아직 글자는 모르기에 그림만 보고 낱말을 맞힌다. 임금님 사진을 보고는 '나쁜 사람'이라고 말하는 건 아마도 즐겨보는 만화에서 수염이 나고 화려한 옷을 입은 사람이 악역이라서 그런 것 같은데, 역시 현대인이자 민주 시민의 역량을 타고났다.

윤호가 하늘을 가리키며 '아나나'를 몇 차례 외친 적도 있었다. 뭔가 싶었는데 초승달을 보고 '바나나'라고 한 것이다. 지금이야 물론 달을 잘 알지만, 당시는 초승달보다 바나나를 더 먼저, 그리고 훨씬 자주 봤을 테니 그렇게 말하는 게 당연했다.

표준국어대사전 바나나 항목을 보면 '초승달 모양의 긴 타원형 열매'라고 정의한다. 다른 언어들의 사전에서 바나나를 '초승달 모양'이라고 정의한 경우는 의외로 별로 없다. 『콜린스 영어사전Collins English Dictionary』에는 초승달 정의가 있고, 『아메리칸 헤리티지 영어사전The American Heritage Dictionary』의 1982년판에는 'crescent-shaped(초승달 꼴)'라는 표현이 있었지만 최신판에는 빠졌다.

바나나는 대개 '길쭉하고 구부러진 노란 열매' 정도로 풀이하는데, 옥스퍼드 영어사전의 'finger-like berries(손가락 닮은 장과)'란 표현이 대표적이다. 표준국어대사전의 바나나 정의가 이 두 영어사전을 참조한 것인지 자체적인 것인지는 확실치 않다. 1980년대 이전에 간행된 사전 가운데 영어사전보다 국어사전에 그런 정의가 먼저 나올지도 모를 일이다.

나도 두어 살쯤에 아들처럼 초승달을 보고 바나나라고 했을까? 당시에는 바나나가 귀한 과일이었으니 그러지 않았을 테고, 지금 시대를 사는 아기들도 각자 느끼는 바가 다르니 초승달을 꼭 바나나라고만 부르지는 않을 것이나. 아들을 보면서 자기만의 언

아들의 말 1

189

어를 가지면서도 남들과의 소통도 익히는 성장의 의미를 새삼 깨

닫는다.

9

아들의 말 2

아기는 보통 옹알이 단계와 한 단어 단계를 거친다. 한 단어 단계란 아기가 사용하는 한 개의 단어가 하나의 구나 문장을 의미하는 시기다. 그리고 18-24개월 전후로 두 단어 단계에 들어갔다가 이후 세 단어 이상 말하게 된다는데, 윤호도 얼추 그때쯤 아래와 같이 말했다.

엄마 안방 없어: 엄마가 안방에 없어

윤호 오파 찌찌: 윤호는 소파에서 찌찌 먹을래

아빠 그네 꿍: 아빠랑 그네 타고 놀았어/놀자

아과오뜨뜨 더 줘: 사과 요구르트 더 줘

위의 문장에는 조사가 없으나 스물아홉 달쯤 지나니 조사도 제법 그럴싸하게 구사한다. 머리를 감기면 눈에 물이 들어가서 싫은지 샤워할 때마다 투정을 부린다. 응가를 닦아 주려고 화장실에 데려갈 때면 머리도 감기는 줄 알고 "아워(샤워)는 안 해"라는 말을 한다. 주제격 보조사 '는'을 딱 맞게 잘 쓴다.

언어습득 연구에 따르면 20-36개월 사이에 조사가 나타나며 '가/이'를 먼저 익히고 '는' 다음에 '를'을 쓰게 된다. 윤호도 비슷했다. 당시에 윤호는 아직 크게 필요가 없는지 주격조사 '가'와 달리 목적격조사 '을/를'은 잘 안 썼다. 사실 한국어 입말은 목적격 조사가 자주 생략되는 편이다. 예컨대 '이것을 먹어'는 매우 드물고, 가끔 '이걸 먹어'라고는 해도 대개는 '이거 먹어'다. '밥 먹었니'가 '밥을 먹었니'보다 잦다.

그즈음부터 '샤워는 안 해, 치카만(이만 닦겠다)', '나도(할래)'처럼 보조사 '만/도'도 제법 잘 썼다. '샤워는 안 해'에서도 보이듯 주격 '이/가'와 달리 '은/는'은 주제격이다. 좀 더 들어가면 '은/는'에는 크게 주제와 대조의 기능이 있는데, 이 시기의 아이들은 아직 대조 용법을 더 많이 쓴다. '샤워는 재밌어'는 주제, '(치카는 해도) 샤워는 안 해'는 대조의 기능이다. 한국어에 독특한 보조사 용법도 잘 익힌 윤호가 참 대견스럽다.

사랑스럽고 귀여운 아들의 언어

한국어 '나오다'에는 많은 뜻이 있다. '안에서 밖으로 오다'라는 기본뜻 외에 '싹이/여기로/책이/신문에/TV에/학교에/물이/소리가/월급이/결과가/고지서가/웃음이/학교를 나오다' 등등이 모두 '나오다'의 여러 뜻이다. 아들은 생후 30개월쯤 동사 '나오다'를 잘 썼다. 이를테면 윤호가 통에서 물건이 안 빠지거나, 소리가 안 나거나, 화면이 안 보이거나, 수돗물이 흐르지 않을 때 말했던 '안 나와'는 제대로 된 용법이다.

물론 아기답게 그렇지 않은 경우가 많았다. 일전에는 접시에 딸기를 담아서 포크로 찍어 먹으라고 줬는데 잘 안 찍히니까 대뜸 "안 나와"라고 말했다. 이런 표현을 앞으로 오래 쓰지는 않겠지만 뭔가 '(안) 되는 경우'를 포괄적으로 '(안) 나오다'라고도 일컬은 것이다. 마침 윤호 할아버지와 할머니도 집에 오셨던 차라 나랑 아내까지 네 사람은 모두 깔깔 웃었다.

그러고 보니 아들 덕분에 일본어 동사 '데키루 出来る(할 수 있다, 가능하다)'가 확 와닿는다. 이 동사는 '데테쿠루 出て来る(나오다)'와 얼개와 뿌리도 같다. 처음 '데키루 出来る'의 뜻을 알았을 때는 글자 그대로 '나오다'인데 어떻게 '할 수 있다'로 쓰는지 살짝 이상한 느낌도 들었다. 물론 이 단어의 뜻은 '나오다→생기다→되다→가능'으로 이어지는 것이었다.

한국어 '되다'도 '가능하기'의 뜻이 있다. 영어 '비김 become

(되다)'에 들어가는 '컴come(오다)'을 보면 역시 이런 의미 변천이 이해된다. 독일어 '베코멘bekommen(얻다·받다)'도 '코멘kommen(오다)'이 들어간다. 한자 '득得'이 들어가는 일본어 '에루得る(얻다)'와 중국어 '더得dé(얻다)'도 '가능'의 뜻으로 쓴다. '득得'에서 나온 베트남어 '드억được'도 '얻다·되다·가능'의 뜻이 있다. 아들의 말을 들으며 의미들의 그물을 다시금 손질한다.

요새 말이 부쩍 는 윤호랑 얘기하다 보면 이렇게 재밌고 신기할 수가 없다. 아직 글자를 읽을 때는 아닌데 탈것 그림을 보면서 혼자 지게차, 경찰차, 굴착기 등을 읊는 모습이 참 귀엽다. '제설차'가 뭐냐고 물어보니 "하늘에서 눈이 내려 눈이 쌓이면 치우는 일을 한다"고 제대로 설명을 한다. 나름대로 복잡한 주술관계도 잘 맞춰 단문만이 아닌 복문으로도 자신의 지식을 설명한다. 이 사랑스러운 순간들을 열렬히 즐겨야겠다는 생각이 머릿속에 한가득이다.

미숙하지만, 그만큼 능동적이고 창조적인

아들은 이제 말이 많이 늘었지만 '놀아'가 '노다'에 살짝 가까운 느낌이고, '뽀로로'가 자주 '뽀요요'가 되듯 여전히 아기 특유의 발음이 있다. 'ㄹ' 발음을 적당히 제대로 할 때도 많지만 아직은 조금 불완전하다.

윤호처럼 '로[ro]'가 '요[jo]'가 되는 것은 유아 언어뿐 아니라 일반적인 언어 변화에서도 종종 보이는 현상이다. 2006년까지 버마(미얀마)의 수도였던 양곤ရန်ကုန်, Yangon은 한때 랑군/랭군Rangoon 으로도 불렸는데, 두 이름은 어원도 같고 버마어(미얀마어) 표기로는 글자도 같다. 즉 버마어 '양ရန်'은 철자상 표기가 'ran'이고 발음상 표기가 'yan'인데 원래 발음 [r]가 [j]로 변했기 때문이다.

유튜브를 보며 혼자 영어도 익히다 보니 한국어와 섞어서 "아빠가 베이비예요? 엄마가 대디예요? 윤호가 마미예요?"라며 자기가 아는 낱말로도 곧잘 장난까지 친다. 외래어와 외국어를 확실하게 구별하는 모습도 꽤 신기하다. 한국어 '덤프트럭'의 발음은 '더뿌/떰뿌어걱'이고, 영어 'dump truck' 발음은 얼추 비슷하게 '덤프츄럭'이 된다. '떰뿌어걱'은 이제 '떰푸트럭'으로 넘어갔다. 그래서 내가 '어걱'이라고 하면 윤호가 오히려 '트럭'이라고 고친다.

'버스'도 한국어 발음은 '쓰'라서 모음 'ㅡ'가 들어가고, 영어 'bus' 발음은 모음이 안 들어가는 '버ㅅ'로 읽는다. 외래어와 외국어의 차이를 명시적으로 안다기보다는 두 언어의 어휘가 다름을 묵시적으로 아는 것이라 봐야겠다.

문법은 아직 습득하는 과정이다 보니 어간에 종결어미가 바로 붙지 않고 어미 '-아/-어'가 중간에 한 번 더 낀다. 예컨대 '와네(오네), 완다(온다), 해자(하자), 어려워잖아(어렵잖아), 안 입얼래(안 입을래), 높아네요(높네요), 그려기(그리기)' 등등처럼.

' 이/ 어'는 연결어미도 되지민 여기시는 시술형 종결이미다.

처음에 언어를 습득할 때는 서술이나 명령으로 끝나는 형태의 짧은 문장부터 익히고, 연결어미로 이어지는 긴 문장은 나중에 익힌다. 따라서 서술형 종결어미가 붙은 형태를 용언 기본형으로 인식한 것으로 보인다.

주격조사도 '이'는 별로 안 쓰고 그냥 모두 '가'로 말할 때가 많다. '길가 좁아지롱(길이 좁지롱)', '달가 떴네요(달이 떴네요)' 등이 그렇다. '길가'는 그냥 조사 '가'가 붙은 것이므로 물론 명사 길가[길까]처럼 발음하지 않고 [길가]다.

이걸 보면 형태론이 매우 단순한 중국어나 영어보다 한국어가 얼마나 복잡한지가 잘 드러나며, 한국어를 처음 배우는 외국인의 어려움도 느껴진다. 물론 아기가 언어를 습득할 때 보이는 형태론적 과잉 일반화가 한국어만의 특징은 아니다. 영어권 아이는 'go(가다)'의 과거형을 '웬트went' 대신 '고드goed'라고 말하기도 한다. 스페인어로 '가지다'를 뜻하는 동사 '테네르tener'는 '티에네스tienes'(2인칭 단수 현재), '티에네tiene'(3인칭 단수 현재)의 꼴을 보인다. 이와 달리 1인칭 단수 현재는 '텡고tengo'인데, 스페인어권 아이는 'tien-'을 모든 인칭의 어간으로 여기고 1인칭을 '*티에노tieno'라고 일반화시켜 말하는 경우가 있다.

세 돌이 되기 두어 달 전부터 윤호는 엄마와 아빠가 아기 말투를 흉내 내면 오히려 고치기도 하는데, '븐단단드'나 '밍껌껌틀'이라고 하면 그게 아니라면서 '블라인드'와 '미끄럼틀'이라고 알려준다. 그러다가 또 저 혼자서 두 가지 발음을 비교하듯이 번갈아

가며 말놀이를 한다. 아들은 카톡 메시지를 까꿍 메시지라고도 부른다. 아내 스마트폰에서 울리는 카톡 알림음을 듣고 "왜 까꿍 메시지가 또 와지?"라고 하길래 내가 흉내를 내니까 "왜 까꿍 메시지가 또 오지?"라고 스스로 교정한다.

아직은 윤호의 용언 활용이 미숙한데 이건 단순히 불완전한 것이 아니다. 즉 아이는 어른이나 주변의 말을 언제나 그대로 따라만 하는 게 아니라, 여태 몸소 익힌 것을 바탕으로 스스로 조합하는 창조성을 보인다. 이런 자기만의 언어는 다시 타인의 언어를 통해 조만간 올바른 형태로 여러 차례 다듬어져 굳어질 테지만 이 역시 사람의 성장에서 소중한 단계다. 부모로서는 아이가 틀린 문법으로 말하던 시절이 그리울 듯한 느낌이 살짝 들곤 한다. 물론 그건 내 감상일 뿐이고 아이는 몸과 마음이 자라듯이 언어도 자랄 것이다.

언제나 있는 그대로의 널 사랑할 테니

사람은 누구나 조금씩 변하지만 변하지 않는 구석도 있다. 바뀌지 않는 뭔가와 바뀌는 뭔가가 섞여서 한 사람의 정체성을 이룰 것이다. 아들이 생기기 전의 나와 생긴 뒤의 나는 크게 안 바뀐 것 같아도 사실 또 많이 달라졌다.

빌리 조엘의 노랫말에 니오는 "I love you just the way you are

(있는 그대로의 너를 사랑해)"를 들으면 '그럼 네가 조금이라도 변하면 안 사랑한다는 것인가' 싶을 때가 있다. 그렇지만, 다시 생각해 보면 그렇지 않다. 말을 하는 시점은 늘 현재니까 뭔가 변한 지금 너의 그대로를 또 사랑한다는 얘기가 된다.

바로 그래서 아기가 응가를 한 뒤에 궁둥이를 씻겨 줄 때 나는 빌리 조엘의 〈Just The Way You Are〉를 흥얼거린다. 사실은 이노래 첫 소절의 'Don't go changing' 때문인데 엉덩이를 씻기고 기저귀를 갈아 주니 '똥꼬 체인징'을 흥얼거리는 것이다. 제대로 부르진 않고 "Don't go changing to try and please me, You never let me down before"를 "똥꼬 체인징 똥꼬 체인징 똥꼬 똥꼬 체인징 우우우~"까지 하고 무한 반복인데, 그럼 아기도 '우우우~'나 '똥꼬 체인징'을 따라 부른다. 노래를 제대로 불러도 봤지만 이 의식에는 역시 '똥꼬 체인징'이 더 어울린다.

어쨌든 앞으로도 나는 아들을 있는 그대로 사랑할 테니 뜻밖에도 어울리는 선곡이라 하겠다. 내가 아들의 응가를 보여 주며 "누구 응가야?"라고 물으면 전에는 "윤호 응가."라고 했는데 요즘은 '사과 응가, 딸기 응가, 트럭 응가' 등 나름대로 이름도 지어서 부른다.

이제 윤호는 장난기도 많이 늘어서 "아빠 사랑해?"하고 물으면 키득대며 "아빠 사랑 안 해."라며 거짓말도 치다가 나의 간지럼에 사랑한다고 실토한다. 내가 방바닥에 깔린 장난감을 밟거나 어디 부딪쳐서 "아야!"하고 소리치면 "아빠 괜찮아요?"라며 묻는다.

날 닮아서 장난기도 많지만 나보다는 인정도 많은 것 같다고 흐뭇하게 생각하련다. 아이도 크면서 많이 변하겠지만 태명 '꿀깔이'에 걸맞게 꿀꿀 잘 먹고 깔깔 잘 웃는 모습은 그대로 간직하여 잘 자라기만 바랄 뿐이다.

3

—

언어의 풍경을 바라보며

1

번역은 미꾸라지와 같아서

할리우드 영화를 보면 이따금 한국어도 나온다. 그나마 한국어가 유창하지 않은 한국계 교포가 맡으면 다행이다. 때로는 한국어를 거의 모르는 동아시아계 배우의 도저히 알아듣기 힘든 말이 한국 영화 팬들의 실소를 자아내기도 한다. 대개 한국어 대사는 엑스트라나 조연이 맡지만 주연배우가 제법 길게 말하는 영화도 있다. 바로 〈예스맨〉이다.

영화의 주인공 짐 캐리는 삶을 긍정적으로 바꾸는 과정의 일환으로 한국어를 배운다. 그는 어느 날 가게에 갔다가 한국계 미국인 점원과 얘기를 나누게 된다. "살라믄 사고 말라믄 말고(사려면 사고 말려면 말고)"라며 한국어 혼잣말로 구시렁대는 퉁명스러운 점원에게 짐 캐리가 "아가씨!" 하고 말을 건다. 점원이 그에게 대답한다. "늬기 하무 풍일 앉아 있으믄서 나른 사람를 악혼하는 서

결혼하는 것만 왔다 갔다 쳐다보고, 도대체요, 나는요? 수미는요?
내 시간은 언제냐고요?"

이 말에선 아무래도 '시간'이 좀 어색하다. 언뜻 '내 (여유)시간
이 없다'처럼 들린다. 영어 자막 "When will my time come?"의 직
역일 텐데 타임time은 '시간'보다는 차라리 '때'가 낫다. 여러 언어
의 자막 번역과 더빙도 살펴봤다. 프랑스어(Quand ce sera mon tour?),
스웨덴어(När är det min tur?), 터키어(Benim sıram ne zaman gelecek?),
일본어(このスミの順番はいつ来るの?) 자막처럼 '차례'나 '순서'라고 옮
겨야 좋다. 그러면 "내 차례/순서는 언제냐고요(언제 오나요?)"가 되
므로 자연스럽다. 아니면 중국어(我幾時能結婚?)처럼 "나는 언제 결
혼할 수 있을까요?"쯤으로 말했더라도 무난하다.

"도대체 내 시간은 언제냐고요?"

번역은 영화나 드라마의 어색한 외국어 대사를 자연스럽게 풀
어내는 경우가 많다. 원문이 다소 난해하거나 조악하거나 오류가
있더라도, 특별한 경우 아니면 번역문은 그걸 그대로 따르기보다
는 되도록 깔끔하게 풀어놓는다.

번역은 이 언어를 저 언어로 옮기는 행위이다. 예컨대 어디가
살짝 망가진 물건, 무거운 짐, 헐거운 꾸러미를 다리 이편에서 건
니편으로 옮긴다고 치자. 그대로 옮기려다가는 도중에 물건이 디

망가지든, 다리가 무너지든, 꾸러미가 다 풀리든, 옮기는 사람이 힘이 빠지든 간에 다리 건너편에서 물건을 받으려던 사람에게 못 갈 수도 있다. 그래서 원문과 번역문의 난이도나 밀도가 다를 때도 생기며, 흔히 똑같은 작품이라도 원문보다 번역이 더 잘 읽힌다.

짐 캐리의 한국어는 그냥 열심히 발음을 따라 하는 수준이다. 귀를 쫑긋 세우고 골똘히 들으면 알아들을 만은 하다. 점원 역할의 배우는 서울서 태어난 교포 1.5세라 한국어를 어느 정도 구사할 것으로 짐작되는데, '시간'이 어색한 걸 잘 못 느꼈거나 굳이 대사 수정에 개입을 안 했을지도 모르겠다. 아마 영어 대본을 한국어로 옮겼을 텐데 재밌는 것은 짐 캐리 대사에 "점수 좀 딸 수 있을 거예요" 같은 관용어도 나오는 걸로 봐서 번역에 나름 공을 들였으니 살짝 나는 '빵꾸'야 이해해 줘야겠다. 영화 속 외국어 대사는 반드시 정확할 필요가 없어도 되는데, 그런 부정확함이 예상치 못한 웃음을 줄 수도 있기 때문이다. 물론 이렇게 양념처럼 나오는 외국어라면 넘어갈 만하지만, 주재료라면 또 문제가 다르긴 하다.

한국어 대화 시작 전에 점원이 "살라믄 사고 말라믄 말고"라며 중얼거리는 대목은 영어 판에서는 자막이 안 나와서 제대로 못 알아들었다가 오히려 프랑스어, 스페인어, 일본어 더빙의 발음이 확실해서 잘 알아들었다. 다른 언어 더빙은 한국어 대사 대목에서 그냥 원래 배우 목소리가 나오지만, 이 세 언어 외에 이탈리아어 판은 해당 성우가 한국어 대사까지 해서 재미를 더한다.

일본어 성우야 그렇다 치겠는데 프랑스어, 유럽 스페인어 성우 발음이 꽤 그럴싸해서 찾아보니 유럽 스페인어 성우는 정말 한국인이다. 반면 멕시코 스페인어 더빙의 한국어는 가관이었다. 마치 테니스 선수 라파엘 나달의 기아자동차 광고에서 "장애물은 힘든 경쟁 상대도, 나를 강하게 하는 것도 아니다"가 "장거무른 킹던 장갱 상대도 날 까나게 하는 것도 아니다"로 들리는 수준이라 폭소가 터졌다.

언젠가 아내의 친구가 집으로 놀러왔을 때 아내가 "집이 더러운데…", "애기가 딸꾹질할 때 그렇게 괴로워하지는 않는다"라고 말한 적이 있다. 친구가 돌아간 뒤 아내에게 물었다. 내가 보기에 물건이 좀 널브러져서 그렇지 '더럽다'는 검댕이 묻거나 먼지가 켜켜이 쌓여야 쓸 말 같아서 '지저분하다'나 '정리가 안 됐다'가 어울리는 건 아니냐고. '괴롭다'는 너무 힘든 거니까 '힘들다' 정도가 알맞지 않겠느냐고.

아내는 "그런가?" 하더니 내 말이 맞는 것도 같지만 자기가 말했을 땐 별 느낌이 없다 했다. 동시대에 같은 언어를 쓰며 살아가는 사람들 사이에서뿐 아니라 사실 내가 쓴 글도 나중에 보면 어색한 느낌을 주듯이 언어는 참 미끄라지 같다. 아마 나중에 "내 시간은 언제냐고요"를 보면서도 그럭저럭 자연스럽게 느껴지며, 혹시나 별로 웃음이 나오지 않는 '시간'이 올지도 모르겠다.

번역에 단 하나의 정답은 없다

번역은 딱 하나의 정답을 찾는 게 아니라 무수한 정답 후보군에서 적어도 오답은 고르지 않는 것에 가깝다. 언어는 역사 속에서 변할 뿐만 아니라 언어 공동체 안에서도 지역이나 집단마다 수많은 변이가 존재한다. 같은 말이라도 맥락이나 상황에 따라 여러 가지로 옮겨질 수 있으며, 또 개인마다 어감도 조금씩 다르다. 유일한 정답이 없으니 오랜 고민이 필요하겠지만 그러더라도 결국은 답을 하나만 내놓아야 한다는 데 번역의 어려움이 있다.

즉, 정답보다는 좋은 답을 골라야 좋은 번역이 나온다. 그러니까 자기 번역만 정답이라고 우기는 자는 언어의 다층적 양상을 모르거나 무시하는 얼치기이고, 번역의 행위와 과정이 어떻게 이루어지는지 잘 모르는 사람들을 홀리려는 사기꾼이다.

번역에 정답이 없는 것은 정답이 없는 언어를 다루기 때문이다. 표준어라든가 '바르고 고운 말'은 언어가 가진 여러 양상 가운데 하나일 뿐이다. 상대적으로 글말은 입말보다 표준어를 쓸 때가 많지만 설령 그렇더라도 글에 쓰는 언어가 모두 표준어나 바르고 고운 말일 수는 없다.

나는 이오덕 선생을 필두로 하는 '우리글 바로 쓰기' 내지 고유어를 살리자는 한글 운동에 한때 꽤 영향을 받았으나 이젠 분명히 선을 긋다 보니 다소 양가적인 감정을 지닌다. 그런 운동이 전혀 쓸모없다는 게 아니라, 쓸모가 있을 때가 있고 없을 때가 있다는 소리다. 나도 우리글, 우리말다운 것을 좋아하긴 하지만 모든 글과 말이 그럴 필요는 없다. 맛있는 음식도 맨날 먹으면 맛없듯이 말과 글은 매우 다채롭게 표현될 수 있고 그래야 좋다.

모든 말과 글이 우리글, 우리말다워야 한다는 주장은 너무 완고하고 꽉 막혀 보일 뿐이다. 건조한 보고서에 아름다운 우리말 의태어와 의성어를 무작정 집어넣는다고 쳐 보자. 너무 이상하지 않은가. 물론 모든 보고서가 부러질 만큼 딱딱할 필요도 없지만 적당히 건조한 것은 그게 그런 글의 유형에 가장 효율적이기 때문이다. 마찬가지로 소설에서 한자어를, 시에서 번역투를 남발해도 괴상할 것이다. '보그체'도 마냥 나쁜 게 아니고 그만큼의 의의가 있다.

번역투라는 것도 실은 실체가 모호하다. 그저 '~의'나 '적的'을 많이 쓰거나 수동태를 쓴다고 번역투일까? 모든 언어는 서로 영향을 주고받기 때문에 한 언어에서 쓰던 문체가 다른 언어로 들어가는 일은 매우 흔하다. 잘 녹아들면 그 언어의 문체가 되고 겉돌면 번역투가 되는데 이 역시 원래부터 정해진 것은 없다. 고유하지 않은 표현이나 문체를 번역투라고들 부르지만, 무엇이 더 나을지를 고민하지 않은 채 만들어낸 문장이라면 오히려 고민한 결과로 나온 번역투보다 나쁘다. 번역투 사용이든 번역투 배척이든 둘 다 비판적으로 봐야 좋은 글을 만들어낼 수 있다.

통념에 얽매이지 말고, 유연하며 균형감 있게

'우리말 바로 쓰기' 운동을 하는 이에게 SNS에서 내 책 『콩글리시 찬가』가 분자 단위로 '까인' 적도 있다. 예전에 지나가다 몇 번 봐서 살짝 낯익은 이름이다. 내용이 아니고 내 책에 나온 문장을 비판했는데, 예컨대 '적'의 쓰임이 알맞지 않다는 것이다.

사전편찬학적으로 접근하여 개선을 유도하면 어떨까
→ 사전을 엮는 눈으로 다가서며 고치도록 하면 어떨까
→ 사전을 짓는 눈으로 보며 손보도록 이끌면 어떨까

여러모로 매우 비전문가적인 실망스러운 반응이므로
→ 여러모로 매우 멋모르는 어이없는 모습이므로
→ 여러모로 하나도 모르면서 터무니없는 몸짓이므로

나도 우리말다운 우리말을 알 만큼 아는 사람이라는 것을 그가 모를 테니, 내가 뭘 몰라서 사전에도 안 나오는 '사전편찬학적'과 '비전문가적'까지 쓰면서 '적'을 남발한다고 생각했나 보다. 좋게 보자면 저렇게 고칠 수도 있고, 비록 '적的'이 매우 생산적인 접미사라 하더라도 과용되는 경향 또한 없지 않으니 수긍도 된다. 그렇지만 내가 쓴 저 문장들이 훌륭하지는 않을지언정 적어도 책의 스다일과는 별로 부딪치는 게 없다고 본다. 지린 문징들이 얼핏 빈역투나 바르지 못한 글처럼 보일 수도 있겠으나 문장과 텍스트는 유기적으로 봐야 하므로 단순히 내칠 수만은 없다.

아무튼 그의 게시물 하나에 내 책 한 문장씩이 올라가다 보니 『콩글리시 찬가』를 비판하는 글이 수십 개가 됐다. 내 '적的'을 가지고 시비를 걸었지만 나는 그를 내 '적敵'으로 생각하지는 않는다. 방식은 달라도 나도 우리말을 여러모로 아끼는 사람이다. 어쨌든 우리 둘 다 우리말을 잘 가꾸려는 목적은 같다. 또한 개인적으로 보자면 하여튼 내 책을 사 주었으니 무척 고마운 일이다. (혹시라도 도서관서 빌려서 비판하는 거면 조금만 고맙고.) '이것만이 옳다'라면서 빨간 줄을 죽죽 긋는 게 아니고 '이게 더 좋을 수도 있다'의 관점이라면 언제든 환영한다. 글쓰기나 번역이 도박도 아닌데 무턱대고 어느 한쪽에 '올인'하기보다는 균형을 찾아보자는 것이다.

통념이나 통설을 깨는 것까진 좋은데 그 재미에만 너무 치우치다가 이것저것 다 깨는 사람들도 있다. 요새야 그에 대한 비판이 많아서 나름대로 균형점을 찾고는 있으나 한국인에게 한국 것이 최고라든가 한국이 기원이라든가 하는 이른바 '국뽕'은 통념에 가까운 편이다. 그런데 알고 보니 한국 것이 최고가 아니고 한국 말고 딴 데서 온 거라면서 매번 통념을 깨는 사람이 나타나는데, 그럼 신선한 환기도 되지만 자꾸 그러다가 너무 환기를 시켜 공기를 영 추워지게 만드는 사람도 생긴다.

예를 들어 불고기가 '야키니쿠燒き肉'에서 왔다고 어느 음식평론가가 '이그로'를 끄는 바람에 한때 논란이 일었던 바가 있다. 그

런데 적어도 일반적으로 구할 만한 여러 자료를 보면 일본 야키니쿠의 기원은 한국 불고기라는 게 통설이다. 일본 식생활 역사를 봐도 그렇고, 일본인들도 대개 인정한다.

이걸 한국인이 자랑스러워하면 좀 우스울 수도 있겠지만 그렇다고 있는 자료 없는 자료 다 끌어서 국뽕을 깨부수겠다고 불고기 일본 기원설을 바득바득 내세우는 게 무슨 의미가 있을지 잘 모르겠다. 딱히 '계몽'이 될 것 같지도 않다. 설령 정말로 일본이 기원이라고 쳐도 그게 그렇게 대단한 일일까? 어차피 많은 문화 요소가 그렇듯 음식도 정확한 기원을 따지기 아리송한 게 많다.

번역투가 나쁘다는 통설 내지 통념도 있다. 번역투라는 건 달리 말하면 못생긴 문장 또는 화장을 덕지덕지 바른 문장쯤으로 보면 된다. 문장이 늘 예쁘고 정갈해야 된다는 게 아니다. 보기에 나쁜 문장도 의미만 잘 전달하면 그만일 때가 있다. 물론 번역투 배척이라는 틀을 깨부수는 것까진 그럭저럭 괜찮은데, 한술 더 떠 번역투를 찬양하면 뭔가 꼴이 이상해진다. 언어들은 늘 교류하게 마련이니 번역투를 아예 쓰지 말라는 것은 아니다. 근데 그걸 언제나 당연하다고 받아들일 필요는 전혀 없다는 소리다. 언어마다 고유성이 있음을 무시하는 것도 우스운 꼴이다. 그때그때 가려 가면서 써야 된다.

'깔끔하고 자연스러운 언어'를 위한 균형 잡기

나는 『콩글리시 찬가』에서 언어를 다각적으로 보자고 했다. 세계에는 수많은 언어가 있는데 영어가 아무리 세계 공통어라 해도 딴 언어들의 존재를 잊으면 안 된다. 또한 어떤 언어든 이질적 요소가 담겨 있다. 언어의 순수성이란 매우 자의적이다. 한국어에서 외래어로 쓰는 '콩글리시' 역시 잘못된 영어도 아니고 한국어의 역사가 반영된 산물인 것이다.

어느 언어든 외래어를 받아들이면 뜻과 발음이 원어와 달라지기 마련이다. '순수한 영어'는 영어로 말할 때만 찾으면 된다. 외래어인 콩글리시도 한국어의 일부이므로 '순수한 한국어'는 정말 순수하게 말하고 싶을 때만 찾으면 된다. 콩글리시가 최고니까 우리말에 아무 때나 막 써도 되고 외국인한테도 늘 그냥 콩글리시로 얘기해도 된다는 게 아니다. 그렇게 주장하면서 어그로를 끈다면 내 책이 더 잘 팔릴 것도 같지만 굳이 그러지는 않겠다.

사실 나는 번역투를 웬만하면 안 쓰는 편이다. 절대 안 쓴다는 게 아니고 내가 판단하기에 어색하면 쓰지 않는다는 뜻이다. 이를테면 영어에서조차 거추장스럽다고 비판받는 'he or she'를 별다른 생각 없이 '그 또는 그녀'라 옮기는 경우가 왕왕 보이고 번역문이 아닐 때도 이런 표현이 간혹 눈에 띈다. 한국어는 주어를 생략해도 되니 굳이 '그 또는 그녀'를 쓸 필요도 없고 주어를 써야 한다면 그냥 '그'라고만 해도 남녀 모두 포괄한다.

이것은 영어의 특유한 결함 때문에 어쩔 수 없이 나오는 문구라서 다른 유럽 언어에서도 이런 표현은 거의 안 쓴다. 영어는 이 경우 요새 단수 'they'를 쓰기도 한다. 번역투는 언어순화 차원보다는 그걸 쓰면 글이 깔끔해지지 않을 때가 많아 쓰지 않으려는 것뿐이다. 이른바 번역투로 지탄받더라도 내가 보기에 나으면 얼마든지 쓴다. 하지만 균형을 잡기는 쉽지 않아 다소 강박을 느끼기도 한다. 예컨대 다음 문장을 보자.

1. 나는 많은 책들을 갖고 있다. ('들'을 뺀다)
2. 나는 많은 책을 갖고 있다. ('을'을 '이'로 바꾸고 '갖고'를 뺀다)
3. 나는 많은 책이 있다. (수식어 '많은'을 서술어 '많다'로 바꾼다)
4. 나는 책이 많다.

나는 거의 4번으로 쓴다. '많은' 때문에 복수 표지 '들'이 필요 없고, 군더더기 소유 표현 '갖고 있다'보다 존재 표현 '있다'가 깔끔하다. 또 수식어로 앞에 무게를 싣기보다 서술어로 뒤에 무게를 실어야 안정감이 있다. 물론, 2번과 3번을 언제나 쓰지 말자는 것은 아니다. '많은 책들'이란 표현도 실제로 많이들 쓴다. '들'이 다소 되는대로 쓰인다고 본다면 이 복수 표지를 붙이든 말든 상관없을 수도 있다.

언젠가 라디오에서 아나운서가 '세 분들의 음악가들'이라는 엄청나게(!) 잘못된 말실수를 했나. 말하나가 문법직으로 들리는 일은 비일비재하고 또 그게 당연하다. '분들'도 틀릴 만은 하므로 딴 사람이 틀렸으면 그러려니 했을 텐데 아나운서가 그래서 살짝 놀라긴 했다. 이 중에서 '음악가 세 분'이 가장 한국어 '답고', '세 분의 음악가'도 맞으며, '세 분의 음악가들'도 허용은 된다. 그런데 우리말에서는 단위명사에 절대로 복수 접미사 '들'이 붙지 않는다. '개 세 마리/세 마리의 개'를 '세 마리들의 개(들)', 그리고 '커피 두 잔'을 '두 잔들의 커피(들)'로 한다면 얼마나 어색한가.

다만 의존명사 '분'은 단위도 되지만 그냥 사람을 가리키는 높임말도 되므로 '많은 분' 대신 '많은 분들'을 써도 되긴 된다. 그러니 누구든 입으로 말할 때는 "제가 아시는 두 분들의 지인분들이 오셨어요."라고 '막된' 문장을 구사할 수도 있다. 이런 면에서 말재주 좋기로 둘째가라면 서러울 아나운서들이라도 말실수를 하지 말라는 법은 없다. 비록 매우 드물긴 하나 신문기사에서도 '두 분들'이나 '두 사람들' 같은 말이 보이긴 하는데 적어도 정제된 글에서는 제대로들 썼으면 좋겠다.

번역에는 딱 떨어지는 '예스'와 '노'가 없다

그래서 번역투를 쓰라는 것인지 말라는 것인지 정답 하나만 내놓기 바라는 사람들은 괜히 더 헷갈릴지도 모르겠다. 번역은 아무 생각 없이 원문을 삽으로 푹 떠서 역문에 던져 놓으면 끝나는 단순 작업이 아니고 모든 과정에 끊임없이 비판과 고찰이 들어간다. 번역을 할 때는 사전에 나온다고, 정갈한 말이라고 해서 '예스'만 외칠 수도 없으며, 사전에 안 나온다고, 거친 번역투라고 해서 '노'만 외칠 수도 없는 것이다.

언어는 늘 미꾸라지처럼 요동치면서 흙탕물을 만든다. 그걸 글로 옮길 때는 세심하게 다듬는 과정을 거친다. 다시 말해 미꾸라지를 잡아서 맑은 물처럼 보이게 하는 것이다. 그 물을 다른 물로 옮길 때는 독자들이 물설게 느끼지 않도록 해야 하는데, 말하자면 처음에는 물갈이 때문에 설사를 하는 일이 없도록 물을 더 맑고 깨끗하게 해야 한다. 흔히 번역에 나오는 언어가 다소 밋밋한 까닭도 최대한 많은 이가 잘 읽을 수 있도록 쓰려다 보니 그런 경우가 많다. 독자들이 맑은 물을 마실 수 있도록 언어라는 미꾸라지를 잘 다스리는 것도 번역가의 과제다.

나는 오늘도 꿈틀꿈틀 움직이는 미꾸라지를 쫓는다.

2

인공지능 시대의 번역

기계번역은 1950년대부터 본격적으로 연구되기 시작했다. 생각보다 역사가 오래된 셈이지만, 꾸준히 쭉 발전했다기보다는 사이사이에 정체기를 두며 다소 단속적인 진행 양상을 보였다. 어쨌든 이에 관한 연구와 개선은 멈추지 않고 면면히 이어져 왔다.

그래도 어휘 기반 번역, 규칙 기반 번역 등의 기계번역은 단순한 문구나 문장을 번역하는 데 어느 정도 쓸모가 있었던 것이 사실이다. 그렇지만 거기서 더 나아가지는 못했던지라 그동안은 언어의 심오함을 제대로 모르는 과학기술자들의 어설픈 장난이라고 여긴 사람이 대부분이었다. 그래서 사용자 설명서처럼 비교적 정형화된 어휘나 문장이 나오는 기술번역이라면 몰라도 문학번역에 응용되기는 힘들 것이라고들 보았다. 메뉴판의 육회 six times 처럼 기계번역의 우스꽝스러운 오역을 놀려먹는 재미가 오래갈 것 같았다.

그러다가 2000년대 이후로 기존의 문법 및 어휘 대응을 넘어 대규모 병렬 말뭉치의 확률 분포 등을 응용한 통계 기반 번역이 널리 알려지면서 기계번역이 눈에 띄게 달라졌다. 실은 인터넷이 대중화되는 시기와 겹치는 1990년대부터 이미 기계번역은 새로이 변신 중이었다. 미래를 점치기란 불가능하다. 그러나 과거부터 지금까지를 돌이켜 보면 이제 인공지능의 기계 학습까지 시작된 마당에 언어가 인간 고유의 영역이라고 섣불리 예단할 수도 없다.

기계번역이 바꿔놓을 번역의 미래

2016년, 사람들은 체스보다 훨씬 복잡한 바둑에서 컴퓨터가 인간을 이기기는 힘들다고 여겼다. 그렇지만 이세돌은 딱 1승만을 거두고 결국 알파고에게 지고 말았다. 이후에 그는 딱 한 번만이라도 알파고를 이긴 유일한 인간이 되었다. 비슷한 시기에 구글 및 네이버 등이 제공하는 자동번역이 인공신경망번역으로 크게 달라지면서 깜짝 놀라는 사람과 특히 생계에 실질적 위협을 느끼는 번역가가 점점 늘었다. 이제 인공지능은 SF영화의 영역이 아니다.

앞으로는 외국어 교육 쪽도 점차 이런 추세의 영향을 받으리라 짐작된다. 경력 20년이 넘는 일한日韓 기술번역가에 따르면 기계번역 성공률이 90퍼센트에 이른 뒤로 일본어 일감이 눈에 띄게 줄어들었다고 한다. 기존에노 빡빡한 일본어-한국어 기술 문서는 웬만큼 처리됐고, 앞으로는 개선에 가속도가 붙을 일만 남았는지도 모른다. 이제 영어도 본격적으로 위협받을 것이고, 실무번역 가운데 특히 내부자용 문서는 수요가 급격히 줄어들 것이다.

출판번역은 당장 영향받지는 않을 텐데, 이쪽 분야에서는 정선된 언어를 좇으므로 설령 90퍼센트의 성공률이라 쳐도 뭔가 애매하기 때문이다. 그래도 오히려 정확성은 사람보다 나을지 모르고 처리는 훨씬 빠를 게 분명하니, 문체가 그리 중요치 않은 출판물은 큰 영향을 받을 것이다. 업계 환경이 바뀐다면 출판번역에서 기계번역 포스트에디팅(초벌 기계번역 텍스트를 사람이 최종 수정하는 것)이 늘어나지 않으리라는 보장도 없다.

기계번역의 영한 번역만 살펴봐도 웬만한 초보자나 어설픈 번역자보다는 훨씬 낫다. 특히 구글은 때때로 매우 매끈하게 한국어다운(!) 문장을 구사하는데, 또 어느 경우는 네이버가 강한 구석도 보인다. 둘 다 모두 쭉 발전 중이라서 딱 어느 것이 낫다고 판단하기는 어렵다.

문체나 어휘가 평이하면 기계번역의 질이 낮지 않으므로 교과서적 문장이 많은 학술서·교양서 내지 글투가 비교적 단순한 입문서·실용서 등은 영향을 받을 것이다. 20세기 이전의 고전, 난해한 문학·역사·철학·과학 서적은 아직 기계번역 성능이 썩 좋진 않다. 번역가는 이제 이쪽을 더 노려야 될 것 같다. 영어·일본어 외의 언어들과 한국어 간의 기계번역은 아직 번역가가 안심할 수준이다. 그러니 영어·일본어 번역가가 딴 외국어를 배우는 것도 염두에 둘 수 있겠으나, 번역할 수준까지 이르기 전에 기계번역에 따라잡히지 않는다는 보장은 없으니 각자의 판단에 맡길 수밖에 없겠다.

물론 아킬레스가 영원히 거북이를 못 따라잡는 '제논의 역설'과 비슷하게 기계번역이 인간번역을 싹 갈아 치우진 못하리라고 보는 것도 가능하다. 이럴 경우 수제 사치품 시장처럼 하이엔드 수제 번역 마케팅도 노려볼 만하다. 어차피 기계번역도 인간이 만든 기술일진대, 인간의 기술은 달리다가 잠시 멈추거나 쉴 수도 있으니 기존 번역가가 당장 좌절할 필요는 없을 것이다. 그렇지만 알다시피 제논의 역설은 오래전 극복된 논리적 역설일 뿐이다. 실제로는 아킬레스나 토끼 같은 빠른 존재가 거북이를 따라잡고 추월하는 게 자연스럽다는 점은 잘 알아둬야겠다.

어쨌든 내 생각에 영어(아마 일본어도) 이외 외국어의 번역가는 아직 희망적이다(?). 번역가가 되고 싶다면 이제 영어 말고 딴 언어를 공부하는 게 나을지도 모른다. 다만 기계번역의 발달 속도가 얼마나 빨라질지는 모르니 알아서 판단할 수밖에 없다. 외국어 공부 자체는 큰 문제가 되지 않을 텐데 번역이라는 직업은 확실히 면모가 바뀔 것이다. 기계번역의 질이 좋은 것부터 따지면 아직 자연기술과학-인문사회과학-문학 순이지만 그 간극은 점점 좁혀질 것으로 보인다.

다만 영화 대사는 글말이 아닌 입말에 속하고 텍스트 이외의 맥락이 더 많아서 아직 번역 품질이 씩 좋진 않다. 서색닥 언어인 영어와 달리 고맥락 언어인 한국어는 주어나 목적어 생략이 잦으므로 번역에 영향을 미친다. 특히 높임말 탓에 영어를 한국어로 번역하기가 어려운 경우도 있는데, 기계번역에선 한국어를 영어로 번역할 때 더 깔끔한 느낌을 주는 일도 드물지 않다.

이를테면 영어의 2인칭 대명사 'you'에 해당하는 한국어는, 좀 과장하면 무한대다. 한국어는 2인칭에 너, 자네, 그대, 당신 같은 대명사만 쓰지 않고, 엄마, 형, 선생님, 사장님, 김 씨 등 온갖 호칭이 다 될 뿐만 아니라 주어나 목적어가 얼마든지 생략되기 때문이다. 이걸 영어로 옮길 때는 웬만하면 'you'로 다 되지만 영어 'you'를 한국어로 옮길 때는 관계를 일일이 파악해야 되는데 기계번역으로는 아직 만족스러운 결과가 나오지 않는다.

이렇게 기계번역을 응용하면 비영어권 화자의 영어 표현력 부담은 덜어지니 더 좋을 수도 있겠다. 실무번역 업계에서는 영한 번역(영어→한국어)보다 높았던 한영 번역(한국어→영어)의 위상이 도리어 떨어질지도 모르겠다. 발전 속도로 보면 영어 이외의 언어와 한국어의 기계번역이 향상되는 것도 시간문제가 아닐까 싶다.

번역은 문법과 낱말의 단순 매칭은 아니므로

인공지능 내지 기계 학습을 적용한 뒤, 구글 번역을 비롯한 기계번역의 성능은 양자도약처럼 훌쩍 뛰어올랐다. 그때의 충격 이후로 기대치가 워낙 높아져서 그런지 몰라도 왠지 요새는 번역 결과가 예전보다 불만족스러울 때도 많다.

다만 2016년 맨 처음 인공신경망번역이 적용된 것은 영어 기준으로 독일어, 프랑스어, 스페인어, 포르투갈어, 중국어, 일본어, 한국어, 터키어 등 여덟 쌍 및 아홉 개 언어였고, 이듬해 들어서야 구글의 번역 대상 언어를 거의 포괄하는 쪽으로 넓혀졌다. 사실 수준이 모자란다고 느껴지는 건 앞서 말한 여덟 개 언어 말고 대개 딴 유럽 언어와 영어 사이의 번역이다. 예컨대 스웨덴어나 네덜란드어처럼 영어와 매우 유사해서 번역이 잘 될 거라는 기대치가 높았던 언어 및 영어 사이의 번역이 그렇다. 이들 언어의 번역에선 중요한 뜻을 빼먹거나 맥락을 놓치고 엉뚱한 말로 옮겨 오히려 예전의 통계 기반 기계번역 버전이 나을 때도 많다. 그러니까 해당 언어를 알면 이전 버전과 함께 비교해 보면서 써먹어도 괜찮다.

물론 한영 번역은 적어도 간단한 구어체나 설명문 정도라면 여전히 쓸 만하고 앞으로 나아질 것으로 보인다. 언어나 텍스트마다 편차가 있다 보니 전보다 뒷걸음질한 느낌도 드는데 아직 학습이 덜 됐거나 인공지능도 사람처럼 배우다가 잠시 지친 모양이다. 인공신경망 도입 이후 기존의 기계번역 발전 양상처럼 다소 정체기가 있는 듯한데, 이를테면 간단한 낱말 번역조차 아직 엉터리가 적지 않다. 아래 두 문장의 구글 번역을 보면 3년 사이에 하나는 좋아진 반면 하나는 나빠지고, 하나는 살짝 좋아지려다 말았다.

백조 한 마리가 있다. 고니 한 마리가 있다.

2016년: There is 100,000,000,000,001. There is one swan.

2018년: There is a swan. There is a gnome.

2019년: There is a swan. There is a cygnus.

예전엔 백조白鳥를 숫자 백조百兆로 어이없게 풀이한 반면, 2018년에는 한자어 '백조'보다 사용 빈도가 낮은 고유어 '고니'를 이해 못 하고 그놈gnome으로 어림짐작해 버렸다. 단순한 어휘 대응보다 못할 때도 있음이 드러난다. 그러다가 2019년 들어서는 '키그누스cygnus'라는 라틴어 학명으로 옮기면서 뜻은 맞힌 셈이라고 볼 수도 있으나 영어에서 대문자로 시작하는 학술어 'Cygnus'는 별자리의 하나인 백조자리(고니자리)를 일컬으므로 알맞은 번역은 아니다.

이걸 그저 툭 튀어나온 예외적인 사례로 보더라도, 뜻이 빤히 보이는 낱말이 아닌 다의어, 동음이의어, 관용어 등은 사람이 번역해도 실수할 때가 많은데, 기계번역은 이 부분에서 아직도 특히나 취약하다. 번역은 낱말, 문장, 텍스트, 콘텍스트 층위를 모두 살펴야 하므로 문장 어순은 그럭저럭 잘 옮겼어도 정보 전달의 순서가 꼬일 수도 있다. 또한 수사적 장치를 이해하지 못하면 우스운 말이 무서운 말도 되면서 전혀 엉뚱하게 풀이되는 일 역시 비일비재하다.

번역을 해 본 적이 없다면 번역을 단순한 문법과 낱말의 매칭이라고 생각할 수도 있는데, 그런 인식은 기존의 단순한 기계번역 원리와 크게 다르지 않다. 어쨌든 우리의 예상과 달리 복잡한 바둑에서도 인간을 가볍게 이긴 인공지능이다. 이 인공지능이 인간 문화의 맥락까지 학습한다면 번역가만큼 번역을 잘하지 못할 것이라고 단정 짓기는 힘들다.

인공번역은 곧 '사람의 번역'일지도 모르니

언젠가 번역회사에서 급한 연락이 왔다. 누가 해 놓은 번역이 영 별로라서 곧바로 감수와 교정을 해달라는 것이었다. 생각보다 고칠 곳이 많아 결국은 새로 번역하게 됐다. 기존 번역이 다 엉망인 건 아니었는데 어떤 부분은 구글 번역보다도 못했다. 그래서 구글 번역과 기존 번역을 좀 다듬고 하면 시간이 단축될까 싶었는데, 이런, 오히려 더 걸렸다. 내가 그냥 하는 쪽이 신경도 덜 쓰이고 빨랐다.

구글 번역이 물론 예전보다 훨씬 좋아진 건 사실이라서 혼자 보는 용도로는 딱 좋은데, 번역가가 쓰면서 밖으로 내놓기는 또 아직 많이 모자란다. 그렇다고 영원히 이런 수준일 것이라는 건 아니다. 게다가 앞서 말했듯 어설픈 초보자보다는 구글 번역이 낫기도 하다.

사람의 번역human translation과 대비되는 개념은 기계번역 machine translation 또는 자동번역automatic translation이라고 하지 아무리 인공신경망artificial neural network을 이용한들 인공번역artificial translation이란 용어는 없다. 그런데 중국어는 기계번역機械翻譯 또는 기기번역機器翻譯에 대비되는 인공번역人工翻譯이 사람의 번역이다. 인공人工이란 단어는 자연自然과 달리 사람이 만드는/하는 것을 뜻하니 어떻게 보면 사람이 하든 기계가 하든 '인공번역'이 맞는 것일지도 모르겠다.

그러고 보니 자연自然과 자동自動도 비슷한데 얼추 반대말 느낌도 든다. 그대로 있는(하지만 물론 여러 의미로 그대로 있지는 않은) 자연어natural language를 움직이는/옮기는 게 번역이라면, 자동번역과 사람의 번역이 꼭 그렇게 구별될 필요도 없을 것 같다.

영어 '아티피셜artificial(인공)'의 궁극적 어원이 되는 라틴어 '아르스ars'뿐 아니라 독일어 '쿤스트Kunst'와 한자 '술術'도 예술·기술을 다 가리키는 말이다. 헝가리어 '뮈포르디타시műfordítás(문학번역)'의 '뮈mű'의 원뜻은 '(문학·음악)작품'인데, 이 '뮈mű'는 '뮈홀드műhold(인공위성)', '뮈포그műfog(틀니)'에서처럼 '인공'도 의미한다. 기계가 그림을 그리고 음악도 만들고 글도 짓듯 인공지능과 문학이 못 만날 일도 아니겠다. 인공지능이 인간을 계승해서 번역을 한다면 그것도 결국은 사람의 번역이라 할 수 있지 않을까. 나는 결국 사람과 인공은 한편이라 여기고 싶다.

미래의 인공지능 시대, 우리는 앞으로도 인류 문화를 넉넉하게 만드는 풍요로운 언어 유산을 남길 수 있을까. 혹여 사람의 번역, 혹은 인공지능의 번역조차 필요 없어지는 시대라면 인간의 언어가 아예 남지 않거나 딱 하나만 남은 세상일 것이다. 그때는 인공지능이 사람을 거역하거나, 아니면 우리 스스로 가장 소중한 우리의 인간성을 배신한 뒤가 아닐까. 어쩌면 그 거역과 배신은 떨어지지 않는 한 몸일지도 모르겠다.

3
—
한국어는 작은 언어가 아니다

한국어를 너무 작은 언어로 여기는 한국인이 의외로 많다. 주로 영어, 독일어, 프랑스어 같은 주요 유럽 언어 및 우리 이웃나라에서 쓰는 중국어, 일본어 등 사용 인구가 많고 글말의 역사가 긴 언어와 비교하다 보니 그런 듯싶다.

한국 인구가 적어서 출판과 번역 분야의 성과가 모자란다고들 생각도 하던데, 한국어는 모어 화자로만 따져도 높게 잡으면 12위, 낮게 잡아도 18위는 된다. 수천 개의 세계 언어, 혹은 일정 지역이나 나라의 공용어 수백 개 가운데 최상위권이며, 출판 언어로서 아직 위상이 낮은 인도 및 동남아시아 언어를 빼면 9위까지 올라간다.

모어 인구가 한국어보다 적은 프랑스어, 이탈리아어 등의 위상을 염두에 두고, 현재로선 고립국이나 마찬가지인 북한을 빼면 또 달라지겠지만, 단순 계산으로도 세계에서 한국어의 사회·문화적 위치는 소수 언어와는 한참 거리가 멀다. 표기 체계인 문자라도 갖춘 언어도 얼마 되지 않으므로 출판이 되는 언어는 더 적고 번역까지 되는 언어는 더더욱 적다. 책이라는 매체에서 제대로 쓰일 만한 언어는 손꼽을 만큼밖에는 안 된다.

이 순위권에는 한국어 사용 인구 7600만과 엇비슷한 말레이어, 텔루구어, 베트남어, 프랑스어가 몰려 있어 기준에 따라 오락가락하니 정확한 순위를 딱 말하긴 어렵다. 하지만 출판 규모만 따지면 한국어 순위는 더 올라간다. 한국어보다 사용 인구가 많은 아랍어, 힌디어, 벵골어, 펀잡어, 자바어, 베트남어는 출판 규모가 우리보다 더 작다.

지식 생산(현재 능력 및 잠재력) 및 출판 시장 규모를 뭉뚱그려 언어 등급을 매긴다면, 대략 아래처럼 나올 것 같다.

1. 영어
2. 독일어, 프랑스어
3. 일본어, 중국어, 러시아어, 스페인어, 이탈리아어
4. 포르투갈어, 한국어

여기에 한국어를 넣은 것은 순전히 출판 규모 및 이에 따른 잠정 독서 인구와 지식 생산 잠재력 때문이다. 어쨌든 적어도 현재로서는 아랍어나 힌디어보단 높겠지만 이 순위는 얼마든지 따

라잡힐 수 있다. 중국어는 위상이 20세기에는 주춤하다가 21세기 들어서 다시 올라가는 중이다. 그렇지만 양적으로야 그렇다 쳐도 워낙 억압적인 사회·문화적 분위기 탓에 질적으로 얼마나 꽃피울지는 미지수다.

한국어의 영향력에 관한 '즐거운 희망'

유네스코 번역 통계Index Translationum에는 번역 원어(출발언어)의 순위도 나온다. 세계 모든 출판물이 다 파악되지는 않으니 완전한 통계는 아니지만 충분히 참고는 될 만하다. 통계에 파악된 전체 기간에서 한국어는 29위에 지나지 않으며, 2000년대만 치면 21위다.

1위~10위: 영어, 독일어, 프랑스어, 이탈리아어, 스페인어, 일본어, 러시아어, 스웨덴어, 덴마크어, 네덜란드어

11위~20위: 라틴어, 노르웨이어, 고전그리스어, 체코어, 포르투갈어, 폴란드어, 중국어, 아랍어, 세르비아어, 카탈루냐어

뒤를 이어 21위가 한국어다. 그다음 순위인 히브리어, 핀란드어, 현대그리스어, 에스토니아어, 크로아티아어, 헝가리어 등을 다 합쳐도 한국어 인구에 못 미친다. 2010년대는 좀 더 순위가 높아

졌을 듯도 한데 아직 통계가 다 나오지 않았다.

한국어는 모어 인구나 출판 규모로 군소 언어가 아닌데 비록 유럽언어끼리 번역이 활발함을 감안하더라도 지식 생산 면에서는 아직 작은 편이다. 한국어가 글말로서 제구실을 한 역사가 100년 정도이고 다른 언어에 끼친 영향이 별로 없음을 염두에 두면 당연하다. 한국어는 지리적인 고립성 및 뭍으로 닿는 주요 언어가 세계 최다 인구인 중국어 하나밖에 없는 등 몇몇 요인으로 인구나 역사에 비해 영향력이 적었다. 그래도 2000년대 이후 한류를 비롯해 한국이 경제적 문화적으로 크게 성장하면서 한국어의 영향력도 덩달아 높아지고 있다.

유네스코 번역 통계를 2005년 이후로 따지면 한국어는 출발 언어로서 16위다. 한국에 번역서가 너무 많고 다소 쓸데없는 책도 많이 번역된다는 말도 있지만, 생산적인 언어가 되려면 번역을 줄이기보다 아직은 늘려야 한다. 그래야 다른 언어로 번역될 지식과 문화의 바탕이 생긴다.

한국어는 언어 인구를 감안하면 중국어 순위보다 훨씬 높고 (2005년 이후 순위로 중국어는 한국어보다 낮은 18위), 중국에서 적어도 당분간 다양한 문화와 지식이 꽃필 것 같진 않다. 그러니 좀 더 분발하면 8위 스웨덴어 정도는 겨우겨우 따라잡을 것 같다는 매우 긍정적인 희망에 부풀어 본다. 한국인이고 책에 관심이 많은 나는 이런 것을 즐거운 희망으로 여긴다.

언어의 위상은 달라지게 마련이기에

세계적으로 출판번역 출발언어는 영어, 독일어, 프랑스어 등이 가장 많고 러시아어, 이탈리아어, 스페인어, 스웨덴어, 일본어, 덴마크어, 라틴어, 네덜란드어 순으로 나타난다. 이는 유네스코 누적 통계에 따른 것이므로 최근 양상은 약간 달라졌겠으나 영어가 압도적이라는 사실에는 변함이 없다. 그런데 영상 매체는 영어권이 워낙 막강하니 영상번역 출발언어 영어 편중이 훨씬 더 심해서 대개 영어→자국어 번역이라고 보면 된다.

한국뿐 아니라 다른 나라도 출판번역보다 영상번역에서 영어 중역이 훨씬 많다. 당연하게도 대개 영어가 외국어인 사람이 옮긴 영어 자막·대본이 주를 이룬다. 예컨대 스웨덴 영화는 스웨덴 사람이 영어로 옮긴 대본을 한국어로 번역하는 경우가 거의 대부분이다. 비영어권 매체 번역 일이 적어서 굳이 거기에 사람이 몰리지 않는 것도 있고, 어차피 상당수는 영어 번역 대본이 나오니 상대적으로 구하기 쉽고 경험 많은 영어 번역자에게 일을 맡긴다. 영상물은 출판물보다 언어 자체의 비중이 낮고 중역에 그리 민감하지도 않으며 해당 언어 영상번역가를 구하기도 더 어렵다. 그래서 알고 보면 한국에서도 일본 또는 중국 영화나 드라마조차 영어 중역이 드물지 않다.

심지어는 독일어→네덜란드어, 스페인어→포르투갈어 영상번역처럼 유사한 언어 쌍도 영어 중역이 적지 않다. 우크라이나에서 만든 러시아어 드라마 〈뉴하치Ηюхач, The Sniffer〉도 핀란드어와 루마니아어 자막은 러시아어에서 곧바로 옮긴 반면, 어느 에피소드는 다른 서유럽 언어들 및 불가리아어, 폴란드어 자막도 영어 중역으로 보인다. 폴란드와 불가리아는 구소련을 제외하고 러시아어 구사자가 가장 많은 나라임에도 그렇다. 한국에서 일본어와 중국어 번역 단가가 영어보다 딱히 높지 않듯 폴란드와 불가리아도 영어와 러시아어 번역료가 비슷할 텐데 영어 번역가가 더 많아 중역된 듯싶다. 러시아어에서 바로 옮긴 핀란드어 및 루마니아어 사례가 특수하다.

현재는 슬라브어 가운데 러시아어의 위상이 가장 높지만 역사적으로 불가리아어는 그리스정교회, 폴란드어는 서구 문명을 러시아어에 전달해주었다. 언어의 위상은 달라지게 마련이다. 한국어는 그간 딴 언어에 전달한 게 적어 별 볼 일 없었으나, 이제 아시아 영상번역에 한정한다면 출발언어로서 꽤 중요하다. 당분간 영상번역의 경우엔 지금처럼 영어 중역이 많겠으나, 앞으로 기계번역 발달로든 언어교육 다변화로든 힌디어, 아이슬란드어, 아랍어, 타갈로그어 드라마나 영화의 원어 번역 자막과 더빙도 직역으로 만날 수 있다면 좋을 것이다.

출발언어로서 한국어의 입지를 되새긴다면

그렇다면 이번엔 출판 분야를 살펴보자. 출판 또는 번역의 논의에서 영어, 독일어, 프랑스어 등 학술, 문학, 출판, 번역 위상이 매우 높고 탄탄한 언어와 비교하니까 그렇지, 한국어 자체는 꽤 '힘센' 셈이다. 2014년 프랑스에서 출간된 번역서 출발언어 현황은 다음과 같다.

영어: 7,744종

일본어: 1,542종

독일어: 710종

이탈리아어: 538종

스페인어: 486종

스웨덴어: 153종

아랍어: 151종

러시아어: 114종

네덜란드어: 103종

한국어: 101종

2014년 자료지만 번역 원어로서 한국어의 위상을 살필 만한 준거는 된다. 수백 년 전부터 지금까지 독일어 및 프랑스어 이 둘은 출발언이 및 도착인어 모두에서 가장 활발한 언어나. 이를테면

19세기까지만 해도 동유럽 작품은 흔히 독일어를 거쳐 영어로 번역됐고, 영국 작품도 독일어를 거쳐 동유럽 언어로 옮겨졌으며, 영어 및 남유럽 언어 사이에서 프랑스어 역시 그런 매개 언어 구실을 했다. 한국도 비영어권 유럽 저자의 번역서 가운데 인구가 비교적 적은 언어가 원어인 경우 영어 말고도 독일어 및 프랑스어 중역이 아직 많다.

프랑스의 번역서 원어에서 일본어가 독일어보다 앞서 영어에 버금가는 게 특기할 만한데, 독일에서도 출발언어가 영어, 프랑스어, 일본어 순이므로 일시적인 현상은 아니다. 중국어가 없는 점도 특이한데 자료에서 빠졌는지는 확실치 않다. 사용 언어 인구치고는 번역이 꽤 많이 되는 스웨덴어 및 네덜란드어 등과 견주면 좀 떨어지지만 한국어 역시 나름 잘나가는 언어인 셈이다.

물론 함정(?)도 있다. 다른 언어의 프랑스어 번역자는 대부분 원어를 구사하는 프랑스인인 데 반해 대개 한불 번역은 프랑스어를 구사하는 한국인 번역자 및 프랑스인 감수자가 짝을 이룬다. 한국어에서 딴 외국어로 옮길 때도 아직 이런 파트너식 번역이 많다. 한국어를 배우거나 구사하는 외국인이 점점 빠르게 늘고는 있으나 번역까지 할 만한 사람은 아직 모자라나 보다.

아마 그래서 2016년 작가 한강이 『채식주의자』로 맨부커 국제상을 타자 영국인 번역가 데버라 스미스가 한국에서 과도하게 주목받은 듯싶다. 실은 그때도 이미 책의 번역에 대한 비판이 일었음에도 굳이 〈한국문학번역상〉까지 또 줬으니, 한국이 무슨 신생국도 아닌데 너무 대접해 준 구석도 있음을 부인하진 못하겠다.

그러니까 우리 한국인 번역가들은 영어 등 주요 언어를 국역해 봐야 본국에서 제대로 알아주지도 않는다는 걸 상기할 필요가 있다. 그렇다면, 특히 동남아시아 출판계에서는 한류 열풍 덕에 이제 한국어가 주요 출발언어가 되고 있음을 감안해 본다면 어떨까. 출판 언어로서 세계에서 아직 위상이 비교적 낮은 언어를 국역하여 우리나라에서 상도 받고, 그 나라에서도 주목을 받거나 상을 받으면 일석이조一石二鳥 아닐까도 싶다. 아니, 한국어는 아직 영어와 같은 압도적인 언어가 아니므로 일석이충一石二蟲 정도 되려나?

물론 꼭 주목과 상을 받아야만 좋은 것은 아니므로 반드시 이럴 것까진 없다. 그래도 틈새시장을 빨리 노리는 게 여러모로 '전략적'일지 모른다. 동남아시아 언어와 한국어를 함께 아는 사람이 적으니 오역 시비에 휘말릴 가능성도 적을 것이다. 물론 이건 약간의 농담이 섞인 것이다. 무슨 일이든 트집은 아무나 잡을 수 있기에 오역 시비 자체는 소모적일 때도 많아서 늘 바람직하지는 않지만, 어쨌든 직업적 윤리 의식이 있는 번역가라면 누구든 최대한 좋은 번역이 나오도록 노력한다고 확신한다.

한국의 번역가들은 도착언어로서의 한국어를 다루지만 좋은 번역을 하면 좋은 한국어 문장이 생기므로 출발언어로서의 한국어에도 이바지할 수 있다. 이는 한국어에서만 벌어지는 일이 아니다. 사람도 무수한 만남을 통해 성장하듯이 언어 역시 다른 언어들과 만나지 않으면 발전할 수가 없다. 오역이란 그런 만남에서 생기는 부산물이다. 오역은 얼핏 쓸모없고 밉살스러워 보일지라도 더 넓게 멀리 보면 언어가 더욱 아름답게 잘 자라는 데 쓸모가 있는 밑거름이다.

4

『채식주의자』의 '안방'에 드나들며

앞에서 한강 작가의 『채식주의자』 이야기를 잠깐 했는데, 여기서는 이 책의 번역에 관해 조금만 말을 덧붙여보고 싶다. 『채식주의자』의 영어 번역은 2016년 맨부커 국제상을 받을 때부터 오역 시비가 일었던 바 있다.

2017년 『문학동네』 봄 호에서는 번역학자이자 번역가인 조재룡 교수도 문제를 제기해 일반 언론에서도 관련 기사가 나왔다. 특히 예컨대 외국인으로서 주어 파악이 어려운 한국어를 제대로 해석하지 못해 글솜씨로 슬쩍 때운 대목이 적지 않아 어떤 면에서는 원작과 꽤 다른 작품이 됐다는 것이다.

번역가나 번역에 관심을 가진 이라면 다들 알다시피 어느 언어의 번역이든 원어를 속속들이 모를 때 오역 혹은 이른바 '뭉개기'가 적지 않게 나온다. 사람이 하는 일인데 (혹은 기계가 하더라도)

어느 정도까지는 봐줄 만하겠다. 현재 한국 번역은 원어에 충실함을 지향하는 반면, 영어권 번역은 현지화 경향이 더 심하다는 차이도 감안해야 할 것이다.

'안방'을 외국어로 옮기는 일의 어려움

『채식주의자』의 영어 번역본에는 '안방'이 '리빙 룸living room(거실)' 및 '마스터 베드룸master bedroom(가장 큰 침실)'으로도 돼 있다. 물론 원문의 '거실'을 영어 '리빙 룸'으로 옮긴 대목도 있으니, 아마 역자가 살짝 오락가락한 듯싶다. 한옥이라면 안방에서 부인이 여자 손님을 맞기도 하니 '리빙 룸'의 기능도 있다. 하지만 한국의 현대적 서양식 주택 또는 아파트는 안방이 '베드룸'에 가깝다.

한국인 역자가 영어로 옮긴 김영하의 『빛의 제국』에서도 안방은 '베드룸bedroom'이다. 『채식주의자』의 독일어판도 독일에 사는 한국인이 직접 옮겨서 그런지 안방이 '본치머Wohnzimmer(거실)' 대신 '슐라프치머Schlafzimmer(침실)'로 옮겨져 있고, 네덜란드어판은 영어 중역이라서 '슬라프카머르slaapkamer(침실)' 대신 '본카머르woonkamer(거실)'로 되어 있다.

1992년 나온 『엣센스 한영사전』은 안방을 '주된 거실, 여자의 거처the main living room; the woman's quarters'로 풀이하는데, '뒷방the back part of the house'이 없는 것 빼고는 1967년판 에일대 출판부

한영사전 풀이와 거의 같다. 포털 온라인 사전에서도 안방을 검색하면 '리빙 룸living room'과 '메인 룸main room'만 나온다. 1992년판『엣센스 한독사전』도 '이너러 라움der innere Raum(안쪽 방)', '구테 힌터슈투베die gute Hinterstube(좋은 뒷방)'만 나온다.

그런가 하면 국립국어원 표준국어대사전의 '집 안채의 부엌에 딸린 방 및 안주인이 거처하는 방'에는 안방의 뜻이 얼추 맞는다. 고려대학교 한국어대사전은 '집에 달린 방 중에서 중심이 되거나 어른이 거처하는 곳'으로 그나마 현대적 뜻풀이도 해 놨다. 그런데 2008년에 나온 한국외대 한불사전조차 '안방'을 '재산의 방, 부모의 방, 안주인의 방'으로만 풀이한다. 이렇듯 현대식 한국 주택을 잘 모르는 외국인이 사전만 보고 '안방'에서 '베드룸bedroom(침실)'로 옮기기 쉽지 않을 수도 있다.

'안방'처럼 너무 흔한 말조차도 못 따라잡으니 완벽한 사전 만들기가 얼마나 불가능한지 잘 알 수 있다. 대개 이중언어 사전은 한쪽 모어 화자의 외국어 학습에 중점을 둔다. 그러니까 애초에 한국에서 만든 한국어-외국어 사전으로도 어떻게든 한국어를 외국어로 번역할 수야 있겠으나 매우 어려운 게 사실이다. 외국인이 번역을 잘하도록 한영·한독·한불 사전을 한국인이 업데이트하기도 힘들고, 외국에서 좋은 한국어 사전을 만들기를 기대하기도 쉽진 않다. 종이 사전의 몰락에 슬퍼하기보다는 다언어시대에 여러 언어권의 사람들이 모여 위키피디아wikipedia나 윅셔너리wiktionary 같은 온라인 참고서를 제대로 평가하고 써먹을 방법을 찾는 게 나을 듯싶다.

비록 이제 '안방'은 거의 침실과 비슷한 뜻이지만, 여전히 한국적인 냄새가 나다 보니 막상 외국어를 한국어로 번역할 때 '안방'은 잘 안 쓰게 된다. 나는 번역에서 '부엌'도 잘 쓰지만 서양 집이라면 '주방'이 낫다는 이도 있어 좀 아리송하기도 하다. 바지나 치마는 양복에도 쓰지만 속곳, 버선, 저고리, 두루마기를 팬티, 양말, 재킷, 코트의 뜻으로 쓰지는 않는다.

'양말洋襪'은 서양버선이니 절반쯤은 수용된 셈이다. 일본어는 양복바지와 치마가 '즈봉ズボン'과 '스카토スカート'다. 반면 일본어 '구루마くるま'는 한국어 수레나 달구지와 달리 자동차도 뜻한다. 원래 있던 말의 뜻을 넓혀 새로운 문물 또는 개념을 수용하느냐 새로 말을 만드느냐는 딱 부러지게 정해지지 않는다.

오역은 피하는 게 아니라 만나서 잘 해결하는 것

번역에서 순간순간 처리하는 어휘는 늘 자잘한 갈등의 요소가 된다. 피자가 수용되지 않았던 때라면 양식 빈대떡이라 했을 테지만 이제는 그냥 피자라고 하면 된다. 혹시 인간의 정보처리 능력이 지금보다 한 백 배쯤 늘어나면 번역이 쉬워질지도 모르겠다. 이를테면 영어 '리빙 룸living room', 독일어 '본치머Wohnzimmer', 한국어 '거실/안방' 따위의 힘의가 조금이라도 디를 테니, 번역할 때 이런 단어들은 아예 외국어로 옮기지 않고 그냥 원어로 쓰면 될 테니까.

물론 말도 안 되는 소리다. 말도 안 되는 소리로 의사소통이 된다면, 그때 번역이라는 일은 필요 없어질 것이다. 그전까지는 우리는 번역을 해야 하고 오역을 마주쳐야 한다. 오역은 피하는 것이 아니라 만나서 잘 해결하는 것이다.

출발언어인 한국어를 쓰는 쪽에서는 도착언어인 영어에서 오역을 하든 말든 그쪽 사정이니까 크게 기분 상할 까닭은 없다. 우리 문화를 오해하면 기분이 나쁠 수도 있겠지만 문화 사이의 만남에서 오해는 기본 아닐까? 이것도 어느 정도까지냐가 문제다.

그런데 그런 시빗거리를 두고서도 그저 한국어를 외국어(특히 영어)로 번역해 '줬기에' 찬사를 보낸다든가 과도하게 주목해 '드린다면' 곤란하다. 꼭 한국인만 자국어의 외국어 번역에 신경 쓴다기보다는 인터넷 덕에 원문 번역문 비교가 용이해졌기 때문이기도 한데, 물론 이는 도착 언어가 영어라서도 그렇다. 다만 두 언어권은 상대방 언어 학습자 및 번역 상황이 너무나도 극단적 비대칭을 보이므로 역으로 영어권에서 한국의 번역을 갖고 시비 걸 일은 드물 것이다. 기계번역이 발달하면서 외국어에 무심한 영어권에서도 인간번역의 의의를 새로이 보고 번역에 관심 두는 이가 늘어난다면 재밌겠다.

이미 여러 언어로 나온 『채식주의자』는 크게 세 가지 번역 유형으로 나뉜다.

한국인 (교포) 번역: 독일어, 프랑스어, 스페인어, 브라질 포르투갈어, 헝가리어

한국어 전공 현지인 번역: 영어, 일본어, 중국어, 베트남어, 터키어, 루마니아어, 폴란드어, 체코어, 리투아니아어

영어 중역: 네덜란드어, 덴마크어, 스웨덴어, 핀란드어, 이탈리아어, 포르투갈어, 우크라이나어

독일어, 프랑스어, 스페인어판처럼 한국어를 모르는 외국인이 감수한 한국인 번역도 있고 폴란드어판처럼 한국인이 감수한 현지인 번역도 있는데, 굳이 따진다면 후자가 이상적일 듯싶다. 중역은 매개 언어의 오역을 제대로(!) 옮겨 원어 기준의 오역이 어쩔 수 없이 생기게 마련이고, 오역하거나 문맥 파악을 잘해서 원어에 맞는 번역이 나올 때는 매우 드물다.

현재 확인 가능한 영어 중역 대부분은 영어판 오역을 그대로 따랐고 한국어에서 바로 번역한 언어는 외국인이 옮긴 폴란드어에서도 보이듯 적어도 의미는 제대로 살렸다. 터키어 옮긴이 괵셀 튀르쾨쥐Göksel Türközü는 얼굴과 이름이 낯익길래 찾아보니 대학원 때 수업도 한 번 같이 들었던 이라서 왠지 반가웠다.

번역의 두 방향을 성찰하는 일

맨부커 국제상은 원작이 아니라 번역 작품에 상을 주는 것이다. 그래서 영어 작품이 인기를 얻었다면 오히려 원어에서 바로 옮기기보다는 영어를 중역하는 것이 더 알맞다는 의견도 있는데, 특히 원어를 바로 옮길 역자가 없는 나라에서 더욱 그럴 만하다. 포르투갈어가 공용어인 나라 중에 브라질은 한국인이 한국어에서 옮기고, 포르투갈은 영어에서 옮긴 책을 냈다. 포르투갈어의 종주국은 포르투갈이지만 브라질이 훨씬 크고 한국 이민자도 많아 한국에서 배우는 포르투갈어는 거의 브라질 식이다.

포르투갈은 한국과 딱히 큰 접점이 없으니 한국어를 번역할 사람도 적다. 두 나라의 포르투갈어 차이는 많은 면에서 영국과 미국의 영어 차이보다 크다. 브라질이 훨씬 큰 나라이다 보니 번역도 더 많이 이뤄지는데, 그나마 대학 교재 같은 책은 포르투갈에서 브라질 번역판을 보는 경우가 있긴 해도, 생생한 입말과 정교한 글말을 함께 다루는 문학작품은 두 나라에서 따로 번역해야 제대로 읽힌다. 그래서 포르투갈판은 영어 중역을 택했다.

꼭 『채식주의자』만 그런 것이 아니고, 문학 번역의 역사에서 원작의 직접 번역이 아닌 중역을 통한 수용도 매우 많다. 문학은 언어 예술이라서 언어 정체성이 중요하다. 다만 번역 문학도 도착 언어를 사용하는 예술인데 해당 언어의 문학에서 제외시킬 필요가 있을지는 여전히 논란이 된다. 물론 삭색이나 번안이 아닌 다음에야 원작과 번역의 경계가 없다고 볼 수는 없으나 둘 사이에 절대 넘을 수 없는 담장을 치는 것도 문학을 너무 좁게 보는 시야가 아닐까 싶다.

한국에서 나오는 네덜란드어, 스웨덴어, 덴마크어 작품은 대개 중역이고, 독일어 및 프랑스어에서 중역하는 경우도 많다. 영어 번역이 상대적으로 현지화도 심하지만 원래 독일어 및 프랑스어권에서 번역이 더 많이 나오기 때문이기도 하다. 네덜란드 및 스칸디나비아는 오히려 내용상 더 정확한 독일어 및 프랑스어에서 옮겨도 됐을 텐데 아무래도 맨부커상 효과와 더불어 딱히 한국어 자체를 잘 모르니 오역을 크게 문제 삼지 않고 영어에서 옮겼을 것이다. 한국문학이 더 잘 알려진다면 중역이더라도 더 나은 번역에서 고르게 되지 않을까?

비록 이런저런 문젯거리야 있어도, 번역이 활발한 큰 언어권인 독일어, 프랑스어, 스페인어 등을 제치고 번역 무풍지대 영어권 현지인이 한국어를 옮겼다는 게 사실 꽤 이례적이다. 영어 역자도 상을 받지 않았더라면 이렇게까지 유명세를 치르지는 않았을 텐데 오역 시비에 주눅 들기보다는 더 실력을 갈고닦아 발전하길 바란다. 모든 번역가에게 전하고 싶은 바람이기도 하다.

물론 외국어의 한국어 번역자보다 한국어의 외국어 번역자에게 관심이 더 쏟아지는 것처럼 보여서 나 같은 한국의 번역가들에게는 어찌 보면 씁쓸한 느낌이 남는 것도 사실이다. 그래도 번역이 문화 사이를 이어주는 데 얼마나 중요한 구실을 하는지 환기시켜 주는 계기가 많이 생기면 좋은 일이다. 사람들이 번역에 갖는 관심이 표면적이고 일회성으로 보일지 몰라도 이런 이벤트가 쌓이면 내실도 더욱 깊어진다. 한국 문화가 세계 여러 문화와 함께 커가려면 번역의 두 방향이 모두 중요하다.

세상에 번역이 불가능한 언어는 없다

한국 문학이 노벨상을 받기 어려운 이유로 왕왕 언급되는 게 있다. 의성어나 의태어를 비롯해 한국어의 표현력이 워낙 풍부하다는 것이다. 한국어가 유럽 언어보다 의성어나 의태어가 많은 것은 사실이지만, 상당수 아시아 언어가 이런 특질을 공유하므로 한국어만 그런 것도 아니다. 언어마다 표현 방식이 조금씩 다를 뿐이지 태생적으로 표현이 더 풍부한 언어가 따로 있지는 않다. 외국어를 모르면 모국어만 독특하다고 착각하기 쉽다.

한국어와 유럽 언어의 차이가 있으니 그만큼 쉽게 못 다가간다는 것도 절반은 진실이다. 하지만 그간 한국어가 영어를 비롯한 유럽 언어로 번역이 많이 안 된 것은 어려운 한국어 탓이 아니다. 이는 수많은 유럽 언어의 책이 한국어로 번역되고 있다는 명백한 사실에서도 잘 드러난다. 한국어에 없던 개념이나 문물이 번역되고 외래어로 들어왔듯이 한국어에서 줄 게 있으면 다른 언어로 흘러들기 마련이다.

번역에 관해선 이 일이 애초에 불가능한 행위라는 다소 비관적인 주장과 결국은 가능하다는 낙관적인 주장이 맞선다. 주로 감정 표현이 번역 불가능성 논의에서 단골 메뉴인데, 한국어 '정情'처럼 언어가 가진 특정한 개념은 번역이 정말 힘들지도 모른다. 그런데 같은 언어를 쓸지라도 개인에 따라 느낌은 조금씩 다르다. 다른 한편 인간의 희로애락은 보편적이다. 한 낱말로 꼭 집느냐 아니냐가 다를 뿐이다.

그런 것은 언어의 줄기가 아니고 곁가지다. 곁가지에서 드러나는 개별 언어의 특징은 사람의 얼굴과 흡사하다. 우리 모두 생김새가 달라도 서로를 이해할 준비가 돼 있는 인간이듯 겉모습이 다른 언어들도 언제나 번역을 기다리고 있다.

번역이 불가능하다는 것은 완벽주의 강박의 반작용이다. 번역이 불가능하다면 언어 행위 자체도 불가능하다. 아무런 모자람도 없이 생각을 언어로 정리하기도 어렵고 늘 상대방의 언어를 속속들이 알아들을 수도 없다. 언어는 불완전하다. 불완전한 언어를 쓴다는 사실을 잊은 채 완전한 번역이라는 환상을 품고 끝없이 하늘을 오르다가는 환멸만 맞는다.

우리는 땅 위에서 언어를 쓰는 사람이다. 세상에 번역이 불가능한 언어란 없다. 어떤 언어로 썼든, 번역이 될 만한 글은 번역이 된다.

5

〈기생충〉의 '짜파구리'를 맛보며

봉준호 감독의 〈기생충〉은 2019년 칸영화제에서 황금종려상을 받고 2020년 아카데미상 시상식에서 작품상, 감독상, 각본상, 국제영화상까지 네 부문을 휩쓸었다. 더불어 영어 자막 번역자 다시 파켓Darcy Paquet(한국 매체에서는 대개 '달시'로 표기)도 주목을 받았다. 한국 관객이 아니면 알아듣기 힘든 여러 표현을 잘 옮겼다며 찬사가 많았다.

예컨대 파켓은 "서울대학교 문서위조학과, 뭐 이런 거 없나?"를 "Wow, does Oxford have a major in document forgery?"로 옮기면서 '서울대학교'를 '옥스퍼드대학교'로 의역하기도 했다. 영화 번역이라는 특성상 재치 있는 해결책으로 봐도 되겠으나 이런 식의 번역이 언제나 정답일 수는 없다. 반대로 한국에서 옥스퍼드Oxford를 '서울대학교'로 옮길 경우가 없진 않겠지만 훨씬 드물 텐데, 두 언어권에서 상대 문화 노출 수준이 매우 비대칭적이므로 이는 당연하다고도 볼 수 있다.

외국어화 및 자국어화와 현지화 사이에서 어떻게 줄타기를 해야 되는가는 번역 논의에서 늘 골칫거리다. 영원한 정답은 없고 시대, 대상 관객 및 독자, 언어권에 따라 다르므로 그때그때 답을 찾아야 한다. 영어권의 경우 영상물이든 책이든 번역의 비중이 낮아서 관객과 독자가 외국의 문화적 양상에 덜 익숙하다 보니 번역의 현지화 경향이 상대적으로 두드러진다. 아동 도서의 번역에서 현지화가 많은 것과도 비슷하다.

그러나 영어권이라도 청소년과 성인이 읽는 책을 옮길 때는 '서울대'를 '옥스퍼드대'로 번역하지는 않을 것이다. 한국도 예전에는 현지화 번역이 적지 않았으나 이제는 외국어화 경향이 좀 더 크다. 외국어(주로 영어)를 아는 한국인이 늘었기 때문이기도 하다.

외국어화와 자국어화의 다채로운 양상

이렇듯 외국어화와 자국어화는 언어나 나라에 따라 다른 양상으로 나타나는데 독일어는 영어권의 단체, 기관, 학교, 건물 이름을 그냥 원어 그대로 쓸 때가 많다. 하버드대학교 Harvard University는 독일어 'Harvard-Universität'나 'Universität Harvard'로도 나타낼 수 있지만 영어로 더 지주 쓰는 반면, 스페인어는 'Universidad de Harvard'로 번역하는 비율이 훨씬 높다.

독일어권 영어 드라마와 영화 번역에서는 외국어화의 극단적 사례도 나온다. 엄마와 아빠를 뜻하는 '맘mom'과 '대드dad' 같은 말도 독일어 '무티Mutti', '마마Mama' 및 '파티Vati', '파파Papa' 대신 영어 그대로 많이 쓰는데, 영어 원작에 최대한 가깝게 더빙을 하려다가 자막도 아예 외국어 그대로 드러내곤 하는 것이다.

실제 독일어에서 'mom'과 'dad'는 외래어로 쓰이지도 않고, 영어권 영화나 드라마의 더빙과 자막에만 나온다. 물론 비영어권 영화의 독일어 더빙과 자막에 'mom'과 'dad'를 쓰지도 않는다. 현재 세계에서 위세가 가장 막강한 영어가 받는 특별한 취급이 단적으로 드러난다. 물론 영어 영상물이라도 'my dad/mom is'처럼 문장으로 나오면 'mein Vater/meine Mutter ist'로 할 때가 많은데, 'mom'과 'dad' 그 자체는 대개 호칭으로 간주한다는 뜻이다.

독일 관객이 영어에 무척 익숙하다 보니 영어 호칭만 그대로 쓰는 것인데, 이는 영어 '미스터Mister', 독일어 '헤르Herr', 프랑스어 '므시외Monsieur', 스페인어 '세뇨르Señor' 등의 경칭을 여러 언어에서 자국어보다는 외국어 그대로 쓰는 일이 많은 경우와 비슷하다. 물론 미국인 'Mr. Smith'를 독일어 'Herr Smith'로 번역할 수도 있으나 경칭과 성씨 또는 성명은 한 덩어리로 간주한다. 대장장이를 뜻하는 성씨 '스미스Smith'와 '슈미트Schmidt'는 어원이 같으므로, 자국어화가 더 심해지면 미국어 'Mr. Smith'가 독일어 'Herr Schmidt'로 번역되는 경우도 있다.

경어법이 지극히 복잡한 한국어를 대입하면 느낌이 더 잘 온다. 서양 언어의 경칭은 한국어에 딱 맞는 게 없다. 이른바 번역 투로 '스미스 씨'라고 할 수는 있으나 한국어 '씨'는 영어 '미스터'만큼의 경칭 느낌이 없다. 독일어도 옛날에는 윌리엄 셰익스피어 William Shakespeare의 이름을 독일어 빌헬름Wilhelm으로 바꿔 부르기도 했듯이 외국어화와 자국어화는 언어와 시대에 따라 달라진다. 영어권도 외국어 인식이 높아지면 지금과는 또 다른 양상을 보일 것이다.

'짜파구리'의 번역에 대하여

영화 〈기생충〉과 같은 자막 번역은 출판 번역보다 시간적 공간적 제약이 크다 보니 역설적으로 오히려 자유재량이 좀 더 많이 허용되고 창의성도 요구된다. 책은 한 번에 이해가 안 되면 여러 번 읽을 수도 있지만 극장 영화의 자막은 바로바로 지나가므로 그럴 수 없다. 집에서 TV나 컴퓨터로 영상물을 본다면 다시 보는 것이 가능하지만 그래도 책을 읽을 때와는 달리 웬만하면 곧바로 알아들을 만한 번역이 선호된다.

이제는 한국에서도 이베이eBay를 많이 알지만, 예전에 어느 미국 영화에 나온 이 말을 번역가가 '옥션'으로 옮겨서 논란이 일었나. 역사는 당시에 이베이보다는 옥션을 곧바로 알아들을 사람이 많으리라고 판단해서 고심 끝에 후자를 골랐을 텐데 지금이라면 선택이 달랐을 것이다. 번역가도 인간이니 실수도 하겠지만, 단순히 원어와 겉보기에 다르다고 무턱대고 욕하기보다는 겉으로 보이지 않는 노력과 고민이 많음을 한 번쯤은 생각해 봐도 좋겠다.

〈기생충〉은 어땠을까. 영화에서 맛깔스럽게 활용된 먹거리 '짜파구리(짜파게티+너구리)'는 '람동 ramdon[ramen+udon]'으로 꽤 절묘하게 번역됐다. 물론, 이게 정답은 아닐 것이다. 한국인이 느끼는 짜파게티 및 너구리와 영어 화자가 느끼는 라면 및 우동의 위상은 무척 다르기 때문이다. 로마자 표기법을 따라 'jjapaguri'로 썼다면 한국 문화가 생소한 관객이 이질감을 크게 느꼈겠고, '짜파게티'의 어원이 되는 'spaghetti'를 응용해 말을 만들었다면 아시아적 느낌이 살지 않았을지도 모르니 역자가 영상번역의 한계 안에서 할 만한 최선의 선택을 했다고 본다.

'람동'은 언어마다 다른 절단어 clipping, truncation의 특징도 잘 드러난다. 예를 들어 한국어와 일본어, 영어 등 세 언어의 디지털카메라(digital camera의 절단어: 디카, 데지카메 デジカメ, 디지캠 digicam), 로맨틱코미디(romantic comedy의 절단어: 로코, 로마코메 ロマコメ, 롬콤 rom-com)의 차이는 음절의 무게 또는 위상이 다르기 때문에 생긴다.

한국어는 모든 음절 무게가 같으므로 대개 한 음절씩만 따오면 된다. 일본어는 모음 길이에 따라 그리고 비음(ん) 여부에 따라 음절 무게가 달라서 장모음이나 비음이 있을 경우 음절이 하나라도 '모라 mora'는 두 개가 된다. 일본 지명과 인명은 모라가 흔히 네 개다. 토오쿄오(도쿄), 오오사카(오사카), 나가사키, 호ㄴ슈우(혼슈). 디지카메(디카)처럼, 리모트 컨트롤리モートコントロール, remote control의 절단어 리모콘リモコン도 모라가 네 개다. 네 음절 '리모콘토'가 아니다.

영어는 더 복잡하다. 음절 중심의 한국어나 일본어와 달리 영어는 강세 중심이며, 로마 문자 자체도 음절문자가 아니라서 음절 경계를 끊기가 애매할 때가 많고, 스페인어나 프랑스어 등 로망스어와 비교해도 그렇다. 예컨대 케임브리지와 웹스터 사전에 나오는 'digit'과 'digital'의 음절 분해를 살펴보면 'di·g·it/dig·i·tal'이지만 롱맨 사전은 'di·git/di·gi·tal'이며 두 경우 모두 'digit'에 붙은 접미사 '-al'은 음절 경계와 무관하다. 즉, 영어의 절단어를 예측하기는 참 까다롭다.

음절 구조상 한국어는 '셀프카메라'가 '셀카'가 되는데, 영어는 'selfie'가 따로 있지만 설령 'self camera'를 줄인다 쳐도 (디지털 카메라의 절단어가 'digicam'이듯이) 'selca'가 아니고 'selfcam'이 된다. 영어는 절단어가 대부분의 언어가 영어 'selfie'를 차용해서 쓰는데, '셀카'는 전 세계에서 한국어만 쓴다. 최근에는 방탄소년단BTS을 비롯해 케이팝이 세계적인 인기를 끌면서 팬 중에는 콩글리시 '셀카selca/selka'를 아는 이도 늘고 있다. 이제 콩글리시는 세계 문화 교류의 당당한 플레이어인 것이다.

이미지도 번역이 될 수 있다면

예전보다 한국의 문화 상품 수출은 훨씬 늘었지만 한국 문화가 해외에서 어떻게 수용되는지는 여전히 많은 한국인의 관심을 받는다. 〈기생충〉 골든 글로브 외국어영화상 수상을 기념하고자 더 조커스The Jokers라는 프랑스 배급사에서 캐나다 퀘벡 출신 일러스트레이터 마리 베르주롱Marie Bergeron이 그린 새 포스터를 공개하자 많은 한국인의 찬사가 이어졌다. 다층 주택을 통해 등장인물들의 계층 차이를 예술적으로 표현했다는 것이다.

내 눈에 띈 것은 '기생충'이라는 세로 간판이다. 유럽식 책등의 글자 방향은 아래에서 위로 올라가는데, 포스터의 간판에 나온 '기생충'의 글자 방향도 그렇다. 책등 글자는 영어권, 스칸디나비아, 네덜란드 등은 위→아래인 반면에, 독일어권, 프랑스어권(캐나다 퀘벡 포함), 러시아어권, 스페인어권, 포르투갈어권, 중남미 등을 비롯한 대부분의 유럽어권은 아래→위 방향이다. 유럽 대륙도 요새는 책등이 영어권식 방향도 꽤 보이긴 한다. 한국은 낱자로 쓰면 물론 위→아래다. 이어서 써도 영어권처럼 위→아래인데 영어권 출판계의 영향일 수도 있지만 낱자 방향에 맞춰서 그럴 수도 있다.

책표지가 보이도록 책을 올려놓을 때 영어권은 책등 글자 방향이 뒤집히지 않으나 유럽 대륙은 뒤집힌다. 그러나 책등 자체의 글자만 보면 영어권은 오른쪽에서 왼쪽으로 가야 되므로 원래의 글쓰기 방향과 어긋난다. 따라서 논리적으로 로마자는 이어서 쓸 때 아래에서 위로 올라가는 유럽식이 맞고, 감성적으로는 영어권이 알맞은 셈이라고나 할까.

프랑스를 비롯한 유럽은 사용 문자의 특성도 그렇고 가로 간판이 많겠지만 세로 간판도 글자 방향이 책등과 비슷하게 아래→위로 올라가는 게 많다. 퀘벡은 북미 캐나다에 있지만 프랑스어권이라서 여러모로 프랑스와 비슷한 양상을 보인다. 프랑스 배급사의 의뢰를 받은 삽화가도 같은 문화권 사람이라서 '기생충' 글자 방향을 알아서 그렇게 표현했는지 아니면 배급사가 그것까지 딱 주문했는지는 알 수 없지만 우연이든 필연이든 특색 있는 포인트가 됐다.

따라서 프랑스 〈기생충〉 포스터의 다소 어색한 '기생충' 글자 방향은 글자의 이국적인 느낌은 간직하면서도 수용 문화권의 관습도 지킨 적절한 현지화 사례로 볼 만하다. 텍스트만이 아니라 이미지도 번역될 수 있으며 이미지의 번역을 통해 텍스트 번역을 입체적으로 생각해 볼 수도 있을 것이다.

6

닭도리탕과 겐세이 그리고 구라

한국어는 고유어 중심의 언어순화 측면에서 매우 특이한 언어에 속한다. 요란한 정도에 비해 전반적으로 실패했기에 특이하다는 소리다. '실패'는 부정적인 느낌을 주지만 뭔가에 실패했다고 늘 나쁜 건 아니다. '실패는 성공의 어머니'라서 긍정적이라는 말이 아니고, 한 단면의 실패가 모든 것의 실패를 수반하지는 않기에 복합적으로 봐야 한다는 뜻이다.

언어순화의 실패도 마찬가지다. 언어순화 역시 그 자체로 좋을 수도 나쁠 수도 있다. 언제나 너무 깨끗하고 맑기만 하다고 좋은 게 아니다. 그때그때 맞는 게 있다. 너무 맑은 물에선 고기가 놀지 않는다는 속담은 언어에도 적용된다.

언어순화의 양상을 살펴보면

어휘는 쓰임새에 따라 학술언어, 실무·실용언어, 일상언어 등세 층위로 나뉜다. 서로 겹치는 부분도 물론 있으며 앞의 둘은 전문언어 범주로 묶어도 된다. 언어순화가 성공을 거둔 사례는 대개실무·실용언어에 속한다. 일상어도 어느 정도 통제나 조정이 가능하겠지만, 대체로 일상적인 어휘엔 고유어가 많으면서 상대적으로 자연스러운 언어활동이라서 군이 큰 노력을 들일 필요가 없다. 또 학술언어는 국제 교류가 중요해서 국제공통어휘가 많기에 바꿔 봐야 오히려 역효과가 날 수도 있다.

실무·실용언어에 포함되는 분야는 법률, 행정, 기술 등인데, 게르만어와 슬라브어, 우랄어 대다수는 순화 작업에서 성공을 거둔 셈이라고 볼 수 있다. 예컨대 독일어 합성어 Rechtswidrigkeit-sausschlussgründe(위법성조각사유), Fachsprachenforschung(전문용어연구), Umweltschutzgesetzgebung(환경보호입법), Krankenhausver-waltung(병원운영)은 한국어와 달리 구성 요소가 모두 고유어다. 터키어는 이 작업에 절반쯤 성공했으나 아랍어 및 페르시아어 요소가 아직 많다. 한국어는 실용언어 순화가 사실상 실패했다고 봐도 무방하고, 잘 봐줘야 시늉 정도만 있을 뿐이다.

오히려 학술어를 순화하려다가 성공과 실패를 거듭하는 중이다. 의학 용어는 상당히 체계적으로 한글화가 진행된 편이라서 예컨대 '골다공증'과 '심방세동' 및 '뼈엉성증'과 '심방잔떨림'이 공존

하는데, 한자어로만 된 전자의 쓰임이 여전히 훨씬 높다. '잔떨림'이 '세동 細動'보다 와닿기는 하나 '뼈엉성증'이 '골다공증'보다 나은 선택인지는 모르겠다.

모든 용어를 고유어로 바꾸기보다는 너무 어려운 한자어 위주로 골라서 고치는 게 나아 보이기도 하지만, 어쩌면 그렇게 골라야 한다는 점 때문에 더 힘들 수도 있다. 또한 의사끼리 소통할 때는 흔히 영어 용어를 그대로 쓴다. 국제적인 의학 용어 자체는 라틴어 기반이고 그리스어 접사도 쓰이므로 한국 의사는 '허파/뼈'에 해당하는 라틴어 '풀모 pulmo/오스 os', 그리스어 '프네우몬 πνεύμων/오스테온 ὀστέον', 영어 '렁 lung/본 bone', 한자어 '폐 肺/골 骨'까지 다 알아야 하는 셈이라 언어적 부담이 크다. 그런데 뼈엉성증처럼 별로 안 쓰던 한국어 용어까지 새로 익히자니 더더욱 부담스러울 수도 있다.

다른 언어와 마찬가지로 영어와 일본어도 물론 언어순화를 시도한 바 있으나 매우 소극적이라서 크게 힘을 쓰지도 못했다. 영어와 일본어는 언어순화도 고유어 되찾기나 살리기보다는 '쉬운 언어' 쓰기에 집중한다. 차용어·외래어 범벅인 이 두 언어는 그렇다고 고유성 또는 독자성을 잃은 것도 아니며, 국제어로서 한몫하는 데도 손색이 없다. 앞으로 한국어가 굳이 '벤치마킹'한다면 언어순화에 성공한 언어보다는, 언어순화와는 무관해 보이면서도 정체성을 잘 간직한 영어와 일본어를 참고하는 쪽이 낫겠다. 마침 한국어 사용어 어휘 가운데 한자어를 빼고 가상 큰 요소가 일본어

(일본계 한자어) 및 영어라는 점도 시사하는 바가 크다.

한국어에서 순화에 비교적 성공을 거둔 어휘는 주로 일본어 차용어다. 한국인의 민족 감정에서 상대적으로 한문 및 영어는 중립적 또는 보편적인 언어로 인식하는 반면, 일본어는 그러지 않기 때문이다. 벤또, 쓰메키리, 와리바시 등은 이제 도시락, 손톱깎이, 나무젓가락 등에 완전히 밀려 버려 비속어처럼 말고는 쓰이지 않는다. 일본계 한자어도 이를테면 '입장立場(엄밀히 말하면 일본어 고유어 '다치바たちば'의 한자 표기)'을 '처지'로 순화하자는 식으로 얘기는 꾸준히 나오지만, 한국 한자어처럼 보이다 보니 공격을 덜 받는 편이다. 동유럽 언어에서 독일어, 터키어 차용어는 속어 느낌이 많으며 고유어로 종종 대체되는 반면, 독일어에서 만들어진 그리스어, 라틴어 어근의 국제공통어휘는 자주 그냥 쓰이는 것과도 비슷하다.

'닭도리탕'을 둘러싼 소란

언어순화를 둘러싼 논쟁의 대표주자로 '닭도리탕'을 꼽을 수 있겠다. 닭도리탕은 어원이 일본어라는 이유로 '닭볶음탕'으로 순화됐다. 처음에는 사람들이 즐겨 먹는 음식의 이름을 굳이 바꾸어 거부감도 많았으나, 여러 매체를 비롯해서 자주들 쓰다 보니 이제 어느 정도는 익숙하게 들린다. 그런데 닭도리탕이 토착 음식이라

는 근거로 '도리'가 일본어 '도리とり'(새, 닭, 닭고기)가 아닌 한국어 동사 '도리다' 내지 '도리치다'에서 왔다는 주장이 심심찮게 제기된다. 그런데 이게 순우리말이라는 주장은 미심쩍다.

일단 '도리다'는 '썩은 데를 도려내다'처럼 '둥글게 빙 돌려서 베거나 파다'를 뜻하지 '토막 내다'가 아니다. '도리다'와 '자르다'는 땅을 '파다'와 '갈다'만큼 다르다. '도리다'가 '자르다'로 쓰인 문헌적 증거를 찾기 어렵고, '도리치다'라는 말은 우리의 옛 문헌에 잘 나오지도 않는다. '도리다'를 '자르다'의 뜻으로 썼다면 방언이나 개인어, 오용의 사례 등에 가깝겠고 이미 있던 '도리탕'에서 유추 또는 재해석했을 가능성도 높다.

1971년에 나온 〈신생활100년新生活100年〉에 평안도 음식 닭도리탕이 언급되고 1982년 9월 2일 자 동아일보에 '도리탕'을 '닭탕'으로 바꾸자는 기사도 있다. 1978년 〈현대문학〉에는 영계도리탕이라는 말도 나온다. 1985년 8월 14일 자 경향신문 광고에서 '오리도리탕'이란 단어도 나오듯 '도리탕'을 먼저 쓰다가 오리나 닭이 붙거나, 닭탕에 도리라는 말이 붙었을지도 모른다. '토끼도리탕'은 개고기 대신 쇠고기를 쓰는 '육개장'과 비슷한 조어법이다.

이처럼 말의 뿌리가 늘 뚜렷하진 않으니 어원 논쟁이 벌어지는 것까진 좋다. 하지만 '닭도리탕'으로 되돌리려는 근거를 굳이 논란 많은 어원 풀이에서 찾을 까닭은 없다. 닭도리탕은 일본어 요소가 들어갔을지도 모를 '한국음식'일 뿐이다. 햄버거가 독일 함부르크에서 온 '미국음식'인 것처럼 말이다. 일본 콤플렉스 덧에 일본 냄새만 조금 나면 갈아치우는 것도 이제 관둘 때가 되지 않았을까? 티끌 하나 없이 깨끗한 우리말 음식만 찾다가는 우리가 먼저 굶어 죽을지도 모른다.

일본음식이 아니기 때문에 일본어가 아니라는 반증도 문제가 있다. 여러 언어에서 차용어를 자체적으로 소화한 경우가 많듯, 한국과 일본에서 만들어진 콩글리시와 일제영어가 있으며 또 한국에서 만든 한자어뿐 아니라 한국에서 만들어진 일본어도 적지 않다. 동어반복이야 '족발', '모찌떡' 같은 음식 이름에서 얼마든지 나타나며, '역전앞' 따위에서 흔히 보이듯 두 구성 요소의 정보를 강화시키는 매우 자연스러운 언어 현상이다.

겉으로 잘 드러나지 않아도 중국어가 어원인 음식과 채소와 곡물 이름도 많다. 김치(沈菜), 배추(白菜), 시금치(赤根菜), 감자(甘藷), 옥수수(玉蜀黍) 등 우리가 늘 접하는 것들이다. 끝이 없다. '쌀'과 '벼'도 인도 또는 동남아시아 언어가 뿌리일 가능성이 높다. '포도'는 이란어(박트리아어)와 중국어를 거쳤고, '오렌지'는 드라비다어, 산스크리트어, 페르시아어, 아랍어, 스페인어, 프랑스어, 영어, 일본어를 거쳐 들어왔다. 일본어 사투리 '코코이모ここいも'의 음운이 바뀌고 '마[薯]'에서 유추하여 '고구마'가 나왔는데 이를 기분이 나쁘다고 기어이 '단감자'로 바꾼다면 그것도 좀 우습다.

일본어 몰아내기의 강박은 버릴 때가 됐다

일본어 몰아내기는 한국에서 일반적으로 좋게 받아들여지지만, '닭도리탕-닭볶음탕' 순화도 처음에는 반발이 많았다. 친숙한 음식의 이름이 달라지면 맛도 달라지는 느낌이 들 수 있다. '짜장면-자장면' 논란과도 일견 비슷하다.

또 카레와 커리, 샐러드와 사라다의 사례가 떠오르기도 한다. '카레'와 '사라다'는 한국식 또는 일본식에 가깝고 '커리'는 인도식, '샐러드'는 서양식이라고 할 수 있다. 이 중에서 일본어를 거친 카레는 표준어인 반면 사라다는 비표준어이고, 영어에 가까운 커리는 비표준어인 반면 샐러드는 표준어라서 묘하게 비대칭적인 것이다.

이런 음식 이름에 표준어가 항상 개입할 필요는 없다. 전국 식당을 돌아다니며 차림표를 일일이 지적할 수도 없고, 사람들이 일상에서 하는 말을 매번 바로잡을 수도 없다. 표준어는 출판물이나 언론 등 필요한 상황에만 알맞게 지켜서 쓰면 된다. 표준어는 어기면 벌을 주는 형법이 아니고 필요할 때 잘 지키도록 가이드라인의 구실만 하면 되는데, 한국의 언어 환경에선 이 가이드라인에 지나친 힘이 실리는 경향도 보인다.

표준어 A 대신 이에 해당하는 사투리나 속어 B와 C가 있다면, 그것도 그때그때 쓰면 된다. 평소에 부추를 '정구지'나 '솔'이라 부르는 사람은 정구지나 솔이라 부르면서 표준어를 써야 할 때만 부추라고 부르면 된다. 평생 정구지나 솔이라고 쓰던 사람에게 부추란 단어는 어감이 다르기 때문이다.

특히 한글날 무렵이면 일제 잔재나 일본어 몰아내기 기사가 언론에 많이 등장하는데, 여기서 애먼 단골손님들이 있다. '구라, 에누리, 야코'처럼 실은 고유어인데 언뜻 일본어처럼 들려서 억울하게 몰매를 맞는 말들이다. 거짓말, 허풍, 이야기를 뜻하는 '구라'는 일본어에서 바로 온 말이라는 증거가 모자라며, 혹시나 '구라이くらい, 暗い(어둡다)'나 '구라마스くらます, 暗ます(속이다)'와 관련이 있을지도 모르겠지만 어쨌든 분명히 한국말이다.

그럼에도 '구라'가 한국어인 게 믿기 힘들다면, 이런 사례는 어떤가? 구라와 발음이 비슷한 루마니아어 '구러gură'는 '입'을 뜻한다. 목구멍을 뜻하는 라틴어 '굴라gula'에서 온 말일 뿐이다. 폴란드어 '쿠라kura'는 '암탉'을 뜻하는데 닭 잡아먹고 오리 발 내미는 것과도 물론 무관하다.

조금 더 이야기해볼까. 인도네시아어 '쿠라쿠라kura-kura'는 거북이를 뜻한다. 동남아에서 구로시오黑潮 해류를 타고 한반도로 올라온 동식물이 많은데 거북이도 그중 하나다. '별주부전'에서도 잘 드러나듯이 거북이는 토끼에게 구라를 쳐서 용궁으로 데려가지만 토끼는 구라를 쳐서 다시 빠져나온다. 거북이가 구라를 치고 구라에 당해 쿠라쿠라가 된 것이다.

이솝 우화의 '토끼와 거북이'에선 구라가 나오지 않지만, '별주부전'에선 이렇듯 중요한 구라가 그것도 바다를 배경으로 누 번이나 나오지 않는가? 그렇다면 구라의 어원은 인도네시아어 '쿠라쿠라kura-kura'가 확실한 것 아닐까? 당연한 이야기지만 이 단락에선 거북이가 인도네시아어 '쿠라쿠라'라는 것만 확실하게 구라가 아니다.

어원이 무엇인지 '못 찾겠다, 꾀꼬리'이지만 무슨 상관이랴. 일본어 몰아내기 강박은 이제 버릴 때도 됐다. 여느 외래어처럼 일본어도 한국어를 풍성하고 다채롭고 활기차게 만든 요소일 뿐이다. 외래 요소가 없는 문화나 언어는 존재하지 않는다는 단순한 사실을 인정할 때도 됐다. 진정으로 일제 잔재를 청산하고 싶다면 그저 눈에만 잘 띄고 만만한 언어순화에 그치지 말고, 제대로 역사를 바로 세우든지 하자. 외래어 좀 쓴다고 과연 있는지 없는지도 모를 겨레얼 내지 민족혼 같은 것들이 망가질 리 없기 때문이다.

과거를 미화하지 말고, 아예 부정하지도 말고

'전 세계로 뻗어 나갔던 한민족' 타령을 하는 국수주의자들에게 일제 잔재는 주요한 먹잇감이다. 훌륭한 한민족을 '왜놈'들이 다스렸다는 게 치욕스럽겠지만, 이걸 다시 뒤집어서 자민족 중심적으로 생각해 보면 어떨까? 그런 역경을 딛고도 이만큼 일어섰으니 우리 민족은 더욱 훌륭한 게 아닐까? 과거를 없는 셈 치기보다는 담담히 받아들이고 앞으로 나아가는 게 더 훌륭하다.

과거를 함부로 부정하지도 미화하지도 않고 앞으로 나아가는 일의 귀중함. 알 만한 이는 알 테지만 모를 만한 이는 여전히 모르니 참 안타까운 노릇이다. 어쨌든 근대의 일본어-한국어 접촉에 관해선 두 가지를 알아 두면 좋겠다.

첫째로, 언어는 다 서로 섞이므로 일본어에서 왔다고 꼭 나쁜 게 아니며 어차피 일본계 한자어를 몽땅 없앨 순 없다. 현재 어감에 안 어울리는 것들만 추려도 된다. 동유럽에서는 독일어 순화가 아주 조금 성공을 거두기도 했으나 동유럽이든 서유럽이든 독일계 라틴어-그리스어를 없애자는 순화 운동은 없는 것이나 다름없다. 독일어에서 만들어졌다고 없애려면 모든 유럽 언어에서 언어학Linguistik, 통계학Statistik은 다 없애야 한다.

둘째로, 엉터리 어원이 사람들을 오염시킨다. 어느 팟캐스트에서는 '요일曜日'이 일본어인데 여기서 '빛날 요曜' 자니까 천황을 빛나게 한다는 뜻이라는 얼토당토않은 소리도 했다. 일단 요曜는 일곱 개의 천체(빛나는 물체)인 해, 달, 화성, 수성, 목성, 금성, 토성을 일컫는다. 중국어도 처음에 서양 달력 체계를 번역하면서 요일曜日도 썼다가 월요일星期一, 화요일星期二 같은 식으로 바뀐 것뿐이다.

그렇다면, 예컨대 요일을 해날, 달날, 샛별날 따위로 옮기면 겨레얼이 더 살아나기라도 하나? 번역도 중요하지만, 그 전에 개념을 만드는 일이 더 중요하다. 물론 알아듣기 쉽도록 옮겨야 좋겠지만 생색내기 같은 단순한 순우리말 치환은 별로 의미가 없다. 제발 되지도 않는 민족수의, 애국심, 우국충성으로 헛소리를 퍼뜨리는 사람들이 줄었으면 한다. 이런 헛소리를 들어도 혹하지 않는 사람이 이제는 늘고 있다고 여겨지지만, 더더욱 늘기를 바라 마지 않는 바이다.

그런데 이런 얘기를 하면 일본 말이나 일본 것이 좋아서 그러는 것이냐는 소리를 하는 사람도 보인다. 굳이 따지고 들자면 나는 한국인 평균보다 일본어나 일본 문화에 큰 관심이 없는 축에 낀다. 한국어에 들어온 일본 문화의 요소를 다 옹호하는 게 아니고, 무조건 부정할 필요가 없다는 것을 말하고 싶을 뿐이다.

언젠가 국회에서 열린 교육문화체육관광위원회에서 '겐세이'라는 상소리를 쓴 의원이 있었다. 삼일절을 앞두고 웬 일본어냐는 비판도 많았고, 혹은 방송에서는 외래어 사용을 문제 삼는 식으로도 얘기했지만, 그보다도 '겐세이'는 국회라는 격에 맞지 않는 속어라서 더 문제였다. 비속어를 쓰는 건 친구들끼리라든가 유머와 아이러니의 효과를 노린다면 모를까, 이처럼 공적인 자리에서는 곤란하다.

자신의 상황에 맞는 언어를 쓴다는 것

나는 2년 전 어느 라디오방송에 네 번 나갔다. 이 방송의 마지막 편에서 콩글리시 얘기를 하다가 아나운서와 약간 의견이 갈렸다. 나는 외래어도 결국은 한국어인 셈이니 적설히 쓰년 된다는 유연한 입장이었는데, 상대방은 아무래도 방송인이다 보니 표준어 및 '바르고 고운 우리말'에 방점을 두었다.

물론 방송에서는 표준어를 쓰는 게 맞겠고, 방송이 아니라면 각각의 영역에 맞게 사투리, 외래어, 외국어, 비속어 등을 써도 될 것이다. 그러니까, 말하자면 국회에서 비속어를 쓰면 곤란하다. 왜 들 자기 상황에 맞게 말을 못/안 하는지 모르겠다.

'겐세이'는 일본어 '牽制けんせい(견제)'가 어원으로 비공식적 당구 용어이며 비유로도 쓰인다. 한국어에서 일본계 한자어는 대개 속어가 아니지만, 일본어 발음을 유지하는 한자어 및 일본어 고유어 차용어 상당수는 속어다. 원래 일상어의 지위였다가 언어순화 때문에 비속어로 격하됐을 수도 있고, 대개 유흥 관련 어휘에 일본어 차용어가 많다 보니 그냥 쭉 비속어 지위였다고 볼 수도 있겠다. 중유럽 및 동남유럽 여러 언어에서 일상어나 비속어에 독일어 및 터키어 차용어가 많은 현상과도 비슷하다.

간혹 겐세이의 어원이 영어 '게인세이gainsay(부정/반대하다)'가 아니냐고 농담 아닌 진담으로 얘기하는 이도 있는데, 이건 전혀 말이 안 된다. 차용어야 여러 방식으로 유입될 수 있으나 '겐세이'와 'gainsay'는 전혀 격이 맞지 않기 때문이다. 'gainsay'는 입말에서는 거의 안 쓰이며 다소 어렵고 예스러운 글말에서만 주로 쓰인다. 법률 문서에나 나오는 영어 고유어 'wherefore', 'hereupon' 정도의 쓰임일 뿐이다. '겐세이'라는 말을 정 쓰고 싶다면 국회에서 나가면 된다.

어원뿐만 아니라 명언 구라도 많다. 이른바 위인이나 유명인의 명언이 잘못 전파되거나 없는 게 있는 걸로 둔갑되는 사례야 딴 나라에도 얼마든지 있다. 그런데 한국에 특히 많이 퍼진 이상한 명언도 적지 않다. 사르트르가 말했다는 '삶은 B와 D 사이의 C, 즉 탄생birth과 죽음death 사이의 선택choice'도 한국 사이트나 책에서 유독 많이 나온다. 책에다가도 대충 지나가는 말로 쓴다면 그러려니 하겠는데 교양 철학서라면서 저런 말을 거리낌 없이 집어넣는 건 좀 거시기하다.

20세기 초엽에 태어나 프랑스어 저술을 하던 프랑스 철학자라도 저런 말장난 같은 경구나 명언을 영어로 남기지 말라는 법은 없을 것이다. 그렇지만 사르트르는 저렇게 말한 적이 없다. 사르트르가 굳이 저런 말을 하지 않았으리란 건 조금만 생각해 보면 알 수 있지 싶지만, 대개들 유래나 출처를 깊이는 안 따지니 아무 말이나 던져도 퍼지기가 쉽다.

그렇다면, 나는 이 영어 문장을 당대 미국인들에 맞게 하나 만들어 주고도 싶다. 정치란 B와 D 사이의 C다. "Politics is a Choice between Barack and Donald." 정치란 버락Barack 오바마와 도널드Donald 트럼프 사이의 선택Choice이다.

'노블레스 오블리주'의 구라를 말하다

'노블레스 오블리주Noblesse oblige'도 기상천외한 뜻풀이가 여러 웹사이트뿐만 아니라 이런저런 매체와 책에 상당히 많이 돌아다닌다. 노블레스는 '닭 벼슬'이고 오블리주는 '달걀노른자'인데, 닭의 사명은 벼슬 자랑이 아닌 달걀을 낳는 데 있다는 것이다. 그러므로 사회 지도층이 누리는 명예(노블레스)만큼 의무와 책임(오블리주)을 다해야 한다는 소리다. 말뜻을 제대로 모르면 속아 넘어갈 만도 하다.

그렇지만 노블레스 오블리주의 프랑스어 원뜻은 그냥 '귀족은 의무를 진다'이다. 즉 귀족은 귀족답게 책임지고 행동한다는 딱 그 뜻이다. 프랑스에서 19세기 초에 나왔고 한국에는 1990년대 이후 널리 퍼졌다. 흔히 사용되듯 '오블리제oblige'가 아니라 '오블리주oblige'다. '노블리스 오블리제'로 쓰면 전자는 어설픈 영어식 발음, 후자는 프랑스어 어말 'e'가 발음될 것으로 짐작한 과잉 수정의 짬뽕이라서 매우 재밌는 표기가 된다.

그런데 닭 볏과 노른자는 어디서 튀어나왔는지 도무지 감이 안 잡힌다. 프랑스의 상징이 수탉이라서 갖다 붙였을까? 카탈루냐어 '로벨rovell(노른자)'이 두음법칙으로 '노벨'이 되었고, 이어 복수형 '로벨스rovells'의 발음이 '노벨스'에서 '노블레스'로 변한 걸까? 그 가운데 하나는 자라서 닭이 되고 하나는 그냥 노른자로 남아서 쩌린 뜻이 되진 않있을 덴데… 대략 2000년대 중빈부디 지 뜻풀이가 우리 곁을 돌아다닌다. 누가, 어쩌다, 처음으로 저 뜻풀이를 퍼뜨렸을지 조금은 궁금하기도 하다.

이 말과 관련해 프랑스어 '오블리제oblige' 및 영어 '오블라이지드obliged(은혜 입은/고마움을 느끼는)'와 뿌리가 같은 포르투갈어 '오브리가두obrigado'는 그저 고맙다는 인사말로 쓰인다. 간혹 일본어 '아리가토ありがとう'가 포르투갈어에서 왔다는 주장도 보인다. 인사말도 차용어가 되기 무척 쉽긴 하지만, '아리가토'는 그냥 원래 일본어일 뿐이다.

아무튼 이런 걸 보면 사람들은 구라를 참 즐기고, 구라에 넘어가는 것도 좋아하나 보다. 나도 구라 치는 것을 좋아하지만 또 구라를 캐는 것도 좋아하다 보니 순수하게 구라만 치고 살아야 떼돈을 벌 것 같은데, 이런 점에선 좀 아쉬움이 남는다고 슬쩍 구라 아닌 구라를 쳐본다.

7

'저희 봬요'

배려는 서로 동등하게 이뤄지는 게 바람직하지만, 이쪽과 저쪽이 서로 똑같은 처지라 전제하고 배려하는 게 아니라 한쪽이 높은 위치에서 생색내며 배려해 주는 경우도 많이 본다. 혹은 묻고 따지기 귀찮으니까 '에라, 모르겠다' 식으로 배려를 흉내만 내기도 하는데, 적당히 아무렇게나 높이는 혼란스러운 경어법 오용도 이에 속한다.

서로가 모두 평등함을 전제로 하는 공적인 담화에서는 '어르신'처럼 상대를 높이는, 즉 상대화시키는 말을 쓰면 안 된다. 요새는 흔히들 그냥 막 쓴다. '장애우'가 상대를 배려하는 게 아니라 상대화 및 배제시키는 잘못된 용어인 것과도 비슷하다. 개인끼리 얘기하면서 노인인 상대방을 높일 때만 '어르신'이라고 해야 된다. 예긴대 방송에서 '노인도 잘사는 나라' 대신 '어르신도 잘사는 나라'

라고 말한다 치면 후자는 노인이 할 수 없는 말이다. 스스로를 '어르신'으로 높여 가리키는 꼴이 되기 때문이다.

ㄱ, ㄴ, ㄷ 세 사람이 모였다가 헤어지면서 ㄱ이 "저희 다음에 또 언제 만날까요?"라고 말하는 경우도 참 많다. '저희'는 ㄱ, ㄴ, ㄷ이 한 무리이고 ㄹ이라는 딴 사람이 있을 때나 쓸 수 있는 말이다. 아마도 ㄱ, ㄴ, ㄷ 셋의 나이나 직위의 차이가 있을 때 무심코 '저희'가 튀어나올 텐데, 그런 차이가 없어도 강박적으로 상대방을 배려하거나 존중해 주려다가 이 말을 쓰는 것도 같다. 그냥 헷갈리니까 일단 다 '저희'라고 넘어가는 경우도 많은 듯싶다.

무분별한 '저희'의 남용은 이제 그만

이럴 때 잘못된 용법이라고 얘기해 주면 웬만한 한국인은 알아들을 텐데 사실 그 자리에서 그런 걸 지적하기도 머쓱하다. 그러려니 하고 지나가다 보면 우리 모두 거기에 익숙해질지도 모르겠다. 방송이든 일상이든 이제 '저희'의 오용을 워낙 자주 듣다 보니 나도 점점 익숙해지는 게 사실이다. 고집불통 멍청이들의 신경질을 계속 받아주다 보니 억지스러운 높임말이 남용되어 한국말이 요상하게 유치해지고 있다. 자연스러운 언어 변화라고 놔둘 문제 같기도 하고 억지스러운 변화니까 손댈 문제 같기도 한데, 이런 변화의 한복판에 있으니 어진어질하다.

지금 널리 퍼진 '저희'의 오용은 다소 과도한 '저희나라' 지적질 탓도 없지 않다. '저희'는 듣는 이를 배제하는 말이므로 한국인끼리 '저희나라'라고 하면 잘못이라고 설명해야 하는데, 나라를 낮추면 안 된다는 식으로만 얘기하니 '우리나라' 빼고는 다 '저희'로 써 버리는 어처구니없는 어법이 일상, 영화, 드라마, 온라인 등을 가릴 것 없이 이제 거의 표준이 돼 버린 듯하다. '저희' 오·남용은 좀팽이들에게 트집을 안 잡히려는 과잉 높임말의 영향도 물론 있다. 동갑끼리 "저희 올해 마흔 살이죠?"라는 말을 하고, 또래끼리 '저희 때는/저희 세대는'이란 말을 하는 걸 보면 지레 한숨이 나오기도 한다.

과도한 국가주의에 바탕을 두어 정작 어법을 놓친 이러한 지적 자체를 비판적으로 볼 필요가 있는 건 아닐까. 그래도 나라를 낮추기 싫다면 외국인 앞에서 말하는 것은 '저희나라'가 아니라 '저희 나라'로 보면 그만이다. 이런 경우엔 나라(한국을 일컫는 '우리나라')를 낮추는 게 아니라 말하고 있는 '우리'를 낮춘 '저희'라고 보면 된다. '저희나라'가 아니고 '저희의 나라'다. 우리가 '저희 나라' 갖고만 트집을 잡는 한 온 가족이 모인 자리에서 쓰는 '저희 가족', 상사에게 쓰는 '저희 회사', 학생이 교사에게 쓰는 '저희 학교' 따위의 좀스러운 말이 정말 표준어가 돼 버릴지도 모르겠다.

모어를 정확하게 비추는 외국어의 거울

한국어 '우리'는 포함과 배제의 구별이 없으나 '저희'는 자기가 속한 무리를 이르는 낮춤말이라서 결국 청자를 배제하는 것이다. 경어법과 무관하게 '포함의 우리'(말하는 이와 듣는 이가 함께하는 우리)와 '배제의 우리'(듣는 이를 따로 놓는 우리)를 달리 일컫는 언어들도 있다. 이는 인도네시아어, 타갈로그어, 하와이어 등 오스트로네시아 어족에서 많이 나타난다. 파푸아뉴기니의 영어 크레올 톡피신은 이를 어원에서 잘 드러내는데, '포함의 우리'를 뜻하는 '유미펠라yumipela'는 영어 '유 미 펠로우you me fellow'에서, '배제의 우리'를 뜻하는 '미펠라mipela'는 '미 펠로우me fellow'에서 온 말이다.

인도네시아어 '카미kami'는 배제의 우리, '키타kita'는 포함의 우리를 일컫으므로 '저희'는 '카미kami'에 대응된다. 영화나 드라마의 자막을 보면 예컨대 영어는 배제와 포함의 구별 없이 '위we'를 쓰고, 한국어는 청자를 배제하는 상황에서 겸양어가 필요하면 '저희'를 쓴다. 이때 인도네시아어는 '카미'가 나온다. 그런데 흥미롭게도 한국어 '저희'를 잘못된 용법으로 사용한 경우, 이것의 인도네시아어는 '키타'로 제대로 번역되기도 한다.

2017년 작 한국 드라마 〈내일 그대와〉에는 "저희 조만간 꼭다 같이 밥 먹어요."라는 대사가 나온다. 문장만 봐도 '우리' 대신 '저희'라고 오용한 것임을 알 수 있다. 여러 사람이 모인 상황에서는 이따금 누구를 빼고 말하는지 모호할 때도 있으나, 해딩 장면은 대사를 말하는 사람을 포함한 세 사람 모두를 일컬어 밥을 같이 먹자는 상황이므로 '우리'가 옳은데 흔히들 잘못 쓰는 '저희'가 나온 것이다.

현실 언어를 반영했다고 봐야 할까? 이 한국어 대사의 인도네시아어 번역문("Kita harus segera makan bersama.")은 포함의 우리를 일컫는 '키타'를 제대로 썼다. 우리말의 오용을 인도네시아어라는 외국어의 거울이 똑바로 알려준 셈이다. 모어의 바뀐 얼굴이 이렇듯 외국어라는 거울에서 또렷이 비치기도 한다.

언어의 변화는 자연스러운 것일지라도

남녀노소 다 모여 함께 밥을 먹는 자리라면 어린 사람이 말을 해도 "우리 오늘 뭐 먹을까요?"가 맞는 말이다. 그중 일부 어린 사람이 "저희는 짜장면을 먹겠습니다."라고 하면 말이 된다. '우리' 가운데 일부 상대만 배제해서 "뭐 드실래요?/잡수실래요?"를 쓰는 것도 틀리진 않겠지만, "우리 오늘 뭐 먹을까요?"라 했다고 아랫사람을 타박한다면 멍청함을 인증하는 셈이다.

그러나 멍청이보고 멍청이라고 하면 화를 낼 테니 굳이 껄끄럽게 상대하기보다는 피하는 게 낫다고 생각하는 사람이 많아지고 있다. 이처럼 적당히 방어적으로 일단 높이고 보는 풍조가 경어법의 혼란에 일소한 셈이나. '우리 만나요'나 '우리 봐요'라고 히

'저희 봬요'

면 뭔가 상대방을 낮추는 기분이 들어서 '저희 봬요'라는 말이 나오게 됐는데, 이 또한 이제는 익숙해진 듯하다.

'되요/돼요' 가운데 후자가 맞듯이, '뵈요/봬요' 역시 마찬가지인데 맞춤법만 논한다면 몰라도 어법/문법상 '봬요'는 늘 쓸 수 있는 말이 아니다. '뵈다/뵙다'는 웃어른을 보거나 상대방을 만날 때 쓰는, 즉 주체를 낮추는 겸양어다. 따라서 서술문 "저는 이따 어머니를 봬요"는 돼도, 상대에게 말하는 청유문 '이따 봬요'는 잘못이다. '우리 이따 봬요'는 '봬요'만 잘못인데 '저희 이따 봬요'라고 하면 '저희'와 '봬요' 둘 다 잘못된 용법이다.

청유문은 동작주가 화자와 청자를 포함하는 '우리'인데, '뵈다/뵙다'를 쓰면 말하는 이 스스로를 높이거나 듣는 이를 낮추는 꼴이 되므로 원칙적으로는 어법에 어긋나고 '(제가 당신을) 뵐게요/뵈겠습니다/뵙겠습니다'로 써야 옳다. 다만 '뵈다'가 '만나 뵈다' 탓인지 '만나다'의 높임말처럼 쓰여 '내일 만나요' 대신 '내일 봬요'라고 하는 이가 많다. 여기서는 올바른 용법을 중심으로만 살펴보겠다.

종결 어미 '-어요/-아요'는 설명, 의문, 명령, 청유 다 된다.
내일 극장 가요: (나는/걔는) 내일 극장 가요[설명]. (너는) 내일 극장 가요[의문]? (너는) 내일 극장 가요[명령]! (우리) 내일 극장 가요[청유].

겸양어나 높임말은 청유형을 못 쓴다.

(우리) 내일 극장 가요/밥 먹어요/만나요/봐요. (O)

(우리) 내일 극장 가세요/진지 잡수세요/봬요. (X)

그러나 앞서 말했듯 '봬요'라는 형태는 문법상 맞을 때는 써도 된다.

선생님 내일 봬요.

'선생님'이 목적격이고 서술문 "(저는) 선생님을 내일 봬요"를 뜻한다면 문법상 옳다.

'선생님'이 호격이고 청유문 "선생님! (우리) 내일 봬요"를 뜻한다면 문법상 그르다.

'선생님'이 목적격이고 청유문 "(우리) 선생님을 내일 봬요"를 뜻한다면 '우리'가 제삼자인 '선생님'을 뵈는 것이므로 문법상 옳다.

상대에게 말하는 '(제가 당신을 [언제]) 뵙죠/뵐게요/뵐래요/뵈겠습니다/뵙겠습니다/뵙고 싶어요'는 되고, 나와 상대가 함께 하자는 청유는 원칙상 '만나요/만납시다/봐요/봅시다'만 된다. 청유형은 동등한 관계 또는 아랫사람에게 주로 쓰는 경향이라 윗사람 또는 친하지 않은 어려운 사람에게 다소 어정쩡한 '봬요'라는 혼합형을 쓰는 것이다.

나는 모든 언어 변화를 긍정하지는 않지만 그럼에도 기본적으로는 자연스러운 현상이라 본다. 그렇다면 '저희'와 '뵙다'도 앞으로 새로이 정의될 수도 있을 것이다. 인도네시아어도 일상적인 입말에서는 배제와 포함의 우리를 따지지 않고 포함의 우리인 '키타 kita'를 두 경우에 모두 쓰는 경향이 있다.

현대 한국어는 예컨대 '딴 직원한테 여쭤보세요'나 '제가 아시는 분'처럼 겸양어와 높임말이 헷갈리면서 괴상하게 바뀌고 뒤틀리는 과정을 겪는 중이니, 청유형 '봬요'를 무조건 쓰지 말자는 것은 아니나 올바른 어법이 아님은 알아 두면 좋겠다. '우리'끼리 있으면서도 '저희'라고 너무 조심조심 말하는 우리의 씁쓸한 풍경이 못내 아쉽다.

8

맞춤법과 골동품

'한성질'하지는 않지만 '한맞춤법'은 하는 나도 한때 '희한'을 '희안'으로 잘못 안 적도 있다. 이런 사례는 아마 몇 개쯤 더 있을 지도 모르겠다. 언젠가는 인터넷에서 누구랑 말싸움을 벌이다가 내가 상대방한테 맞춤법 지적질을 했다. 사실 적절한 공격은 아니 었는데 아무튼 난 역공을 당하고 말았다. '쓸어버리다'를 '쓸어 버리다'로 띄어 썼기 때문이다.

보조동사 '버리다'는 붙여 쓰든 띄어 쓰든 상관없으나, 한 낱 말인 '쓸어버리다(부정적인 것을 모조리 없애다)'는 띄어쓰기를 하지 말아야 한다. 말싸움은 대강 흐지부지 마무리됐고 난 이 낱말을 못 잊게 되었다. 한국어는 이런 복합동사의 띄어쓰기가 특히 헷갈 린다. 보조동사는 띄어 쓰는 것이 원칙이나 붙여 쓰는 것도 허용 되니 '-버리나, -주나' 같은 밀을 무조긴 붙이먼 일단 손헤는 어닐 수도 있지만, 아무튼 헷갈리는 게 사실이다. 남의 사소한 실수는 넘어갈 아량도 있어야겠다.

그런데 오해를 하는 사람이 많다. 그 오해가 뭐냐면, 국립국어원이 일을 못하고 한심해서 맞춤법 규정이 어렵고 엉망이란 것이다. 나도 국립국어원엔 여러모로 비판적이긴 하지만, 언어규범을 제대로 못 정한다고 국어원을 마냥 비난할 수는 없다. 이건 사실 사람들이 언어의 속성을 제대로 이해하지 못한다는 방증이기도 한데, 물론 너무 규범주의에 얽매인 국어원이 이런 점을 효과적으로 전달하지 못한 잘못도 없진 않을 것이다.

언어는 물과 같다. 실체는 있지만 손에 다 잡히지 않으므로 고체보다 액체에 가깝다. 액체를 담아 두는 그릇이 고체여서 그런가. 흔히들 언어를 담는 규범이란 그릇을 언어 자체로 오해하는 경우도 많다. 고체는 고체이고, 그릇은 그릇이다. 그릇은 고체의 성질을 띠므로 물을 담을 수 있다. 국립국어원이 없어져도 상관은 없다. 다만 어디가 됐든 표준을 제시해 주는 곳은 어느 정도 필요하다.

어느 언어든 규범에 맞게 쓰기는 어렵다

한국어만 정서법이 어려운 게 아니다. 어렵지 않은 언어는 없다. 그걸 다 외우는 사람도 없다. 철자와 발음의 간극이 극도로 큰 영어와 그 간극이 작은 핀란드어처럼, 일정 부분에서 좀 더 쉬운 언어는 있겠으나 결국 규범을 살펴보면 다 어렵다. 그리고 왜 사이시옷 같은 예외가 자꾸 생기느냐를 따지는데 원래 그렇게 혼란스러운 게 언어다. 국립국어원이 멍청해서가 아니다. 이쪽 구멍을 막으면 저쪽에서 구멍이 생긴다.

독일어, 네덜란드어, 스웨덴어 등 게르만어는 영어 소유격 's와 어원이 같은 속격 접사 -s가 있다(영어는 '둠스데이doomsday'처럼 흔적만 남아 있다). 사이시옷과 발음뿐 아니라 어디 붙는지 헷갈리는 것도 좀 비슷하다. 예컨대 '폴크스바겐Volkswagen(국민차, 사람들 수레)' 같은 합성어는 폴크Volk와 바겐Wagen 사이에 -s가 붙는다. Volk 다음은 대개 Volks-이지만 복수형 '푈커Völker-'로 합성어가 되는 경우도 있다. '훈트Hund(개)'는 '훈데Hunde-'도 있고 '훈츠Hunds-'도 있다.

독일어 규범을 만드는 두덴(국립국어원과 달리 정부기관은 아님)이 멍청해서 그런 게 아니다. 영어는 그럼 바보들의 언어인가? 그게 아니다. 어쩌다 보니 철자가 복잡해졌고 어원학적 철자를 음성학적으로 맞추기가 결코 쉽지 않기 때문이다. 한국어 철자도 흔히들 음성학적이라고 오해하지만, '독립문에'를 '동님무네'로 안 쓰듯 우리말 역시 어원학적 철자에 가깝다.

어떤 사람은 자기가 모르는 언어 규범 때문에 국립국어원을 비판하기도 한다. 그런데 알고 보면 개인어일 뿐인 경우가 많다. '이? 난 이렇게 안 쓰는데?' 하지만 누구나 규범대로만 말하고 글을 쓰진 않는다. 소수 의견도 있게 마련이다. 그렇지만 글을 쓰는 사람이 정서법을 모르면서 괜찮다 여긴다면 매우 우스운 꼴이 된다. 자유로운 영혼을 담은 글도 좋은데, 최소한의 규칙을 무시해서는 안 되는 글도 있다. 다 외우라는 게 아니다. 번역이든 저술이든 보고서 작성이든 글쓰기가 일이라면 기본은 알아둬야 한다는 것뿐이다.

기본의 기준은 사람마다 다를 것이다. 듣도 보도 못한 순우리말이라든가, 혹은 듣긴 했으나 보긴 힘든 '희한'한 한자어라든가. 그런 거 말고 적어도 자주 나오고 쓰이는 말이라면 제대로 쓰자. 이를테면 '2틀!'은 곤란하다. 1루, 2틀, 4홀? 글쓰기를 업으로 삼는 이라면 어떤 말이 빈도가 높게 쓰이는지 감으로라도 알리라 본다. 그렇다고 틀에 너무 얽매이자는 소리는 아니다. 그런데 그 틀에 너무 얽매이지 않으려면 뭐가 문제인지 근거를 제시할 만큼은 돼야 하니 적정선은 알아야 한다는 뜻이다. 언어규범은 안다고 뿌듯할 건 아니지만 모르면 부끄러울 글쓰기의 기본일 뿐이다.

언어학자는 일반적으로 언어의 '규범'이 아닌 '현실'을 다룬다. 그래서 맞춤법은 대충 쓴다는 언어학자가 있다면 어떨까? 이렇게 다소 극단적인 생각을 하는 사람이 많진 않겠지만 언어 규범에 지나친 반감을 가지다 보면 괜히 반대 방향으로 엇나가는 경우도 있다. 이는 얼핏 그럴싸해도 실은 게으름을 감추려는 수작일 뿐이다.

다른 지식과 마찬가지로 언어 규범을 속속들이 다 알기란 불가능에 가깝겠지만, 기본 숙지는 역시 다른 지식처럼 조금만 공을 들이면 된다. 언어학자는 글 잘 쓰고, 말 잘하고, 외국어 잘하는 이가 아니지만, 적어도 평균적인 사람은 물론 다른 분야의 학자보다 언어를 못 다룬다면 부끄러워해야 마땅한 일이다. 작가와 번역가도 마찬가지다. 글의 알맹이가 더 중요하다지만 형식이 어설프면 그것도 '꼴'사납다.

'햇수'와 '횟수', '대개'와 '되게'

나이와 무관하겠지만 상대적으로 최근 들어 젊은이들일수록 인쇄 매체의 정리된 글보다는 입에서 바로 나오는 대로 쓴 인터넷 글을 더 많이 접하기에 틀린 맞춤법에 무감각해지는 듯싶다. 그런 글들이 또 많이 눈에 띄다 보니 요즘 들어 맞춤법을 더 틀리는 것처럼 보일 수도 있겠다.

맞춤법을 틀리는 가장 큰 까닭은 글자를 입에서 나오는 소리와 어떻게 맞출지 잘 모르기 때문이다. 물론 제대로 인식하지 않더라도 말하고 사는 데 큰 지장은 없다. 언어 규범의 질서와 실제 언어의 역동적이면서도 다소 혼란스러운 상태는 대개 평형을 유지하니까. 언어는 매우 자연스러운 행위일지라도 타인과의 원활한 의사소통을 매개하므로 일정 부분 인위적인 노력도 필요하다.

사람들이 많이 틀리는 '대/데' 문제는 한국어의 변화와도 관계있나. 서울 발음 기준으로 이제 ㅐ/ㅔ 경계는 무너졌다. 외래어도 내비게이션/네비게이션, 매뉴얼/메뉴얼을 'ㅔ'로 쓰는 이가 많다. 'ㅐ'가 'ㅔ'로 수렴되어 잘못 쓰는 경우가 더 많겠다. 'ㅚ'도 홑홀소리 [ø]보다 겹홀소리 [we]가 우세하다 보니 'ㅚ/ㅙ/ㅞ'도 모호해졌다. 그래서 한국어 어휘에서 의미 변별의 중요한 대립쌍인 'ㅐ'와 'ㅔ'가 글자(맞춤법)로서만 남게 되는 다소 안타까울 수도 있는 상태로 진행 중이다.

가령 '개를/게를 먹었다'의 발음이 거의 같다 보니 가이냐 거이냐 묻는 다소 기형적인 상황도 보이곤 한다. 물론 이렇게 유사한 영역에서 충돌하는 경우는 적다. '세계/세 개', '사내/산에'처럼 분포가 전혀 다른 말들은 설사 발음이 똑같더라도 못 알아듣는 경우가 드물기에 큰 문제는 안 되겠지만, 언어경제적 관점에서 그리 바람직한 상태는 아니다. 이런 구별을 점점 안 하다 보니 어처구니없는 실수를 저지르기도 하고, 게다가 '모른 채/체', '가는 대로/데로', '갈 데/때', '갔대/갔데' 등 유사 영역에서 전혀 뜻이 다른 말들을 마구잡이로 섞어 쓰기도 한다.

어미 '대/데' 구별이 잘 안 되는 것은 글말(문어)보다는 입말(구어)에 주로 나오기에 막상 글에선 별다른 신경들을 안 쓰기 때문이다. 그러나 위에서 말했듯이 그 뜻의 경계까지 뭉개진 게 아니라면 철자를 통한 뜻의 구별이 필요하며, 발음이 똑같아졌다고 해서 아직 문자소 기능을 하는 'ㅐ'나 'ㅔ'에서 하나를 없애는 것도 불필요하다. 무조건 맞춤법만 지키자는 얘기가 아니라 좀 더 매끄러운 말글살이를 위해서도 어느 정도는 맞춤법의 값어치를 알아줘야 한다.

요즘은 '햇수'를 '횟수'로 쓰거나 말하는 이도 적지 않다. 어처구니없게도 기자조차 '햇수'를 '횟수'로 잘못 쓰는 경우가 부지기수인데 얼마 전 '햇수'를 '횟수'로 잘못 발음한 내 친구를 떠올려 보니 이제 '횟수'가 표기뿐 아니라 발음도 상당히 장악한 듯하다. 아직 언어 변화라기보단 단순한 오용으로 보인다. 한국어에서 'ㅐ/ㅔ' 대신 잘못 표기 및 발음되는 'ㅚ/ㅞ/ㅙ'의 주요 원인은 과잉 수정이다. 대개 사투리나 입말에서 'ㅚ/ㅞ/ㅙ'가 'ㅐ/ㅔ'로 발음되기도 하니 도리어 맞는 것을 잘못 고치기도 하는 것이다.

'대개'를 '대게'로 잘못 쓰는 경우는 이따금 보이는데, '되게'를 '대게'로 잘못 쓴 희한한 사례도 봤다. 현대 한국어에서는 'ㅐ/ㅔ' 구별뿐 아니라 느슨한 발음의 입말에서는 겹홀소리 'ㅙ/ㅚ/ㅞ'까지 똑같다. 즉, 다섯 가지 홀소리가 그냥 모두 'ㅔ'나 'ㅐ'로 발음되니 발음만으로는 헷갈릴 수 있을 것이다. 그렇지만 '되게'와 '대개'는 엄연히 다른 말이다. 자막의 문장만 봐서는 대개/되게 둘 다 말이 될 것도 같지만, 동영상을 들어 보면 '되게 많이'가 거의 한꺼번에 한 구처럼 발음된다. 대개 '되게'는 형용사를 수식하는 부사고 대개 '대개'는 문장 또는 절을 수식하므로 '대개'라면 말과 말 사이에 살짝 멈추는 간격이 생긴다.

'되게'는 '매우/아주'와 달리 입말에서 많이 쓴다. 덜렁대다/먹어대다'를 '-되다'로, '이따 비 온대/걔 집에 갔대'를 '온데/갔데' 따위로 흔히들 잘못 쓰듯이 글발에 잘 안 나오는 ㅐ/ㅔ/ㅚ는 제대로 쓰는 사람이 오히려 적은 듯도 하다. 부사 '되게'는 형용사 '되다(물기가 적어 빡빡하다, 단단하고 팽팽하다, 벅차다, 모질다)'의 파생어로 '되우'도 뜻이 같다. '되우'는 '맵다'의 파생어 '매우'처럼 비생산적 접미사 '-우'가 붙는 부사다. 사실 나는 '되우'라는 말을 대학 때 강원도 친구한테서 처음 들었고 달리 능동적으로 쓰는 사람은 별로 만나지 못했다.

가끔은 '귀한 골동품'도 필요하다

글에서 덜 마주치고 귀로 주로 듣는 입말은 비전문가가 글로 쓸 때 틀리기 쉽다고 이해해 줄 수도 있다. 그런데 글을 다루는 전문가도 맞춤법이나 어법을 왕왕 틀린다. 20년 남짓 편집자로 지낸 사람의 책에 '머리카락이 얇다'라는 표현이 나온 것을 인터뷰에서 봤다.

편집자 일도 하는 저자가 잘못 썼는지, 그 책의 편집자가 잘못 다듬었는지, 기자가 책을 인용하다 틀렸는지, 교열자가 잘못 고쳤는지는 알 수 없으나, 저자가 그랬다면 자기 이야기를 담은 책에 살아 있는 표현을 넣고자 일부러 틀리게 썼으리라고 관대하게 봐주고도 싶다.

원통 꼴인 젓가락, 허리, 다리, 털 따위는 '굵다/가늘다', 판 꼴인 책, 널빤지, 종이 따위는 '두껍다/얇다'인데 후자를 두 용법 모두에 쓰는 사람이 점점 늘어난다. 나는 비록 언어규범주의자가 아님에도 이런 오용은 지극히 꺼리는데, 가늘다/얇다의 오용은 하도 자주 보고 듣다 보니 익숙해지기도 한다.

그런데 번역에서 '두꺼운 머리카락/털' 같은 표현을 보면 곱절로 난감하다. 일단 영어 'thick/thin hair'는 '털이 굵다/가늘다'보단 '숱이 많다/적다'를 뜻한다. 털이 '굵다/가늘다'는 'coarse/fine'을 쓴다. 따라서 'thick hair'를 '굵은 털/머리카락'이라고 옮겨도 틀리는데 이걸 '두꺼운 털/머리카락'으로 옮기면 곱절로 틀리는 (한국어 표현도 틀리고, 영어 뜻도 틀리는) 셈이 된다. 'thick hair'가 머리카락이면 '숱진 머리카락/머리털'로 옮겨도 된다. '덥수룩한'은 헝클어진 느낌이라서 좀 다른데 적어도 '두꺼운 머리카락'보다는 낫다.

'thick fur'를 '두꺼운 털'이라 옮긴 책도 봤는데 이것도 이상하다. '털'은 '털오리', 즉 '털의 가락'이지 '털가죽'이 아니다. 'hair'라면 '빽빽한 털'일 수도 있으나 'fur'는 '털가죽/모피'이므로 '두꺼운 털가죽'이 알맞다. 영어 'thick'은 '굵다/두껍다/빽빽하다' 모두 되나 알갱이나 실오라기가 굵으면 'coarse'를 쓴다. 따라서 'coarse cloth'는 실오라기가 굵은 천이므로 '거친/성긴 천'인데, 나도 처음 이 말을 봤을 때는 '굵다~빽빽하다' 관계만 생각하고 헷갈렸다. 실올이 가늘면 촘촘하고 굵으면 듬성듬성하다는 걸 깜박했다.

어쨌든 나는 앞으로도 '굵다/가늘다' 및 '두껍다/얇다'를 가려서 쓸 것이다. 그런다면 디디욱 골동품 취급을 받게 될지도 모르지만 귀한 골동품이 된다면 나쁜 일은 아니다.

언어는 끊임없이 바뀌는 것이므로

나야 언어를 다루는 일을 하고 언어 규범 자체도 관심이 있으니 글을 쓸 때는 맞춤법과 어법을 비교적 꼼꼼히 따지는 편이다. 물론 내가 모든 걸 다 알지는 못하기에 당연히 틀릴 때도 있고, 그것은 제아무리 날고 기는 문법 전문가라도 마찬가지다.

예를 들어 국립국어원 2012년 1월 1일 트위터 "'너무 멋있다', '너무 예쁘다'는 적절하지 않는 표현입니다. '너무'는 '지나치게'를 뜻하는 말로서 긍정적인 상황에서 쓰기에 적절하지 않습니다."는 두 문장이 내 흥미를 끈다.

'알맞는/걸맞는/걸맞지 않는'은 틀렸고 '알맞은/걸맞은/걸맞지 않은'은 맞듯, '적절하다'도 형용사이므로 '적절하지 않은'이 문법에 맞는다. 한국어는 동사를 형용사처럼 흔히들 쓰는 '맞다/틀리다'처럼 품사 경계가 모호한 말도 많고, 접사 '하다'가 두 품사에 다 붙다 보니 헷갈릴 만한데 '적절하다'는 동사로 쓰는 이가 드물다. 그냥 말실수거나 ㄴ 옆에 ㅇ이 있어 생긴 오타일지도 모르겠다.

'너무'는 이제 긍정 표현에서도 표준어가 됐으나 2012년은 아직 안 그랬다. 다만 그간 긍정 표현에서 '너무'가 무조건 비표준어였던 것은 아니기에 이 표준어화 조치는 설명이 좀 모자랐다. 예컨대 '너무 즐겁게 노느라 시간 가는 줄 몰랐다/너무 예뻐서 믿기지 않았다'처럼 과도한 상태로 인한 결과를 나타낼 때는 '너무' 뒤에 오는 부사나 형용사가 긍정적이라도 무방했다.

괜히 남에게 무언가를 알려주려다가 '삑사리'가 나기 쉬우니, 언어규범을 특별히 지켜야 되는 글이 아니라면 누가 뭘 틀렸을 때 웬만하면 가만히 있는 쪽이 낫다. 혹시 이 글에도 맞춤법이나 띄어쓰기가 틀렸는지 또는 비표준어를 썼는지 눈에 불을 켜고 찾아볼 사람이 있을지 모르겠다. '삑사리'는 고려대 한국어대사전에는 등재된 말이니, 국립국어원 독재 반대에 공감한다면 나의 이런 비표준어 사용은 이해되리라 본다.

사람들이 잘 틀리는 맞춤법이 있다면 그걸 고쳐주는 쪽도 좋겠지만, 너무 많이 틀린다면 오히려 그걸 받아들이려는 마음가짐도 필요하다. '틀리다'는 '틀다'의 피동사에서 나온 말이다. 언어는 원래가 바뀌는 것인데, 대다수가 방향을 튼다면 방향이 틀리는(바뀌는) 것뿐이지 원래부터 틀려먹은 것은 아니니까.

한국어 품사는 동사/형용사 구별이 늘 쉽진 않다. '틀리다'를 '다르다'로 헷갈린다고들 하는데 전자는 동사, 후자는 형용사라서 메타언어 영어 wrong과 different를 쓰면 한국어 품사와 어긋난다. "너와 나는 틀리다."는 형용사(다르다)고 "너와 나는 틀렸다."는 동사(그르다/글렀다)다. 현재형 평서문이 "내가 가다."가 아니듯 '맞다(동사)'도 "네 말이 맞다."라는 완결된 문장은 문법상 오류다. 그렇지만 '맞나'를 형용사처럼 '네 말이 맞나(옳다)'로 실제 많이 쓰는 게 사실이고, '성격에 잘 맞는다(어울린다)'처럼 원래 문법에 맞게 동사로도 쓰는데, 이처럼 한 단어가 뜻에 따라 품사가 분화되는 모습도 보인다.

재밌게도 국어사전조차 '맞다(동사)'의 정의들 가운데 '옳다(형용사)'가 있고 이를 형용사처럼 쓴 원칙상 그른 예문도 나온다. 현실의 문법은 늘 널뛰기를 하니 어느 자리에 있다고 딱 맞게 말하기가 어렵다. '알맞다/걸맞다'는 형용사라서 '알/걸맞는' 대신 '알/걸맞은'이 "맞는" 말이니 헷갈린다. 그럼 사람들이 틀린 것이냐 사람들을 틀린 틀에 가둔 문법이 틀린 것이냐. 이런 건 틀에 살짝 난 구멍이라 할 수 있을 텐데, 의견이야 서로 다르겠으나 함께 잘 손보는 수밖에 없다.

줄다리기를 잘 하려면 힘이 있어야

『나에게 고맙다』라는 책이 있다. '내가 나에게 고마워한다/나는 내가 고맙다'의 뜻일 텐데 문법적으로 틀렸지만 '나는/내가 고맙다, 내게 고마워한다/감사한다'와 견줘 보면 딴 말보다 제목으로선 오히려 '나에게 고맙다'가 나은 듯싶다.

나는 역자후기에 "아내에게 고맙다."로 썼다가 고친 적이 있다. '고맙다'는 형용사고 '감사하다'는 동사/형용사 다 되므로 "나는 누구에게 고맙다." 대신 "나는 누(구)가 고맙다."가 맞기에 안은 문장 "아내에게 고맙다는 인사도 빠뜨리면 안 되겠다."로 바꿨다. '~에게'는 동사 '고마워하다'와 붙으므로 "나는 누구에게 고마워한다/했다."는 된다. 반대로 이미 동사인 '감사하다'를 '감사해하다/한다/했다'로 쓰면 군더더기라서 잘못이다. 쓱 지나가면 몰라도 곱씹으면 어쩔 수 없이 거슬린다.

언젠가 신문 인터뷰에서 나는 '언어에 천착한다'라고 했는데 '천착하다'는 기본적으로 타동사로 간주되므로 '언어를'이 문법적으로는 좀 더 옳다. 실제 쓰임은 '에 천착하다'가 '을/를 천착하다'보다 많고 나도 그 영향을 받았을 것이다. 그런데 이 경우는 굳이 '를 천착하다'로 쓰고 싶진 않다. 모든 동사의 자·타동사 구별이 늘 명확하지도 않고, 거기에 특정한 조사만 반드시 붙어야 되는 것도 아니다. 또 이 단어는 자동사/타동사 다 되는 '집중하다(~에/~를)' 및 자동사로 간주되는 '몰두하다'와 의미적으로 관계가 있다 보니 그 영향을 받아 '에 천착하다'가 좀 더 많이 쓰인다고 볼 수 있을 것이다.

말과 글을 다루려면 규범언어와 실제언어 사이에서 줄타기도 하고 줄다리기도 해야 한다. 줄타기와 줄다리기를 하려면 힘이 있어야 한다. 언어를 잘 다루려면 갖춰야 하는 문법적 지식이 바로 그런 힘이다. 언어 사용을 다스리는 언어 규범의 강제성과 편협함이 싫다고 무조건 거부할 게 아니라 알아야 제대로 된 비판도 나온다. 물론 어법, 문법, 맞춤법이 꼭 우리의 적이라곤 할 수 없겠지만, 지피지기의 자세로 임해야 그것들을 잘 무릴 수 있을 게다.

9

트럼프의 말, 김정은의 말

    말싸움이든 회담이든 모어가 다른 사람들끼리 함께하는 일에
선 통번역이 필수적이다. 한반도 주변 정세야 바람 잘 날이 드물지
만, 특히 2010년대 후반은 북한의 김정은과 미국의 트럼프가 당장
멱살이라도 잡을 듯 말싸움을 벌이다가 마침내 역사상 최초로 북
미 정상회담도 열리는 등 롤러코스터가 따로 없는 시기였다. 인터
넷으로 시시각각 뉴스가 퍼지는 21세기라서 두 정상 때문에 벌어
진 한국어와 영어의 다채로운 만남도 생중계되었다.

    2017년 9월은 김정은과 도널드 트럼프의 입씨름 덕에 거의 사
어에 가까운 영어 명사 '도터드dotard'가 난데없이 한국 인터넷까
지 달궜다. 김정은이 트럼프를 '늙다리 미치광이'로 불렀는데, 북
한에서 이 말을 '정신적으로 정상이 아닌 늙다리mentally deranged
dotard'로 옮겼나. 그 자체로 '늙다리 미치광이'를 뜻하는 말 앞에

붙은 '정신적으로 정상이 아닌'은 살짝 불필요한 수식어다.

북한의 번역자가 과연 현대 영어에서 거의 안 쓰이는 말인 걸 알고서도 'Donald-dotard' 라임 때문에 일부러 썼을지, 한영사전 '늙다리' 항목에 그 말이 나오니까 그냥 썼을지는 확실치 않다. 그렇지만 몇 수 앞까지 내다봤다기보다는 어쩌다 썼는데 '대박'을 친 것도 같다.

일본어 매체는 '오이보레老いぼれ(늙다리)'로 옮겼는데, 한영사전에 '늙다리'의 번역어로 나오는 '도터드'는 아마 일영사전 '오이보레老いぼれ' 항목의 번역어를 적당히 갖다 쓴 것으로 짐작된다. 늙다리는 영어로 그냥 '올드 맨/가이old man/guy'라 해도 되겠는데, 이게 좀 밋밋하면 '올드old' 뒤에 '파트fart'(원뜻은 '방귀'이고 '등신'도 뜻함) 같은 욕설을 붙이면 된다. 아니면 훨씬 많이 쓰는 동의어들보다 더욱 크고 예상치 못한 효과를 거뒀으니 좋은 단어 선택이라고 봐야 될까? 이런 말씨름에서는 사용 빈도나 용법을 따져 가며 구태의연하고 적확한 낱말을 쓰는 것보다는 오히려 다소 엉뚱한 낱말로 의표를 찌를 수도 있겠다 싶다.

'dotard'는 어떻게 되살아났는가

외국어 학습에서 얼마나 필요한 낱말인지 판단할 때 좋은 순서가 상급 학습사용 사전인데 『케임브리지 영어 사전Cambridge

International Dictionary of English』, 『맥밀런 영어 사전Macmillan English Dictionary for Advanced Learners』, 『웹스터 동의어 사전』, 『옥스퍼드 스페인어-영어 중사전』 및 『옥스퍼드 프랑스어-영어 중사전』 등에는 '도터드dotard'가 없다. 『옥스퍼드 영어사전Oxford English Dictionary』 같은 대사전은 물론이고, 『콘사이스 옥스퍼드 영어 사전Concise Oxford English Dictionary』, 『웹스터 대학생용 사전Webster's Collegiate Dictionary』 등 웬만한 주요 어휘를 다 싣는 중사전에는 그 말이 실려 있다.

또한 '도터드dotard'는 옥스퍼드 독일어-영어 사전, 산소니 이탈리아어-영어 사전 등 일부 이중언어 중사전 급에도 나오므로, 엄밀히는 사어나 옛말이 아니지만 실생활에서는 거의 쓰이지 않는 말이라고 할 수 있다. 영화나 드라마도 현대물에서는 거의 안 나오고 사극과 시대극에서나 나오는 좀 예스러운 말이다. 적어도 20세기부터는 사실상 고어에 가까운 셈이다.

이 말의 어원은 중세 네덜란드어 '도턴doten(바보짓 하다)'이다. 영어의 다른 파생어 '도티지dotage(노망)', '도트dote(맹목적으로 사랑하다)', '도팅doting(애지중지하는)'은 위의 사전에 다 나오고 여전히 꽤 쓴다. 원래 '도터드'는 노망난 늙은이 및 애지중지하는 사람 둘 다 뜻하다가 전자만 남은 것이다. 그래서 영어로는 '딸바보'를 (her) doting father'로 나타낼 수 있고, 일본어 '오야바카親ばか(부모 바보, 즉, 자식 사랑에 눈먼 바보)'도 이에 해당된다. 딸바보의 경우 한국어는 사랑의 대상, 영어와 일본어는 사랑의 주체로 표현하지만 모두

'바보'의 뜻이 들어간다.

다른 유럽 언어 매체에서는 늙다리 미치광이를 영어 '시나일 senile(노망든)'과 어원이 같은 말로 대개 옮겼다. 독일어 매체는 '그라이스Greis(늙다리)', 스페인어 매체는 '초초chocho(노망난)' 등을 썼는데 다들 지금도 많이 쓰는 말이다.

프랑스어 매체는 흥미롭게도 '도터드'와 어원이 같은 '라도퇴르radoteur'로 옮겼는데 이 말은 '라도테radoter'(헛소리하다)에서 나왔으므로 '늙다리'의 뜻은 없다. 그런데 '라도타주radotage'(헛소리)도 구식 용법은 '노망'을 뜻하듯이 어원만 같은 거짓짝false friend 때문에 생긴 오역이라고만 보기는 어렵고 일부러 이 낱말을 고른 것도 같다. 사실 트럼프 주특기가 헛소리이니 '도터드dotard(노망난 늙다리)'나 '라도퇴르radoteur(헛소리 늘어놓는 자)'나 거기서 거기다.

2020년 현재도 구글 검색에서 이 단어를 찾으면 거의 대부분 김정은과 트럼프의 입씨름에 관계된 글이며 구글 트렌드trends.google.com에서도 2017년 9월 이후 잠깐 동안 엄청나게 검색됐는데 이 사건 이전은 말할 것도 없고 이후에도 검색 빈도는 매우 저조하다. 옥스퍼드 영어사전 온라인판은 2019년 6월 '도터드dotard' 항목을 갱신했다. 파생어를 포함해 20세기 용례가 별로 많지도 않지만 네 개 중에 세 개가 1930년대인데, 김정은과 트럼프의 말싸움이 벌어진 2017년 9월 21일 이후 용례만 다섯 개나 추가됐다. 게다가 모두 트위터가 용례로 인용됐으니 과연 21세기 온라인 사전에 어울리는 현상이나.

트위터에도 '도터드' 및 이 파생어는 2017년 9월 전에는 거의 쓰이지 않았다. 옥스퍼드 영어사전은 21세기 들어서 트위터를 비롯한 SNS 언어 실태도 적극 수용할 뿐만 아니라, 영국, 미국, 호주 등 영어권 중심부의 영어만이 아닌 인도, 아프리카, 필리핀 등 영어를 공용어로 쓰는 나라의 영어 및 여러 언어에서 들어온 외래어를 비롯해 세계영어World Englishes를 반영하는 경향이 커지고 있다. 물론 '도터드'는 원래 영어이긴 해도 반쯤 죽은 말을 북한이 살려 낸 셈인데, 옥스퍼드 사전은 이를 쿨하게 받아들인 것이다.

사전이 항상 완벽한 것은 아니지만

한국 언론은 외신 기사를 종종 오역해서 타박도 받는다. 논지를 왜곡하려고 입맛에 끼워 맞추며 일부러 대충 번역한다는 혐의도 자주 받지만. 모자란 실력에 빨리빨리 처리하려다 보니 실수도 저지를 때가 많을 것이다. 트럼프는 트위터를 매우 자주 활용하는데 그걸 일일이 한국 기사에 소개할 수는 없어도 재빠르게 골라서 옮기려다 보니 실수가 안 생길 수가 없다.

트럼프가 트위터에 쓴 "Long gas lines forming in North Korea"(북한에서 기름을 사려는 이들이 장사진을 이룬다)를 언론에서 '긴 가스관이 형성 중이다'로 오역해 한바탕 난리법석도 났다. 물론 '가스 라인gas line'은 '가스관'도 뜻하지만 '기름 사려고 줄 신 차나

사람 행렬'이란 뜻도 있으니 까딱하다가 헷갈리기 쉽다. 뒤에 나
온 "Too bad!"(안타깝다)도 잘못하다간 "북한(놈들) 너무 나빴어!"
로 오해하기 십상이다.

　번역은 사전만 봐도 안 되지만, 대개는 '사전도 못 봐서' 안 된
다. 사전은 완벽하지 않다. 그런데 사람이 가진 지식은 더 불완전
하다. 문제가 많은 사전도 있으나 웬만큼 알려진 사전이라면 참고
하는 쪽이 낫다. 사실 '가스 라인'은 맥락에 따라 가스관 및 기름
을 넣으려고 선 줄도 되며, 합성어라기도 합성어가 아니라 하기에
도 애매하다. 다만 각 요소의 뜻은 명확해 영어 모어 화자가 보는
영어사전에 잘 안 나오는 문구다. 학습자용 사전이나 위셔너리wik-
tionary, 워드넷wordnet처럼 매우 포괄적인 온라인사전에는 나온다.
'동아프라임영한사전' 및 '네이버 제공 YBM All in All 영한사전'
에도 '가스 라인gas line'이 나온다. 다만 이 경우는 '주유하려는 자
동차의 행렬'만 나오니까 '가스관'을 뜻할 때 잘못 옮길 수도 있
겠다.

　어쨌든 사전만 곧이곧대로 믿으라는 게 아니고, 사전도 봐야
된다는 소리다. 예컨대 스웨덴어 '플리트flit'는 뿌리가 같은 독일어
'플라이스Fleiß'처럼 '부지런함'을 뜻한다. 전치사 '메드med'와 함께
나와 '열심히·부지런히'의 뜻이겠거니 싶었는데 문맥상 아무리 봐
도 '일부러'로 읽혔다. 사전을 뒤지니 '메드 플리트med flit'는 숙어
로 '일부러'이고 독일어 '미트 플라이스mit Fleiß' 역시 사투리 또는
다소 예스런 표현으로 '일부러'도 뜻한다.

'부지런히'와 '일부러'가 곧바로 이어지진 않겠으나 일부러-구태여-기어이-꼭-간절히-열심히 등의 관계를 따지면 연결 고리가 보인다. 번역을 할 때는 아는 것도 틀리지 않는다는 보장이 없으므로 돌다리도 두들겨 보고 건너는 마음이 필요하다. 그래서 사전은 '일부러 찾고 부지런히 찾아야 한다.'

미국 영어 '개스gas'가 익숙하지 않은 외국어 학습자는 '휘발유'가 바로 떠오르지 않을 텐데 '가솔린gasoline'의 준말이기도 해서 그런 뜻이 생겼다. 휘발유를 뜻하는 영국 영어 '페트롤petrol'은 인도 언어들 및 말레이시아어 등에 퍼졌다. 유럽 언어 대부분 및 아랍어, 터키어, 인도네시아어, 태국어 등은 독일어 '벤친Benzin'에서 유래한 말을 쓴다. 이 말은 자동차 상표 벤츠Benz와는 무관하고, 안식향安息香을 뜻하는 'benj-', 'benz-' 등의 어근이 어원이다. 유독 미국 영어가 이렇게 튀는데 가뜩이나 말본새가 정갈하지 않은 트럼프 아닌가. 거기다 그가 트위터에 내뱉는 말이라면 늘 조심스럽게 살펴야겠다.

통역은 때때로 우리의 '발목을 잡기에'

그래도 번역은 완성될 때까지는 수정이 가능하다. 이와 달리 통역은 즉각적으로 진행되므로 정확히 옮겨지지 않을 때가 많다. 동역도 물론 정확한 내용 전달이 관건이시만, 이 일에선 지엽적인 사항은 놓치더라도 큰 틀 안에서 바로바로 이어주는 게 중요하다. 번역과 달리 현장의 분위기나 말하는 사람들의 감정 상태를 비롯한 각종 변수와 언어외적 요소가 상당한 역할을 하기 때문이다. 그러므로 TV에서 통역이 다소 더듬거리는 것만 보고 실력이 없다고 단정 지으면 곤란하다. 그렇게라도 하기가 여간 어려운 일이 아니다.

2018년 6월 북-미 회담에서 김정은이 했던 말 중에 "우리한테는 우리 발목을 잡는 과거가 있고"의 통번역 및 통역의 전사轉寫가 흥미로웠다. 내가 맨 처음 본 것은 '날개 위의 깃털feathers on our wings'이었다. 날개에 깃털? 이게 왜 발목을 잡는다는 뜻이지? 의문은 얼마 뒤에 풀렸다. 북한 통역이 'fetters on our limbs(팔다리에 족쇄)'라 말한 것을 ABC뉴스 자막에서는 'feathers on our limbs(팔다리에 깃털)'라고 썼다. '팔다리 위의 깃털'이 이상하다고 느꼈는지 다시 이걸 누가 '날개 위의 깃털'로 고쳤을 텐데 나는 뒤의 문장을 맨 처음 봤다. 북한 통역 발음은 'fetters'가 확실한데 일상어가 아니라서 익숙지 않은 영어권 사람도 적지 않은가 보다.

어디서 맨 처음 나온 번역문인지는 모르겠지만 '우리 발목을 잡는 과거'를 직역한 "There's a history of holding onto our ankles"도 많은 언론 사이트 기사에서 보인다. 이걸 보고 'hold onto ankles'가 무슨 뜻이냐고 묻는 사람들도 있었다. 말 그대로 한국어 관용어 '발목 잡다'의 직역이 'hold onto ankles'인데 영어로는 그냥 발목을 잡는 행위일 뿐이니 곧바로 이해하기 힘들다.

모어 화자에게는 그리 어렵지 않은 관용구라도 통역을 하다 보면 적절한 말이 생각 안 날 때도 잦기에 그런 직역이 나온 듯싶다. 그래서 그랬는지 이후 ABC 뉴스 사이트에서는 이 표현 'hold onto ankles'에 "누군가를 방해하려 하거나 누군가가 너무 무거워 못 끌고 간다someone is trying to hold someone else back or being dead weight"를 뜻한다는 풀이가 덧붙여졌다. CNN을 비롯한 다른 언론에서는 김정은의 말이 'For us the past has been holding us back'으로 다듬어졌다. 영어에서 쓰지 않는 '발목 잡다hold onto ankles' 대신 익숙한 말인 '막다hold back'로 바뀐 것이다.

일본어 '아시오 힛파루足を引っ張る(발을 잡아당기다)', 터키어 '아야으느 발라마크ayağını bağlamak(발을 묶다)'는 한국어 '발목 잡다' 및 '발을 묶다'랑 얼개와 뜻도 매우 비슷한 관용어다. 뜻은 좀 다르지만 영어에는 장난으로 누군가의 다리를 잡아당기는 행위에서 나온 '풀 섬원스 레그pull someone's leg(속이다/놀리다)'라는 숙어가 있는데, 풋foot이 들어가는 숙어도 많으나 방해나 훼방을 뜻하는 말은 없는 듯하다. 게르만어 계열에선 영어(to stand in the way), 독일어(im Weg stehen), 스웨덴어(stå i vägen)처럼 방해와 훼방을 주로 '길에 서다'로 나타낸다. 남이 지나가는데 길을 가로막고 서는 것이나 발목을 잡는 것이나 방해가 연상되니 어렵진 않은데, 언어마다 관용어의 차이가 있는 것뿐이다. 언어들끼리는 모든 면에서 영향을 주고받으니 혹시 '발목 잡다'의 직역도 영어 관용구가 될지 또 모를 일이다.

그런데 북한 통역이 옮긴 말에 나온 '페터fetter(족쇄)'는 '풋 foot(발)'과 어원이 같다. 발목에 채우는 사슬이니 동사 '페터fetter'는 '족쇄를 채우다'라서 '발목을 잡다'와 뜻이 연결된다. 영어 '임 피드impede(방해하다)'의 어원인 라틴어 '임페디오impedio(발을 묶다)'도 '페스pes(발)'의 파생어다. 쓰는 언어가 달라도 생각들은 비슷할 수 있기에 '발목 잡다'라는 표현이 딱 없는 언어들에서도 파생 어로 비슷한 말들이 생겨났다. 이 라틴어 동사는 프랑스어 '앙페 셰empêcher(막다)'가 됐고 여기에서 다시 영어 '임피치impeach(탄핵하 다)'가 나왔다.

독일어 '안클라겐anklagen(고소·고발하다)'은 '탄핵하다'도 뜻한 다. 이 단어는 영어 '앵클ankle(발목)'과 아무 관계도 없지만 같은 글 자가 꽤 많이 겹친다. 트럼프는 미국 대통령으로서 역사상 세 번 째로 탄핵 심판을 받았으나 상원 부결로 면죄부를 얻었는데, 과연 또 다시 발목을 잡힐지는 모를 일이다. 나는 언어의 우주를 떠다니 는 한국인으로서 한반도가 족쇄fetters에서 벗어나 깃털feathers처럼 홀가분하게 날아다녔으면 좋겠다고 살짝 낭만적으로 빌어 본다.

언어의 우주에서 유쾌하게 항해하는 법

어느 '어도락가 語道樂家'의 삶과 공부

발행일 2020년 5월 22일 초판 1쇄
       2021년 6월 25일 초판 3쇄

지은이 신견식
편집   박성열, 이현진, 정혜인
디자인 김진성
인쇄   민언프린텍
제본   정문바인텍

발행인 박성열
발행처 도서출판 사이드웨이
출판등록 2017년 4월 4일 제406-2017-000041호
주소 경기도 파주시 노을빛로 101-20. 202호
전화 031)935-4027   팩스 031)935-4028
이메일 sideway.books@gmail.com

ISBN 979-11-963491-5-8 03700